国家社科基金项目（编号16BGL070）
"大数据下公允价值会计数据挖掘与智能决策的方法与运行机制研究"

大数据下公允价值会计数据挖掘与智能决策研究

郝玉贵　著

电子工业出版社
Publishing House of Electronics Industry
北京·BEIJING

内 容 简 介

本书基于"文献—理论—技术—机制—实证"的研究思路，探究大数据下公允价值会计数据挖掘和智能决策的方法和运行机制，全书共四部分。第一部分在文献综述的基础上，主要探究新一代信息技术与公允价值会计基础理论和公允价值会计信息决策有用性理论。第二部分主要研究公允价值大数据采集、估值技术及其框架和公允价值会计数据挖掘层次、程序与技术方法。第三部分主要研究公允价值会计智能决策支持系统和大数据下公允价值会计智能决策运行机制及公允价值会计智能决策支持系统研发与应用。第四部分基于中国上市公司数据库等，引入大数据等新信息技术变量，实证检验大数据下公允价值计量价值相关性、大数据下公允价值计量的债务契约有用性和大数据下公允价值分层计量与盈余波动性等。

未经许可，不得以任何方式复制或抄袭本书之部分或全部内容。

版权所有，侵权必究。

图书在版编目（CIP）数据

大数据下公允价值会计数据挖掘与智能决策研究 / 郝玉贵著. — 北京：电子工业出版社，2022.2
ISBN 978-7-121-43033-6

Ⅰ. ①大… Ⅱ. ①郝… Ⅲ. ①会计－数据采掘 Ⅳ. ①F232

中国版本图书馆 CIP 数据核字（2022）第 035817 号

责任编辑：孟　宇
印　　刷：北京盛通商印快线网络科技有限公司
装　　订：北京盛通商印快线网络科技有限公司
出版发行：电子工业出版社
　　　　　北京市海淀区万寿路 173 信箱　　邮编：100036
开　　本：720×1000　1/16　印张：16.75　字数：428.8 千字
版　　次：2022 年 2 月第 1 版
印　　次：2022 年 2 月第 1 次印刷
定　　价：89.80 元

凡所购买电子工业出版社图书有缺损问题，请向购买书店调换。若书店售缺，请与本社发行部联系，联系及邮购电话：(010)88254888，88258888。

质量投诉请发邮件至 zlts@phei.com.cn，盗版侵权举报请发邮件至 dbqq@phei.com.cn。
本书咨询联系方式：mengyu@phei.com.cn。

前　言

公允价值问题是 21 世纪 100 个会计学难题之一（张文贤，2010），一直备受会计、金融、立法界争议责备乃至二十国集团（G20）关注，其中公允价值会计数据源的市场性与计量模型的科学性及其对决策的相关和可靠性是这个难题的关键。破解这个关键问题需要基于数字经济的发展、市场化改革的推进、"大智移云物区"信息化技术的运用和会计准则的完善。其中，大数据作为新一代信息技术正在改变我们的生活、工作与思维，无疑也在改变财务与会计的工作、思维和战略规划。从战略层面，基于我国"实施国家大数据战略"，财政部于 2021 年 11 月发布《会计改革与发展"十四五"规划纲要》，将"会计审计工作数字化转型基本完成"作为"十四五"规划的目标之一，并提出"探索建立基于会计数据的优化经济治理基础数据库。研究制定涵盖输入、处理和输出等会计核算全流程、各阶段统一的企业会计数据标准。建立企业会计数据收集和分析机制……逐步建立跨平台、结构化的会计数据库"等与会计数据、挖掘和智能决策相关的重要任务。新时代会计改革与发展的五年规划的颁布与实施无疑是引领公允价值会计信息化、智能化发展的重大战略性和方向性指南。从实践层面来看，大数据时代的到来要求企业具有经营管理敏捷性和信息决策实时性，现代企业以数据驱动来带动业务发展，需要从大数据环境下获取决策信息。企业借助人工智能技术智能化地处理会计工作，挖掘数据背后隐含的秘密，让数据通过转化成信息和知识，辅助管理决策。据此，本书基于"大智移云物区"新一代信息技术视角，探究公允价值会计数据挖掘和智能决策的方法和运行机制研究，不仅有助于"实施国家大数据战略"，对大数据环境下公允价值会计准则改进和扩展应用具有较强的现实意义，并且为我国国家会计大数据决策系统建设提供了一些借鉴思路。

本书主要内容和学术观点如下。本书主要内容包括新一代信息技术与公允价值会计基础理论；公允价值会计信息决策有用性理论；公允价值大数据采集、估值技术及其框架；公允价值会计数据挖掘层次、程序与技术方法；公允价值会计智能决策支持系统；大数据下公允价值会计智能决策运行机制；公允价值会计智能决策支持系统研发与应用；大数据下公允价值分层计量的决策有用性实证研究等。本书主要学术创新观点在于：（1）将公允价值与"大智移云物区"等新一代信息技术相结合研究，深入现行公允价值会计的难题，即数据实时可靠性挖掘研究，提出公允价值会计信息实时决策有用观，拓展了决策有用观在大数据下的应用。（2）结合现有国内外的文献，在提出公允价值界定的"5W"观和公允价值概念框架的"7问"模型的基础上，进一步提出了"公允价值源"和"公允价值源大数据"概念，并将公允价值进行"市场—层次—使用者"三维立体分类。（3）基于公允价值数据质和量源于市场及其有效性，提出公允价值源大数据，提出构建"时间—空间—关联—层次"四维超立方体公允价值会计数据仓库作为数据挖掘的基础，借助大数据实时采集公允价格和云估值系统，构建公允价值会计大数据治理机制和智能决策支持机制等观点。（4）在市场、会计、数据科学与新信息技术等交叉融合下，研发大数据下公允价值会计信息智能决策支持应用系统，创新丰富已有会计决策支持系统等。（5）从大数据环境出发，将大数据等新信息技术作为新变量引入公允价值会计数据与决策的实证研究的检验结果表明，大数据等新信息技术对公允价值会计数据与投资决策、贷款决策、盈余波动等决策关系具有显著的影响。

　　本书是作者主持完成的国家社科基金项目"大数据下公允价值会计数据挖掘和智能决策的方法与运行机制研究"（项目编号：16BGL070）的主要成果。该成果的取得，得到了全国哲学社会科学规划办的大力支持和资助，得到了浙江农林大学经济管理学院、浙江农林大学生态文明研究院和碳中和研究院、浙江农林大学浙江省乡村振兴研究院、杭州电子科技大学、电子工业出版社的大力支持，还得到了浙江农林大学科研基金人才启动项目（项目编号：W20190228）的资助，在此深表谢意。同时，衷心感谢参与课题研究的各位成员和书中参考文献的各位作者以及家人的大力支持！

　　由于笔者水平有限，书中疏漏和错误之处在所难免，敬请各位学界同人和读者朋友批评指正，不胜感谢。

郝玉贵

2021年12月

目　　录

第 1 章　绪论 ··········· 1
1.1　研究背景和意义 ··········· 1
1.1.1　研究背景 ··········· 1
1.1.2　研究目的 ··········· 1
1.1.3　研究价值和意义 ··········· 2
1.2　研究主要内容 ··········· 2
1.2.1　公允价值大数据挖掘和智能决策的基础理论研究 ··········· 2
1.2.2　公允价值会计信息决策有用机制研究 ··········· 2
1.2.3　公允价值大数据采集、计量与市场价格、估值研究 ··········· 3
1.2.4　公允价值大数据挖掘层次、程序与技术方法研究 ··········· 3
1.2.5　大数据下公允价值会计信息支持的智能决策运行机制研究 ··········· 3
1.2.6　公允价值大数据挖掘与智能决策支持系统研发与应用 ··········· 3
1.2.7　大数据环境下公允价值会计数据与决策的实证研究 ··········· 3
1.3　研究思路、研究方法 ··········· 4
1.3.1　研究思路 ··········· 4
1.3.2　研究方法 ··········· 5
1.4　研究主要观点和创新 ··········· 6
1.4.1　公允价值会计信息决策有用性理论 ··········· 6
1.4.2　大数据下公允价值源大数据与公允价值会计系统 ··········· 6
1.4.3　公允价值大数据采集、估值技术与挖掘技术方法 ··········· 7
1.4.4　大数据下公允价值会计智能决策支持系统结构与运行机制 ··········· 7
1.4.5　公允价值会计智能决策支持系统研发与应用 ··········· 8
1.4.6　大数据下公允价值会计数据与决策的实证研究 ··········· 8

第 2 章　文献综述 ··········· 10
2.1　国内公允价值会计信息决策有用性研究文献 ··········· 10
2.1.1　有关公允价值会计的基本理论的研究 ··········· 10
2.1.2　有关公允价值决策有用性实证研究 ··········· 11
2.2　国外有关公允价值会计决策有用性的实证文献 ··········· 11
2.3　国外大数据等信息技术与会计的研究文献 ··········· 13

  2.3.1 大数据与会计 ·· 13
  2.3.2 大数据与审计 ·· 15
  2.3.3 数据挖掘与会计 ·· 16
  2.3.4 人工智能与会计 ·· 18
  2.3.5 云计算与会计 ·· 19
  2.3.6 大数据与公允价值会计 ·· 20
 2.4 国内大数据等新信息技术与会计的研究文献 ···················· 21
  2.4.1 大数据与会计的规范研究 ·· 21
  2.4.2 信息技术与会计的实证研究文献 ································ 26
 2.5 本章小结 ·· 27

第3章 新一代信息技术与公允价值会计基础理论 ·················· 29
 3.1 公允价值、公允价值计量与公允价值会计的关系 ············ 29
  3.1.1 公允价值的职业界定义 ·· 29
  3.1.2 公允价值计量的概念——过程观 ································ 32
  3.1.3 公允价值会计信息系统论 ·· 35
  3.1.4 公允价值、公允价值计量与公允价值会计 ·············· 35
 3.2 公允价值"大数据"源于市场和新技术驱动 ······················ 36
 3.3 公允价值"大数据"的三维立体分类 ·································· 37
  3.3.1 按照公允价值的市场来源划分 ···································· 38
  3.3.2 按照公允价值三个层次划分 ·· 39
  3.3.3 按照公允价值的信息使用者划分 ································ 40
 3.4 新一代信息技术发展与公允价值会计的关系 ···················· 41
  3.4.1 大数据对公允价值会计的影响 ···································· 42
  3.4.2 人工智能对公允价值会计的影响 ································ 42
 3.5 本章小结 ·· 43

第4章 公允价值会计信息决策有用性理论 ································ 44
 4.1 会计信息决策有用性 ·· 44
  4.1.1 财务报告目标 ·· 44
  4.1.2 决策有用信息系统 ·· 45
 4.2 公允价值会计决策有用性：信息观和计量观 ···················· 46
  4.2.1 会计信息决策有用性——信息观 ································ 46
  4.2.2 会计信息决策有用性——计量观 ································ 49
 4.3 公允价值的价值相关性经验证据 ·· 51

- 4.3.1 公允价值的显著相关性 ·················· 52
- 4.3.2 公允价值不同层次的价值相关性 ·················· 53
- 4.3.3 公允价值无显著相关性 ·················· 53
- 4.3.4 公允价值信息披露的市场反应 ·················· 54

4.4 公允价值计量的风险性——风险观 ·················· 56
- 4.4.1 公允价值的可靠性问题 ·················· 57
- 4.4.2 公允价值的"顺周期效应"问题 ·················· 58
- 4.4.3 信息系统观下公允价值计量的风险性 ·················· 60

4.5 公允价值会计信息决策有用性——契约观 ·················· 62
- 4.5.1 企业契约理论 ·················· 62
- 4.5.2 公允价值与企业契约 ·················· 63
- 4.5.3 公允价值与信贷契约 ·················· 64
- 4.5.4 公允价值与薪酬契约 ·················· 65
- 4.5.5 公允价值与审计契约 ·················· 68

4.6 公允价值会计信息决策有用性——事项观 ·················· 70
- 4.6.1 事项观与决策有用性 ·················· 70
- 4.6.2 公允价值会计是"事项会计"的一个信息子系统 ·················· 70
- 4.6.3 基于新一代信息技术的"事项会计"的实现 ·················· 70

4.7 本章小结 ·················· 71

第5章 公允价值大数据采集、估值技术及其框架 ·················· 72

5.1 源于主要市场的公允价值数据的分布特征 ·················· 72
- 5.1.1 金融市场 ·················· 72
- 5.1.2 房地产市场 ·················· 74
- 5.1.3 生物资产和碳排放权交易市场 ·················· 75
- 5.1.4 其他产品市场 ·················· 76

5.2 公允价值计量模式的运用状况 ·················· 76
- 5.2.1 金融市场公允价值使用情况 ·················· 76
- 5.2.2 房地产市场公允价值计量使用情况 ·················· 77
- 5.2.3 生物资产市场公允价值使用现状 ·················· 79

5.3 公允价值第三层次估值技术 ·················· 79
- 5.3.1 FASB、IASB、CASB等公允价值三层计量框架 ·················· 79
- 5.3.2 公允价值估值技术方法 ·················· 80

5.4 大数据背景下公允价值采集与估值模型框架 ·················· 83

5.5 本章小结 ·················· 84

第6章 公允价值会计数据挖掘层次、程序与技术方法 ································ 86
6.1 会计数据挖掘基本理论 ·· 86
6.1.1 数据挖掘相关概念 ·· 86
6.1.2 会计数据挖掘与公允价值特征 ·· 87
6.1.3 会计数据挖掘的功能 ·· 88
6.2 公允价值会计数据挖掘的过程 ·· 89
6.2.1 数据准备阶段 ·· 90
6.2.2 数据挖掘阶段 ·· 90
6.2.3 结果的解释与评价 ·· 90
6.2.4 会计数据挖掘应用：公允价值会计数据的股票收益预测 ············· 91
6.3 公允价值会计数据挖掘层次与挖掘程序 ······································· 92
6.3.1 公允价值会计数据挖掘层次 ·· 92
6.3.2 公允价值会计数据挖掘四个层次的挖掘程序 ···························· 94
6.4 公允价值会计数据挖掘的技术方法体系 ······································· 96
6.4.1 公允价值会计数据挖掘分类技术方法 ······································ 96
6.4.2 公允价值会计数据挖掘预测技术方法 ······································ 96
6.4.3 公允价值会计数据挖掘关联技术方法 ······································ 99
6.4.4 小结 ··· 101
6.5 数据挖掘技术应用案例——审计意见分类法的公司退市预测 ········ 101
6.5.1 引言 ··· 101
6.5.2 文献综述 ··· 102
6.5.3 研究设计 ··· 103
6.5.4 结论和局限性 ·· 107
6.6 本章小结 ··· 108

第7章 公允价值会计智能决策支持系统 ·· 109
7.1 会计决策相关概念界定 ··· 109
7.2 公允价值会计智能决策支持系统及其结构 ·································· 111
7.2.1 会计智能决策支持系统的界定和特征 ···································· 111
7.2.2 会计智能决策支持系统及其结构 ··· 111
7.3 公允价值会计智能决策支持系统要素与"四库"技术 ···················· 112
7.3.1 数据库技术与"单库"决策支持系统 ······································ 112
7.3.2 模型库技术与"双库"决策支持系统 ······································ 113
7.3.3 方法库技术与"三库"决策支持系统 ······································ 114
7.3.4 知识库技术与"四库"决策支持系统 ······································ 116

	7.3.5 "四库"技术在会计数据挖掘和智能决策中的协同机制	117
	7.3.6 会计人机交互与问题综合（处理）系统	118
7.4	公允价值会计智能决策支持系统与人工智能技术	118
	7.4.1 会计专家系统	118
	7.4.2 神经网络	123
7.5	本章小结	134

第8章 大数据下公允价值会计智能决策运行机制 ... 135

8.1	大数据下公允价值会计智能决策支持及其系统结构	135
	8.1.1 "大智移云物区"下的会计决策支持	135
	8.1.2 "大智移云物区"下的会计智能决策支持系统结构	138
8.2	大数据下公允价值会计智能决策支持系统的运行要素	139
	8.2.1 大数据下公允价值会计智能决策运行的主体	139
	8.2.2 大数据下公允价值会计智能决策支持系统运行的目标	140
	8.2.3 大数据下公允价值会计智能决策运行的内容	140
	8.2.4 大数据下公允价值会计智能决策运行的程序和方法	141
	8.2.5 大数据下公允价值会计智能决策运行的条件	142
8.3	大数据下公允价值会计智能决策支持的数据治理机制	144
	8.3.1 公允价值会计大数据治理决策机制	144
	8.3.2 公允价值会计大数据治理的执行机制	145
	8.3.3 公允价值会计大数据治理的监督机制	146
8.4	大数据下公允价值会计智能决策支持的保障机制	146
	8.4.1 公允价值大数据内部的质量保障机制	147
	8.4.2 公允价值大数据的外部质量保障机制	148
8.5	大数据下公允价值会计智能决策支持的应用——信贷/审计决策	149
	8.5.1 大数据下公允价值会计数据挖掘在信贷决策中的运用	149
	8.5.2 大数据下公允价值会计数据挖掘在审计决策中的运用	152
8.6	本章小结	156

第9章 公允价值会计智能决策支持系统研发与应用 ... 157

9.1	公允价值会计智能决策支持系统开发——生命周期法	157
9.2	公允价值会计智能决策支持系统中数据仓库的开发	160
	9.2.1 数据仓库开发过程——一般开发方法	160
	9.2.2 会计数据仓库开发过程——螺旋式周期性开发方法	160
9.3	大数据驱动的公允价值会计估值系统设计	163

9.3.1　引言 ··· 163
　　9.3.2　文献综述 ··· 163
　　9.3.3　公允价值会计估值系统理论分析 ································ 164
　　9.3.4　公允价值会计估值系统的模型构造 ····························· 166
　9.4　公允价值估值系统应用——以 ZX 公司投资性房地产为例 ········· 170
　9.5　本章小结 ··· 172

第 10 章　大数据下公允价值计量价值相关性 ······························· 176
　10.1　引言 ·· 176
　10.2　理论分析与假设提出 ··· 177
　10.3　研究设计 ··· 180
　10.4　描述性统计分析 ·· 182
　10.5　回归结果分析以及稳健性检验 ····································· 184
　10.6　本章小结 ··· 187

第 11 章　大数据下公允价值计量的债务契约有用性 ······················ 188
　11.1　引言 ·· 188
　11.2　理论分析与假设提出 ··· 189
　11.3　研究设计 ··· 193
　11.4　实证结果 ··· 198
　11.5　本章小结 ··· 203

第 12 章　大数据下公允价值分层计量与盈余波动性 ······················ 204
　12.1　引言 ·· 204
　12.2　理论分析与假设提出 ··· 206
　12.3　研究设计 ··· 209
　12.4　实证结果 ··· 215
　12.5　本章小结 ··· 220

第 13 章　研究结论、建议与展望 ··· 222
　13.1　研究主要结论 ··· 222
　13.2　研究建议 ··· 227
　13.3　研究局限和未来研究方向 ·· 230

参考文献 ·· 232

第1章 绪　　论

1.1 研究背景和意义

1.1.1 研究背景

公允价值问题是 21 世纪 100 个会计学难题之一（张文贤，2010），一直备受会计、金融、立法界争议责备乃至二十国集团（G20）关注，其关键在于公允价值数据与市场的关联性及其对决策的相关和可靠性问题。该问题的研究及成果主要体现在美国 FASB、国际 IASB 和中国 CASB 的《企业会计准则第 39 号公允价值计量》等准则中。在美国，自 APB NO.29（1973）首次将公允价值计量引入一般公认会计原则（GAAP）之后，于 2006 年 9 月 FASB 研究发布实施 FAS 157《公允价值计量》准则，但遭遇 2008 年国际金融危机中金融和会计界的争议责难及美国国会对其施加压力。同期 IASB 有关采用公允价值的准则也备受欧盟金融界和某些领导人的责备，甚至引发 G20 领导人的关注。G20 就会计问题进行了专门的讨论，并提出倡议，建立一个全球统一的高质量会计准则，完善公允价值会计，提高会计信息的透明度。我国公允价值计量也经历了引用—取消—再引用的过程，并于 2014 年财政部发布实施《企业会计准则第 39 号——公允价值计量》。公允价值计量的核心是公允价值数据的采集和估计。现行公允价值计量系统均是采用传统技术方法从活跃市场采集价格数据和估值，在一定程度上实现了公允价值信息定时决策需要但不能满足实时决策且存在估计误差。因此，面对瞬息万变的海量市场数据，要减少估计误差，实现公允价值信息的实时决策，必须借助大数据等技术。那么大数据等技术可否应用于公允价值决策领域？如何采集高质量的公允价值数据并进行数据挖掘？公允价值大数据支持智能决策的方法和运行机制如何构建？这些问题是大数据时代全球会计金融界等面临的亟待解决的重大问题。研究这些问题不仅有助于"实施国家大数据战略"，对大数据环境下公允价值会计准则改进和扩展应用具有较强的现实意义；而且为我国国家会计大数据决策系统建设提供一些借鉴思路。

1.1.2 研究目的

本书拟以经济学、管理学、会计学、金融学、数据科学、计算机科学等理论为基础，以上市公司为研究对象，从公允价值数据的采集和估值出发，立足于大数据视角,通过理论研究和实证分析及系统开发,深入剖析和优化公允价值大数据的智能决策机制和技术方法,旨在通过公允价值大数据的智能决策运行方法和应用机制的研究,开发设计上市公司利益相关者的公允价值信息智能决策支持系统,为公允价值信息的生产和使用者提供理论和实践参考。具体目标:① 剖析和优化公允价值大数据挖掘及智能决策的机制,构建公允价值会计信息智能决策程序和方法。② 剖析公允价值大数据治理机制,构建大数据下公允价值数据决策运行机制和相关政策建议。③ 依据上述理论方法,研发面向决策者的公允价值会计数据挖掘与智能决策支持系统。

1.1.3 研究价值和意义

理论价值:① 结合经济学、管理学、会计学、金融学、数据科学、计算机科学等理论,探讨大数据下公允价值会计数据挖掘和智能决策的机制、方法体系和运行机制,进一步丰富和完善国内公允价值计量系统数据挖掘和决策方法的理论。② 通过构建大数据下公允价值信息与投资决策、信贷决策、管理决策、审计决策等之间的关系,发现公允价值信息的实时决策作用机制,进一步丰富和完善国内会计决策有用观。

应用价值:① 有利于帮助企业管理者高质、高效地生成公允价值会计信息,构建企业公允价值数据库,增强企业信息资源的获取能力和管理决策力,以利于企业创造价值;② 有助于投资者和债权人及审计师利用公允价值大数据挖掘与智能决策技术、方法和规制,开展实时远程网络决策,增强公允价值信息的决策实效。③ 有助于政府和监管部门更有针对性、创新性地制定配套措施指南,为完善大数据战略下的公允价值会计准则体系和公允价值大数据治理体系提供理论依据和技术支持。

1.2　研究主要内容

本书研究的总体框架及其具体内容包括如下七个部分。

1.2.1　公允价值大数据挖掘和智能决策的基础理论研究

① 演绎分析公允价值、公允价值计量与公允价值会计关系;② 调查、归纳、分析公允价值小数据转向大数据的市场环境与改革动力及公允价值源大数据类别;③ 讨论大数据、云计算、互联网等新一代信息技术发展特征及其与公允价值会计的关系等。

1.2.2　公允价值会计信息决策有用机制研究

① 比较研究中外信息观和计量观下的公允价值会计的决策有用性理论模型

与实证证据；② 实证检验公允价值的价值相关性、风险性及信息披露经济后果性；③ 演绎推理和实证研究公允价值与信贷契约、薪酬契约和审计契约等的作用机制和经验证据等。

1.2.3 公允价值大数据采集、计量与市场价格、估值研究

① 分析源于产品、金融、房地产等活跃市场的公允价值数据分布特征；② 研究分析公允价值第三层次评估技术与评估和审计市场关系等；③ 比较研究美国财务会计准则委员会（FASB）、国际会议准则理事会（ISAB）、中国会计准则委员会（CASB）等公允价值计量的操作流程；④ 运用大数据等技术和爬行算法构建模拟测试公允价值数据采集估值模型。

1.2.4 公允价值大数据挖掘层次、程序与技术方法研究

① 比较研究公允价值大数据挖掘的四个层次，即报表级应用、分析级应用、模型级应用和智能决策系统一体化，细化各层次公允价值大数据挖掘的规范程序；② 研究公允价值大数据挖掘的分类、预测、关联、聚类、因子、生存、判别、决策树、神经网络等技术方法体系；③ 研究构建动态维护支持智能决策的公允价值数据库、方法库、模型库、知识库等。

1.2.5 大数据下公允价值会计信息支持的智能决策运行机制研究

① 规范研究大数据下公允价值会计信息支持的智能决策运行机制的主体、目标、内容、程序、方法、适应条件等；② 演绎分析公允价值大数据质量保障机制；③ 调研归纳分析公允价值大数据治理（决策—执行—监督）机制；④ 研究大数据下公允价值会计数据挖掘及其在投资、信贷、管理、审计、监管等智能决策中的应用。

1.2.6 公允价值大数据挖掘与智能决策支持系统研发与应用

基于大数据、云计算、互联网等新一代信息技术研发构建公允价值大数据挖掘与智能决策支持系统，包括公允价值云估值系统、云智能决策系统或自开发软件（系统需求分析、概要设计和详细规划，系统的编码、测试和试运行）。

1.2.7 大数据环境下公允价值会计数据与决策的实证研究

基于中国上市公司数据库，通过数据挖掘技术，引入大数据等新信息技术变量，实证检验大数据环境下的公允价值的价值相关性、公允价值内控信息化对投资决策的影响、新信息技术引入对公允价值数据与贷款决策、盈利波动、审计决策关系的影响等。

1.3 研究思路、研究方法

1.3.1 研究思路

本书的研究思路和技术路线为：理论分析—公允价值大数据处理平台架构—系统应用，如图1-1所示。通过文献分析、实地调研、归纳演绎分析等方法，开展公允价值基本理论和公允价值会计准则理论分析，在此基础上聚焦大数据环

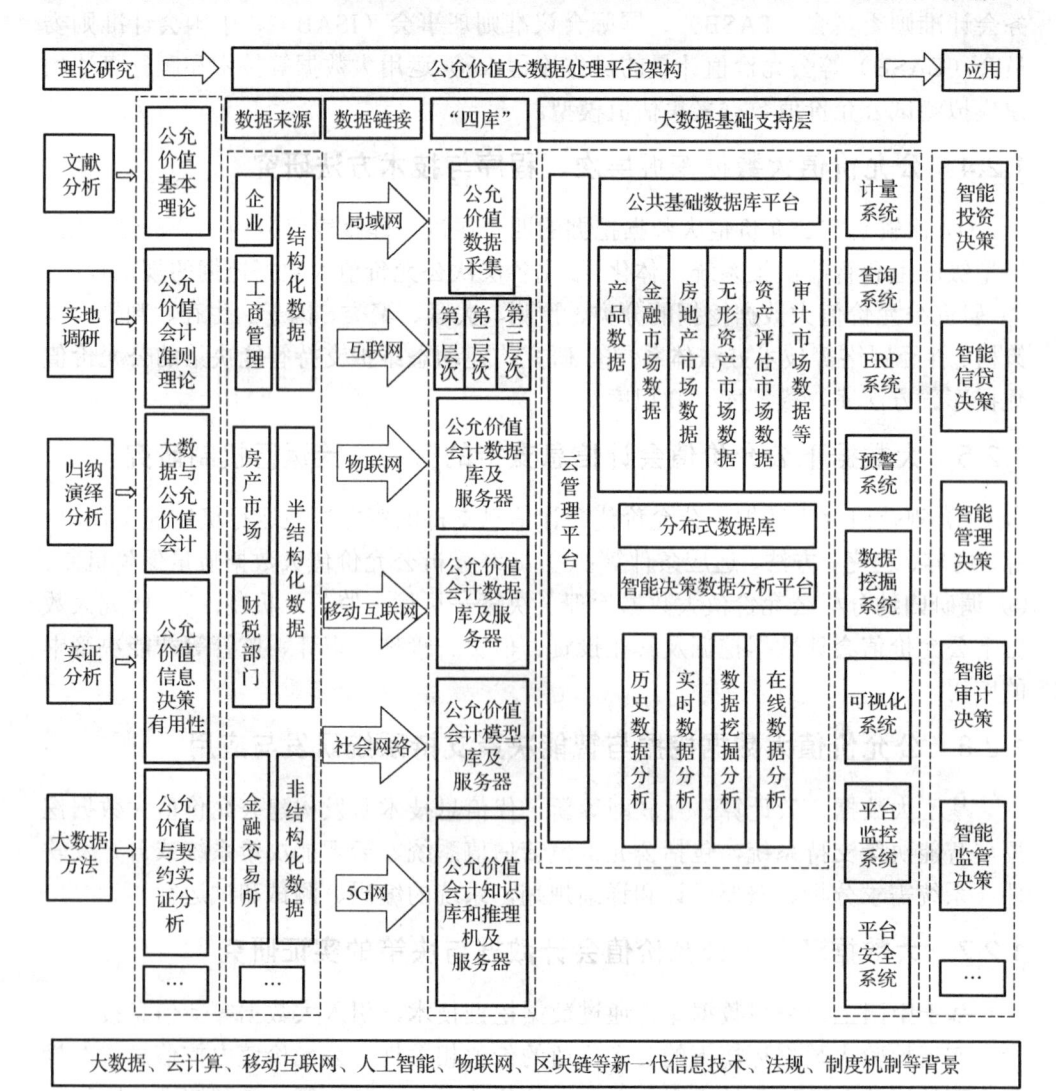

图 1-1 研究思路和技术路线

境下公允价值会计的理论与实践分析，并基于新一代信息技术、法规、制度机制等背景，深入大数据环境下公允价值数据挖掘与智能决策的规范研究和实证研究。大数据下公允价值会计智能决策的基础是公允价值大数据的形成、挖掘、储存、处理等平台，为此依据公允价值大数据的结构化数据和非结构化类型及多渠道来源，通过局域网、（移动）互联网、物联网、社会网络及 5G 网等进行数据连接，按照公允价值分层结构开展公允价值数据采集，形成公允价值会计数据库及服务器、公允价值会计数据库及服务器、公允价值会计模型库及服务器、公允价值会计知识库和推理机及服务器等"四库"，进而研究构建基于公允价值的会计云管理平台、公允价值基础数据平台和智能决策数据分析平台，并借助计量系统、查询系统、ERP 系统、预警系统、数据挖掘系统、可视化系统和平台监控系统及平台安全系统等，支撑公允价值会计大数据智能决策系统，最后，引入大数据等新一代信息技术变量，实证检验大数据环境下的公允价值数据对投资决策的影响、对公允价值数据与贷款决策、审计决策的关系的影响等。

1.3.2 研究方法

采用文献分析、实地调研等规范与实证法，以大数据分析和系统开发为手段，具体方法如下。

（1）公允价值计量输入值数据采集法。根据公允价值会计计量对象分类及对象市场，研究从证券、房地产、产品等市场各自的交易平台网站，利用互联网、物联网、爬虫来抓取页面等技术方法，获取包括公允价值会计输入值与定性数据在内的交易信息。

（2）公允价值分层估计的分类决策树法。拟采用决策树算法，即以市场特征为节点，分为活跃、类似物活跃、不活跃，分别将数据分为第一层次、第二层次、第三层次公允价值类别并运用估计技术加以估值。其中，输入值的层次决定了公允价值计量层次。再利用决策树算法，针对不同决策类型，构建决策树模型，将已得到的经过分类处理的公允价值会计数据等输入决策树模型中，得到决策结果，输出决策过程与结果，为决策者提供决策支持。

（3）公允价值分层估计及其价值相关性、债务契约有效性、盈余波动性等实证法。第一层次、第二层次、第三层次公允价值估计模型和决策使用计量观经典 Feltham & Ohlson（1995）模型开展实证检验。

（4）公允价值会计信息决策支持系统开发的结构化分析方法（SAM）。大数据背景下运用结构化分析方法和云计算及数据挖掘技术等，设计和开发公允价值会计信息决策支持系统，在开发过程中将遇到公允价值的非结构化信息和半结构化信息，同时对公允价值数据决策支持进行结构化规划和设计。

（5）大数据下公允价值信息决策系统生命周期法与螺旋式模拟测试法。利用软件工程学的系统生命周期（SLCM），对公允价值信息决策支持系统从规划、分析、设计到实现和运行维护的各个阶段进行研究，运用大数据的分类、预测、关联、聚类、回归、因子、生存、判别、方差等技术方法，紧紧围绕公允价值数据的获取、筛查、鉴别、分析等过程，通过信息系统的功能实现，最终形成实时决策报告。系统螺旋式模拟测试法是将决策支持系统与分布于大数据环境中公允价值信息对接，进行模拟测试，发现问题，反馈修改完善，螺旋式优化和运行。

1.4 研究主要观点和创新

1.4.1 公允价值会计信息决策有用性理论

公允价值会计信息的决策有用性是公允价值会计的价值体现。会计信息决策有用性理论包括信息观、计量观、契约观和事项观。无论何种理论观点，公允价值计量的有序交易、市场关联性和公允价值数据的信息技术传导，都是实现公允价值会计信息实时决策的重要因素。

公允价值会计信息相较于历史成本会计信息的决策相关性更强，但是仍然是"价值法"产生的总括通用报表数据，并非像会计决策有用性的事项观，满足个性化自助决策信息需求。因此，在大数据等新一代信息技术下，由企业手工或自动或网络提供的会计事项，形成会计事项库。由个性决策使用者自助提取决策所需的会计事项信息，支持决策的事项会计观，是公允价值会计数据挖掘和智能决策的直接理论基础。

1.4.2 大数据下公允价值源大数据与公允价值会计系统

结合现有国内外的文献，本书在提出公允价值界定的"5W 观"和公允价值概念框架的"7 问"模型的基础上，进一步提出了公允价值源和公允价值源大数据概念，并将公允价值进行"市场—层次—使用者"三维立体分类。

公允价值会计系统包括确认、计量、记录、报告及其决策等子系统，新信息技术的嵌入，尤其是公允价值计量子系统中的输入或采集自动化、处理分布实时化和输出可视化等，极大地提高了公允价值会计信息质量与系统的运行效率。"大智移云物区"等新技术整合应用于公允价值会计系统中，使其协同发挥决策支持作用，从而实现公允价值会计信息的实时决策目标。

1.4.3 公允价值大数据采集、估值技术与挖掘技术方法

公允价值源大数据一方面来自相关的金融市场、房地产市场、生物资产市场、碳交易市场等主要市场或最有利市场；另一方面通过规范的市场法、收益法和成本法等估值技术，对第二、第三层次估值均要求遵循相关性和可靠性等的会计信息质量特征的要求。研究发现公允价值计量分层计量准则在金融工具应用最多、在投资性房地产应用较多、在生物资产应用较少，整体应用尚未普及，这归因于公允价值计量的局限性和市场环境等因素，因此，公允价值源大数据的清洁、估值技术流程和方法的规范运用等，是提高公允价值数据质量的重要因素。

基于公允价值计量准则的要求，上市公司根据估值技术的适用性由管理者估值，或由第三方评估确定或云估值服务提供。尤其是在大数据环境下，借助大数据技术、Web数据抓取技术和Python等收集信息的爬行算法，通过构建公允价值估计与模型系统或云估值服务系统，实现实时采集和估值，形成公允价值会计数据，是公允价值会计实时决策的现实选择。

提出构建"时间—空间—关联—层次"四维超立方体公允价值会计数据仓库，是数据挖掘的基础。面向会计数据库或数据仓库，采用数据挖掘程序和技术方法，发现会计知识模式，其包括分类模式、聚类模式、关联模式等，可以实现会计数据为有关决策者开展分类、相关性和预测等决策服务。

1.4.4 大数据下公允价值会计智能决策支持系统结构与运行机制

会计智能决策支持系统是会计信息化的高级形式。会计决策支持系统，以会计"双重计量"为基础，引入现代信息技术，从数据（库）支持的会计决策系统，到"数据库+模型库"支持的决策系统，再到"数据库+模型库+方法库+知识库"等"四库"支持的会计智能决策系统，是会计决策有用观的技术性深化。

基于数据库、模型库、方法库和知识库，即"四库"技术的设计和人工智能技术（专家系统和神经网络等）及人机交互和问题综合部件，构成会计智能决策支持的系统结构，其系统要素相互作用、协同运作，推动会计智能决策系统的运行。由此适用于解决半结构化的公允价值收益法估值问题和资产减值估计问题以及投资性房地产公允价值会计估值和预测问题等。

基于网络型、云计算和大数据的会计决策支持等的整合，构建了"大智移云"下的会计智能决策支持系统的客户机、各种服务器的系统结构。据此，根据系统的目标，完善系统主体、内容、方法、条件等要素协同运行机制，在得到大数据内外部质量控制和大数据治理机制的保障下，确保大

数据的质量，促使大数据下会计智能决策支持系统的有效运行，服务于内外部决策等。

1.4.5 公允价值会计智能决策支持系统研发与应用

公允价值会计智能决策支持系统由综合部件、模型部件、知识部件、数据部件四大部分构成，其开发方法应遵从生命周期法。会计数据仓库是会计智能决策支持系统的关键部件，是会计数据挖掘和智能决策的基础，其主要功能包括会计数据获取、数据存储和决策分析，其开发设计应遵从一般的开发程序与方法，如结构化分析方法（SAM）、生存周期法（SLCM）、原型法和螺旋式周期性开发方法。

公允价值估值系统的设计是公允价值会计智能决策支持系统中的基础子系统，研究构建了大数据环境下公允价值估值系统，其功能是解决公允价值分层计量信息化问题，为云估值系统和云决策服务系统提供关键功能模块支持。

1.4.6 大数据下公允价值会计数据与决策的实证研究

鉴于大数据下的公允价值会计智能决策支持系统研究只是初步地规范研究观点，直接用于考察会计大数据与智能决策的实证较为困难。因此，从大数据环境出发，将大数据等新信息技术作为新变量引入公允价值会计数据与决策的实证研究的检验结果表明，大数据等新信息技术对公允价值会计数据与投资决策、贷款决策、盈余波动和审计决策关系具有显著的影响。

总之，本书从"实施国家大数据战略"视角，研究认为国家会计大数据建设的核心是公允价值大数据的挖掘分析与决策应用，是由新时代新环境决定的；对公允价值会计实时信息支持智能决策进行研究，指明会计信息实时决策有用性是引领未来会计发展的方向之一；公允价值会计数据挖掘与智能决策程序的智能化，富有智能会计思想。主要学术创新观点：① 将公允价值与"大智移云物区"等新一代信息技术相结合是以前鲜有研究的。而且深入现行公允价值会计的难题，即数据实时可靠性挖掘研究，提出公允价值信息实时决策有用观，拓展了决策有用观在大数据下的应用。② 基于公允价值数据质和量源于市场及其有效性，提出公允价值源大数据，借助大数据实时采集公允价格和云估值系统，构建公允价值大数据治理机制和智能决策支持机制新观点。③ 在市场、会计、数据科学与新信息技术等交叉融合下，研发大数据下公允价值会计信息智能决策支持应用系统，创新丰富了已有会计决策支持系统等。本书的研究内容结构，如图 1-2 所示。

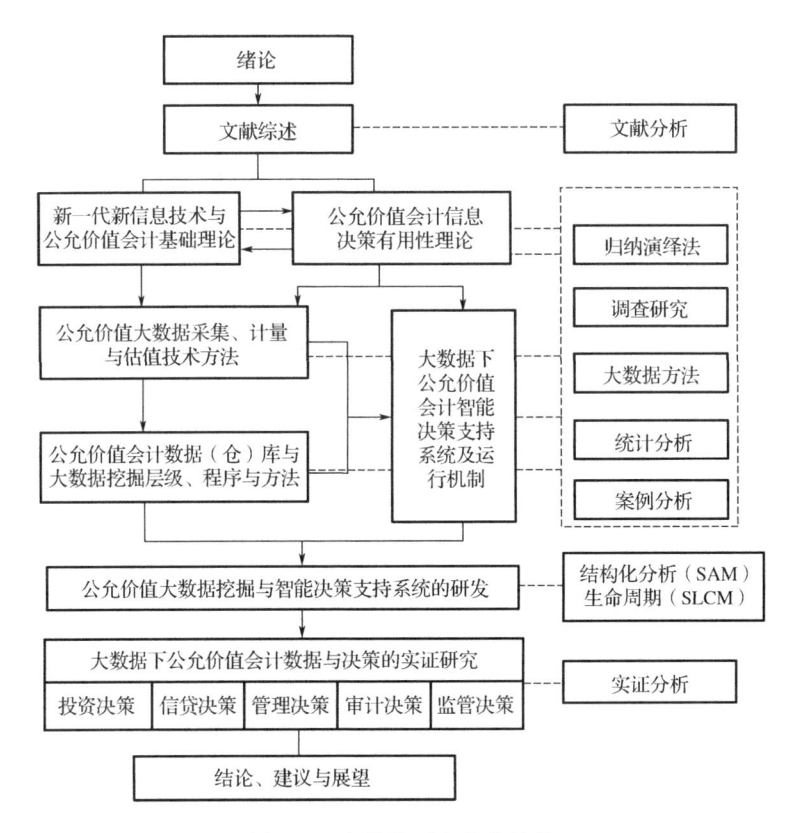

图 1-2　本书的研究内容结构

第 2 章 文献综述

大数据作为新一代信息技术正在改变我们的生活、工作与思维，无疑也在改变着财务与会计的工作、思维和战略规划。财政部于 2016 年 10 月发布的《会计改革与发展"十三五"规划纲要》明确提出"加强会计信息化建设，不断提高单位会计信息化水平。同时，密切关注大数据、'互联网+'发展对会计工作的影响"。财政部于 2021 年 11 月发布的《会计改革与发展"十四五"规划纲要》进一步明确提出"积极推动会计工作数字化转型"。连续性的规划纲要关注会计信息化、数字化建设，无疑会推进会计信息化、数字化这一研究热点持续升温。在大数据背景下，新的财务与会计共享信息化是企业信息化建设的重要组成部分，不仅顺应政策倡导，而且符合企业财务与会计的发展要求。在实务不断发展的同时，理论界对大数据背景下的财务与会计研究方向和重点也在不断变化。据此，本章首先综述国内有关公允价值会计及其决策有用性观点，重点梳理国外有关公允价值的实证研究观点，在此基础上重点梳理总结大数据背景下财务与会计研究的成果，将有助于深化和发展财务与会计的理论与实务创新。

2.1 国内公允价值会计信息决策有用性研究文献

2.1.1 有关公允价值会计的基本理论的研究

公允价值会计的基本理论研究，主要包括与公允价值会计相关的公允价值、公允价值计量的本质、模式、估价、选择和改进，以及与金融危机和市场波动问题的探讨；随着会计环境和对象活动的变化，双重计量模式；三层次估计问题；公允价值与金融稳定性，顺周期效应；经济后果学说；信号质量和信息披露及契约假说等是我国学者集中研究的问题。其代表性学者有：沈艺峰（1996），卢永华等（2000），李明辉（2001），吴世农等（2004），邓传洲（2005），夏成才等（2007），于永生（2007），路晓燕（2008），杨雄胜等（2009），黄世忠（2009），葛家澍（2011），戴德明等（2011），胡奕明等（2012），王鑫（2013），张先治（2013），曲晓辉等（2013），葛家澍、刘峰等（2011），郝振平（2011），刘斌（2011），魏明海等（2013），郭道扬（2014），王华（2014），张新民（2014），等等。

2.1.2 有关公允价值决策有用性实证研究

有关公允价值决策有用性实证研究的主要观点，包括公允价值会计具有决策有用性；公允价值具有价值相关性、弱可靠性和盈余管理及风险性；与管理层薪酬、债务、审计等契约相关及公允价值计量准则经济后果性；会提高市场同步性；存在"重奖轻罚"现象；内生的共振效应。其代表性学者有：孙铮等（2008），朱凯等（2008），刘斌等（2013），黄世忠（2010），胡奕明等（2010），刘星等（2010），王化成（2010），刘永泽等（2011），刘志远等（2011），张俊瑞等（2012）徐经长等（2013），吕长江（2013），孟焰（2010），陆正飞（2008），孙铮、李增泉（2006），陈信元、靳庆鲁（2013），吴联生等（2011），王秀丽、王建玲（2015），张龙平等（2015），等等。

2.2 国外有关公允价值会计决策有用性的实证文献

公允价值在国外的发展大致经历了五个阶段：萌芽阶段（1800—1970年）、诞生阶段（1970—1990年）、发展阶段（1990—2006年）、存废阶段（2006—2009年）、完善阶段（2009年至今）。经济环境、监管要求、金融危机、信息技术、学术研究是驱动公允价值会计发展的五大力量（黄世忠、王肖健，2019）。根据查阅大量文献，国外相关文献的主要观点如表2-1所示。

表2-1 国外相关文献与主要观点

视角	主要观点	代表人物
公允价值的价值相关性与决策有用性	公允价值信息决策有用性目标、信息观和计量观；公允价值在养老金资产和负债、权益证券、贷款、投资性房地产及无形资产的计量方面，更具有价值相关性；公允价值为资源配置和债务契约及薪酬契约等提供信息等。公允价值信息的价值相关性会随着第一、第二、第三层次的顺序逐步降低。使用公允价值法披露的补偿费用与其他损益表费用相反的企业价值之间存在显著的关联。重新评估的有形资产中公允价值的适度价值具有相关性。公允价值对现金流量和业绩收益计量都有预测能力，在欧洲私人股本基金采用 IAS 39 后转向公允价值会计后，基于会计的私人股本回报率与公共股权市场回报率之间的相关性增加，私人股本基金获得资本的机会减少。确认和披露的公允价值信息的决策有用性，重点是预测能力、价值相关性和风险相关性。当公允价值被更可靠地测量时，公允价值估计的预测价值就会增强。公允价值会计能用来评估公司价值	Venchalamkat（1996），Barth and Clinch（1998），Rees et al.（1998），Muller（1999），Richard（2000），Danbolt、Rees（2007），Goh（2009），Song（2010），Adela Deaconu et al.（2010），Cain, Loewenstein, and Moore（2011），Mian and Sankaraguruswamy（2013），Dechow et al.（2010），Wallison（2012），Hui Du（2014），Davis Hodder et al.（2014），Maksymov E and M W Nelson（2014），Mohamed Zaher Bouaziz（2014），Peter R Demerjian et al.（2015），Dimu Ehalaiye et al.（2016），Bratten B et al.（2016），Welch et al.（2018），Mary E Barth, Wayne R Landsman（2018）

续表

视角	主要观点	代表人物
公允价值计量及风险性、稳健性等	公允价值计量带来额外的波动性和市场风险；公允价值的不确定性可通过评估和披露及审计而降低和应对；信息和公司治理环境的改善会提高公允价值分层计量的质量；估值增加审计风险。 公允价值报告的程度与银行系统风险传染的增加有关。使用公允价值计量金融工具计算的各种杠杆比例与各种信用风险度量相关联。强制披露的金融工具指定为公允价值水平第一层次、第二层次和第三层次，对第三层次金融资产敞口较大的公司相对于被指定为第一层次或第二层次的公司表现出更高的β。面临市值会计的保险公司在其投资组合分配方面往往更加谨慎。对于没有约束力的银行来说，公允价值和银行监管都有助于顺周期杠杆。全面公允价值会计的引入可能对收入波动、银行贷款的顺周期性和更普遍的金融稳定性产生重大影响。持有较高比例的金融工具的公司在第二层次和第三层次公允价值上报告了更有条件的谨慎性的综合收入，可归因于公允价值计量。财务重述的公司第三层次公允价值占比越高，公司的市场反应越低即负相关，在危机时期负相关越强烈。这表明市场投资者对公允价值持谨慎态度	Enria, Andrea et al.（2004），Hodder（2006），Plantin（2008），Adrian and Shin（2010），Kha（2010），Ahmed（2011），Jeremy B Griffin（2014），Song, Thomas, and Yi（2010），Khan, Urooj（2010），Riedl and Serafeim（2011），Ettredge Xu and Yi（2011），Griffith et al.（2012），Blankespoor, Elizabeth et al.（2012），Eddie Riedl George Serafeim（2013），Jeremy B Griffin（2014），Ellul A et al.（2014），Nate Cannon（2015）.Amel-Zadeh, Amir et al.（2017），Badia M et al.（2017），Hua-Wei Solomon Huanga et al.（2019）
公允价值与信息不对称、分析师、审计师等关系	作为信息不对称的代理变量买卖价差与公允价值净资产呈正相关关系，关联程度取决于第三层次结构，买卖价差在第一层次最低（最透明的估值输入），在第三层次最高（最不可观察）。对银行资产使用公允价值计量（FVM），其资产价值与明显较低的信息不对称有关。描述性证据表明，相对于非公允价值期权的负债（FVO）者，使用公允价值期权的负债的银行表现出较低的买卖价差。只有当公允价值变动完全计量并透明报告（完全公允价值会计）时，分析师的估值判断才能区分不同风险水平的银行。确认和披露的公允价值之间存在股权定价差异。具有较高公允价值强度的企业具有更准确的分析师收益预测，分析师预测精度与第一层次和第二层次公允价值测量之间存在着显著的正相关关系，但没有发现第三层次测量的这种关联。接受公允价值报告的资产比例较大（公允价值敞口较高）的银行使用较少的基于LLP的盈余管理，而使用更多的基于交易的盈余管理，银行聘请行业专家审计师使用较少的基于LLP的盈余管理。更多地使用公允价值计量金融工具将引更多的审计费用。对于具有公允价值的投资公司（由外部估价者和混合估价者估算的财产），审计费用更高	Liao L et al.（2013），Schneider F, and D H Tran（2015），Joana C Fontes et al.（2018），Hirst D Eric et al.（2001），Liang L, and Riedl E J（2014），Müller, Maximilian A et al.（2015），Ayres D et al.（2017），Bratten B et al.（2017），Ettredge, M Xu Y and Yi H（2014），Pinprapa Sangchan et al.（2020）
公允价值披露的影响因素	财务信息的透明度是市场力量、各项规章制度动机及其执行程度共同作用的结果；市场完善程度和法治及人文因素等。在公允价值评论信之后的时期，第二层次和第三层次公允价值资产与它们的不确定性度量之间的关联显著减少。公司在SFAS157的第三层次估计之外提供的自愿可靠性披露有助于减少投资者对更不透明的公允价值估计的不确定性	Leuz and Wysocki（2008），Riedl and Serafeim（2011），Cain, Loewenstein,and Moore（2011），Boritz, Hayes, and Lim（2013），Brousseau et al.（2014），Bens D A et al.（2016），Chung, Sung Gon et al.（2017）

第 2 章 文献综述

2.3 国外大数据等信息技术与会计的研究文献

2.3.1 大数据与会计

大数据对会计的影响包括对财务会计、管理会计、报告和审计的影响。Warren Jr.（2015）研究认为大数据将对会计产生越来越重要的影响。通过大数据提供的视频、音频和文本信息可以改进管理会计、财务会计和财务报告的做法。在管理会计方面，大数据将有助于发展有效的管理控制系统和预算编制过程。在财务会计方面，大数据将提高会计信息的质量和相关性，从而提高透明度和利益相关者的决策能力。在报告方面，大数据可以协助制定和完善会计准则，有助于确保会计行业在动态、实时、全球经济发展的过程中继续提供有用的信息。但是会计的目标并未改变，仍然是为决策者提供相关信息。Janvrin，Diane J，Weidenmier Watson，Marcia（2017）认为，虽然数据集现在比以往任何时候都大，而且有更好的数据分析软件，但会计的主要目标一直是相同的，即为内部和外部决策者创建和提供信息。Rybicka，Karolina（2018）分析了当代企业必须应对动荡环境的变化。新技术的存在和采用社交媒体技术的爆发式增长是影响"大数据"增长的重要因素。认为社交媒体和大数据正在改变公司的会计和问责制，但这种变化往往发生在会计子系统之外。使用数字技术和方法对于收集、存储和处理大量数据至关重要。利用大数据技术，尽管面临一些挑战，但现代企业能够处理庞大的数据量，提供更好的预测和业务决策。Green，Steve et al.（2018）探讨大数据对会计界的主要影响将是报表使用者对会计数据的需求变化及其对决策的影响，认为大数据使报表使用者更喜欢原始的、动态的事项数据，可重构透明的会计数据，报表使用者可以结合到自己的结构中，以满足自己的决策需要。Erickson，Scott，Rothberg，Helen（2014）通过知识管理（KM）和智力资本（IC）的文献，建立一个符合现有理论的大数据观。知识管理和智力资本都有公认的数据和信息。在建立大数据作为一种额外的有价值的知识资产（或至少与知识密切相关的有价值的资产）的概念基础时，他们将知识资本度量和知识管理工具应用于数据资产，把大数据和商业分析纳入 KM/IC 的范围，并相信大数据的概念及其与知识资产的关系，并为将经过验证的知识管理战略和工具应用于大数据和商业分析提供理由。

大数据下会计信息决策有用性目标并未改变，需要改变的是现行会计审计准则或标准。Krahel，John Peter，Titera，William R（2015）研究认为大数据环境下现行会计审计标准相对落后，需要改变现行会计和审计标准，以关注数据、生成数据的过程以及它们的分析，而不是它们的确认和报告，这样适应大数据环境的会计审计标准，将增加会计行业的价值和相关性，增强最终用户的能力，并提高资本市场的效率。类似的观点，Vasarhelyi，Miklos A.et al.（2015）在公司数据向大数据的不断演变，从现代 ERP 中包含的结构化数据到来自环境的松散连接的非结构化和半结构化信息方面，讨论了会计中大数据的总体框架的构建。

　　大数据在会计中的应用需要技术和平台支持。Zhang Jiasheng（2016）对会计大数据分析平台的建设进行了分析，并根据平台建设的基本原则，包括财务的综合分析、决策、预测和监控，提出了该平台的相应功能。通过会计平台的框架设计，实现了会计大数据的收集、逻辑处理、存储输出和安全机制的建立。Murthy，Uday S，Geerts，Guido L（2017）基于 ISO 2007 中定义的五阶段 REA（资源 R—业务 E—主体 A）的业务事务规范，用来正式定义特定大数据元素和业务事务之间的关联。使用大数据技术，如 Apache、Hadoop 和 Map Reduce，为从大数据中提取业务事务相关信息制定了许多信息提取模式，还提出了一些分析模式，以演示如何在会计决策中受益于整合特定的外部大数据源和传统的事务性数据。提出的模型和技术可用于组织将其环境中的外部大数据元素与其会计信息工件之间的关联形式化，构建从外部大数据源提取信息供会计人员使用的体系结构，并利用大数据分析的力量进行更有效的决策。大数据分析具有特定的特点（数据源、数据结构或计算复杂度），这可能会影响用户认为它们可靠的倾向。Castellano，Nicola et al.（2017）从可能阻碍或使管理者对大数据分析的可信度因素方面分析，当用于支持管理会计中的规划和控制时，在战略和操作层面，需要不同的组织学习。实证发现组织学习模式显著地影响了大数据分析的感知有用性。此外，在某些条件下，管理者的个人特征可能会阻碍他们依赖大数据分析的倾向。这些发现有助于丰富管理会计制度和组织学习的文献和实务。从提高法医会计师的教育和实践技能及审计效能角度，Rezaee，Zabihollah，Jim Wang（2017）研究大数据、数据分析和算法与司法会计及教育，结果表明：① 对大数据/数据分析和法医会计的需求日趋增加；② 大数据/数据分析和法医会计应纳入本科和研究生的商业课程；③ 大数据主题应纳入商业和会计课程；④ 大数据和大数据技术（包括预测、描述和探索性分析）的可用性等许多属性对于改进法医会计教育和实践具有重要意义。有关大数据和公司报告方面的研究，Al-Htaybat，Khaldoon，von Alberti-Alhtaybat，Larissa（2017）调查研究了大数据和公司报告现象，并确定大数据和当前大数据心态对公司报告的影响，以及会计师和非会计师参与者对这一现象的看法，会计师在这方面的作用，以及与大数据和公司报告有关的机会和风险。研究指出大数据和公司报告固有的四个技术悖论，即赋权与授权、满足与创造需求、可靠性与及时性和简单性与复杂性。有关大数据对会计和金融等研究的机会而言，Cockcroft，Sophie Russell，Mark（2018）对 2007—2016 年 47 种会计、金融和信息系统期刊，采用主题分类法进行分析，指出在会计和金融中使用"大数据"的主要研究领域是风险和安全、数据可视化和预测分析、数据管理和数据质量。增加这些领域的研究将导致行业实践的改进，以及跨学科研究的机会。Huerta，Esperanza，Jensen，Scott（2017）从会计信息系统的角度讨论数据分析和大数据。提出影响会计领域的几个主题——发展更强的分析和数据处理技能；评估隐私、安全要求和风险；创造性地思考；评估自动化对会计行业的威胁，并为今后的研究提出了潜在的领域。

2.3.2 大数据与审计

大数据对审计行业而言，机遇和挑战并存。Drew，Jeff Jeff（2018）讨论了会计师事务所如何满足客户对美国业务信息数量成倍增长的洞察力的需求，指出变革性技术的兴起引起了许多会计师对其未来职业状况的担忧。大数据将为会计行业带来未来的机遇。大数据环境下审计师存亡问题与 Frey 和 Osborne（2013）关于会计行业面临消亡的预测相反，Richins，Greg et al.（2017）认为会计人员仍然可以在大数据分析的世界中创造价值。为了推进这一立场，他们提供了一个基于结构化/非结构化数据和问题驱动/探索性分析的概念框架。会计师已经擅长于结构化数据的问题驱动分析，能够在非结构化数据的问题驱动分析中发挥主导作用，并能够支持数据科学家对大数据进行探索性分析。他们的论点基于两个支柱：会计师熟悉结构化数据集，简化了向非结构化数据工作的过渡，并拥有商业基础知识。因此，大数据分析不是取代会计师，而是补充会计师的技能和知识。然而，教育工作者、标准制定者和专业机构必须调整他们的课程、标准和框架，以适应大数据分析的挑战。反过来，审计师在大数据治理中发挥作用。Coyne，Emily M et al.（2018）引入了大数据生命周期模型，解释了将大数据转化为信息的过程，作为会计师能够从事大数据信息治理的基础。研究发现由于会计师具有很强的能力来识别内部和外部决策者的信息和控制需求，他们应该在大数据信息治理中发挥重要作用。然而，现行审计师运用大数据技术领域还不广泛。大数据分析是对大数据进行检查、清洗、转换和建模的过程，以发现和交流有用的信息和模式，提出结论，并支持决策。Min Cao et al.（2015）认为大数据已被应用于许多领域的高级分析，但尚未普及审计师的运用。研究提出大数据分析可以提高财务报表审计的效率和有效性。解释了大数据分析如何应用于其他领域，可以应用于审计。随着 2013 年大数据投资从 340 亿美元增长到 2016 年 2320 亿美元（Gartner，2012），四大会计师事务所的目标是走在大数据实施的前列。Alles，Michael，Gray，Glen L（2016）认为大数据是会计师的审计保证实践中越来越重要的一部分，但它在审计中的应用不如其他领域，如营销和医学研究，并进一步提出需要克服大数据纳入财务报表审计障碍的方法。

Gepp，Adrian et al.（2018）分析表明，现有的大数据技术应用在三个方面：

财务困境建模、财务欺诈建模、股票市场预测和定量建模。但分析发现大数据技术在审计实务中的应用，并不像在其他相关领域那样广泛。一个可能的解释是，审计师不愿意使用远远领先于他们的客户所采用的技术，但笔者反驳了这一论点，并指出在实时信息背景下以及在协作平台和点对点市场中进行审计的未来机会。并且 Brown-Liburd, Helen et al.（2015）探讨了在审计环境中，阻碍大数据有效使用和分析的信息处理弱点和局限性。借鉴心理学和审计方面的文献，通过解决信息过载、信息相关性、模式识别和歧义等问题，提出了大数据对审计判断的行为意义。在审计证据方面，Kyunghee Yoon（2015）使用审计证据标准框架评估大数据的适用性，并为充分性、可靠性和相关性考虑提供成本效益分析，研究认为使用大数据作为补充审计证据。Tang, Jiali, Karim, Khondkar E（2019）回顾了与欺诈、头脑风暴会议和大数据有关的文献，提出了一种审计师在头脑风暴会议上可以通过在不同步骤应用大数据分析来遵循的模型。调查结果显示：由于非结构化数据的使用效率低下，旨在确定欺诈风险因素的现有审计实践需要加强。头脑风暴会议为这种关注提供了一个有用的环境。将大数据分析纳入头脑风暴可以扩大信息规模，优化分析程序的结果，促进审计师的沟通。在所提出的模型中，审计团队可以在头脑风暴过程的每一步都使用大数据工具，包括初始数据收集、数据集成、欺诈指标识别、小组会议、结论和文档。这样有助于提高欺诈检测的整体有效性。对大数据在审计中的有效应用，Perkhofer, Lisa Maria et al.（2019）研究指出大数据将大量和新形式的结构化、非结构化和半结构化数据引入会计领域，这需要替代数据管理和报告方法。从这些新的数据源中产生洞察力，突出了在视觉分析领域对不同和交互形式的可视化需要。研究表明，那些知识渊博、熟悉交互式大数据可视化的人表明，交互形式的可视化实用性很高。因此，有必要提供足够多的培训及以用户为中心的可视化和技术支持，以进一步扩大会计行业的使用范围。从会计教育角度看，Rezaee, Zabihollah, Wang, Jim（2019）通过从中国学者和从业人员的样本中收集意见，考察大数据与法医会计实务和教育的相关性。调查结果表明，对大数据/数据分析和法医会计的需求将继续增加；大数据/数据分析和法医会计应纳入商业课程；大数据的一些属性和技术对于改进法医会计教育和实践很重要。这些结果有助于将大数据主题纳入法医会计课程和重新设计法医会计课程/方案。对法医会计师通过打击欺诈有效履行对专业和社会的责任具有影响。

2.3.3 数据挖掘与会计

有关数据挖掘在会计中的应用研究，随着信息时代的引入，企业财务管理面临着前所未有的挑战，互联网（物联网）技术的应用可以有效地提高财务会计管理的效率，实现财务管理的信息化。为了解决企业财务会计数据处理问题，Yao，Lu et al.（2019）构造了一种利用数据挖掘技术获取海量信息数据和聚类分析处理的数据挖掘算法，实现了多种不确定性信息处理模型的融合。利用物联网技术设计了金融信息云平台。企业财务风险指数系数由关联规则判断。研究结果表明，数据挖掘技术应用于会计海量数据信息的处理，效率更高。基于会计信息系统（AIS）在信息与会计系统的交叉，Murthy，Uday S（2016）研究认为信息与会计系统的交叉融合的重点是与数据挖掘和存储有关的技能、公共会计师事务所在其服务领域对大数据和数据分析的依赖以及信息技术（IT）环境对会计专业的影响。

现行大量的文献报道了会计中重要的数据挖掘范式的具体用途，但缺乏对这些用途采取整体观点的研究。为了组织关于数据挖掘在会计中的应用的文献，Amani，Farzaneh A，Fadlalla，Adam M（2017）建立了一个框架，他们结合了两个著名的会计报告视角（回顾和展望），以及数据挖掘的三个被广泛接受的目标（描述、预测和探索）。该框架概括了数据挖掘应用程序的四个类别（回顾性描述性、回顾性规定性、前瞻性规定性和前瞻性预测性）。该框架表明，从数据挖掘中获益最大的会计领域是保证和遵守，包括欺诈检测、商业健康和法医会计。会计标准的制定是一个高风险、政治和市场的过程，受公共评论机制的影响。研究人员和财务会计准则委员会（FASB）广泛研究评论书信包含的非结构化数据。Karim，Khondkar E et al.（2019）采用了一种主题建模方法，即潜在 Dirichlet 分配（LDA），以解决非结构化数据带来的困难。分析了 FASB 在 2008 年和 2010 年提出的关于损失意外情况的两份评论信。结果表明，LDA 在从非结构化数据中挖掘信息方面是有效的。当今有大量关于公司财务业绩的财务信息以电子形式提供给投资者。虽然自动分析财务数字是常见的，但很难从财务报告的文本部分自动提取含义。对此，Kloptchenko，Antonina et al.（2004）结合数据和文本挖掘方法，分析来自财务报告的定量和定性数据，以了解报告的文本部分是否包含了关于未来财务绩效的一些指示。定量分析采用自组织映射，定性分析采用原型匹配文本聚类。挖掘分析了电信部门三家主要公司的季度报告。证实了年度报告的文本部分包含比财务部分更丰富的信息。环境会计作为了解自然环境在经济中所起作用的重要工具，对于商业决策，特别是对于积极主动的环境管理活动，是有用的。由于最近的技术进步为利用大数据协助公司的决策过程铺平了道路，利用大数据集的最佳方法之一是数据挖掘，Paknoodezh，Hamid Ravan（2019）实证考察了印度公共和私营部门公司环境会计中的数据挖掘技术水平。研究结果拒绝了"零假设"，即在印度的公共和私营部门行业之间的数据挖掘水平没有显著性差异。因此，在大多数方面，环境会计中的数据挖掘水平在私营部门公司显著高于印度的公共部门公司。

数据挖掘技术常用于检测财务报表欺诈。对审计师来说，检测欺诈性财务报表是一个非常重要的问题。由于难以发现这种欺诈性财务报表，审计员正在采用一些定性和定量的技术。Ata，H Ali，Seyrek，Ibrahim H（2009）研究构建了一套不为审计师所广泛了解的数据挖掘技术被用来帮助检测财务报表欺诈模型。这项研究是根据 ISE 中列出的 100 家制造公司的数据进行的。结果表明，杠杆率和资产收益率是检测财务报表舞弊的重要财务比例。财务报表欺诈是一种欺诈行为，对企业造成了最大的损失。在今天的商业环境中，通过使用数据挖掘方法来检测财务报表欺诈已经成为可能。Kopun，Dubravka（2018）认为成功实施使用数据挖掘方法检测财务报表欺诈系统的第一步是定义财务比例，这些比例可以成为检测财务报表欺诈的有力指标。通过研究分析 110 个财务和非财务比例中，8 个可被确定为最重要的模型指标，用于使用数据挖掘方法在财务报表中发现欺诈行为。

2.3.4 人工智能与会计

Gal，Graham，Steinbart，Paul（1987）研究认为专家系统的发展是一个受到越来越多关注的研究领域。可以从专家系统领域的工作中受益的三个研究领域是：① 有效和高效地利用会计信息系统支持决策；② 适当设计和控制会计信息系统；③ 设计数据库系统的智能前端。Arnold，Vicky et al.（2004）实证检验了决策辅助对具有不同专业水平的受试者的影响。结果表明，在复杂问题的分析和解决过程中，智能决策辅助工具可以看作对专家决策者的补充。Gray et al.（2014）审查了会计方面专家系统、人工智能研究的生产力，得出的结论是，自 20 世纪 90 年代后期以来，对专家系统、人工智能的研究和实践使用都有所减少。Sutton，Steve G et al.（2016）重新考虑了这些发现，基于一个更广泛的观点，即"人工智能"中心与"专家系统"中心。结果表明，虽然 20 世纪 90 年代末有点平静，但在过去 30 年中，会计方面的人工智能研究继续稳步增长。进一步考虑人工智能技术作为集成审计支持系统中的嵌入式模块，也表明实践中的使用仍然是稳健的。基于这些发现，他们呼吁对人工智能技术在会计领域的可用性进行更多的研究。与先前的观点相反，该研究领域仍然充满活力，并有很大的潜力让 AIS 的研究人员在推进中发挥领导作用。Nickerson，Mark A（2019）研究认为人工智能（AI）对会计和金融服务业构成的风险并对会计师事务所具有挑战。Lin，Paul，Hazelbaker，Tom（2019）研究指出了人工智能（AI）在会计方面的挑战和应对，一方面经认证的公共会计（CPA）公司雇用新的具有人工智能专业背景的非会计专业毕业生来整合新的工具。另一方面公共会计在审计实务中学习培训并理解人工智能和人工智能工具。

在全球化和竞争经济的时代，企业所有者必须理解和能够分析会计信息，以确保企业的可持续性。然而，其中许多人仍然无法充分利用会计信息。因此，Mahlindayu Binti Tarmidi et al.（2018）将创新理念，通过人工智能和机器学习，帮助企业主更好地理解和利用会计信息。人工智能是世界上最先进的技术之一。Moudud-Ul-Huq，Syed（2014）试图证明人工智能是如何帮助会计系统的发展。他根据 Perrow 的社会学框架，作为比较组织分析专家系统对组织问题的影响的基础，研究分析了人工智能对两种不同类型的会计工作效率的影响：审计和税务的相对影响。会计任务涉及广泛的结构化、半结构化和非结构化决策。审计和保证的核心涉及非结构化的决策和分析，其中包括风险和缺乏信息造成的许多不确定性决策。从管理会计视角，Rikhardsson，Pall，Yigitbasioglu，Ogan（2018）研究分析了高管们认为技术、数据和分析是商业中的一股变革力量。因此，许多组织正在实施商业情报分析技术，以支持报告和决策。据此认为，传统上，管理会计是对组织决策和控制的主要支持。而智能环境下，管理会计与决策和控制有明确的联系，并可以受益于应用智能分析技术。Zebin Jin（2017）研究了大数据背景下的智能会计。总之，目前企业内部控制应该是基于事件驱动的信息系统。通过对会计信息系统内部控制的基础理论研究，研究网络环境的实时控制、会计流程再造、会计实时控制方法的实时会计控制模型，构建了实时会计控制的理论模型，更有效地发挥了作用，提供了理论支持。最后，在案例研究的基础上，将该模型应用于企业，进一步探讨了生产经营过程中网络环境下实时控制的主要方法，对更有效地实现实时控制具有一定的参考作用。

2.3.5 云计算与会计

在经济全球化的背景下，市场竞争日益激烈，企业并购日益频繁，导致企业成本上升，财务管理和控制更加困难，对企业财务管理产生负面影响。与传统的分散管理和集中管理相比，财务共享管理作为一种先进的财务管理模式，更加规范、高效，能够有效地解决企业财务管理中的问题，同时能潜移默化地影响整个行业的发展。因此，我国大型企业逐渐重视财务共享管理，如中国移动、海尔集团、中兴通讯等企业采用财务共享管理建议，有效提高了财务管理能力和控制能力，降低了企业运营成本，提高了企业的业务和服务质量，创造了巨大的财富，为提高我国企业的财务管理水平提供了重要参考。Zhang Wei，Wang Yang（2017）研究了大数据背景下云会计财务共享管理模型的构建策略，构建了基于 Hasche 树算法的会计财务共享管理模型，为改进财务管理提供了参考。互联网给商业世界带来了重大变化。互联网技术的最新发展之一是云计算，这项技术也给会计领域带来了重大变化。人们对云软件在会计领域的使用越来越感兴趣。Soni，Ritu et al.

（2018）研究试图分析 Udaipur 市不同部门使用云软件的因素。为这项研究选择的样本包括银行部门、保险部门、零售部门和其他中小企业的雇员。为了更好地理解本研究，还收集了特许会计师的观点。应用卡方检验发现云会计软件的使用与企业规模之间的关系，发现云软件的采用与组织规模有很大的差异。云计算是最新的技术创新之一，为各种规模的组织提供了新的、独特的机遇和挑战。然而，世界各地的许多公司已经习惯以传统的方式经营业务，并似乎抵制采用这种新技术。Rudansky-Kloppers，Sharon，Van den Bergh，Kobus（2019）研究探讨了南非会计师事务所对向客户提供的服务采用和使用云技术的情况。在线问卷由开普敦会计师事务所的 27 名业主或经理完成，并采用描述性和推断性统计方法对结果进行分析。结果表明，会计师事务所经理和所有者对云会计技术存在着显著的认识差异。小公司似乎比中型公司更积极地对待这项技术，也更敏捷，更有能力部署这项技术。云会计产品的营销人员在设计营销活动时需要考虑公司的规模，以及工业决策过程和所涉及的感知风险。

2.3.6　大数据与公允价值会计

J Donald Warren et al.（2015）认为公允价值会计准则在全球存在差异，大数据和云服务可以缓解这个差异。FASB 和 ISAB 制定的准则存在差异，特别是考虑到在某些条件下公允价值会计准则的不一致。例如，在处理不动产、厂房和设备的公允价值会计方面，仍存在关键差异。IFRS 允许采用公允价值方法和相关的重新估值，美国 GAAP 要求以历史成本反映不动产、厂房和设备，并禁止使用公允价值，除非在减值的情况下。当减值发生时，美国会计准则要求将每项受影响的资产重新估值为受损的较低价值（Grant Thornton，2014）。大数据可以帮助美国解决 GAAP 和 IFRS 公允价值会计之间的差距，并帮助创建一套全球会计准则。其方法是使用长期互联网软件代理商提供公允价值服务。这些代理商的职能是收集信息，通过使用广泛的自动互联网搜索方法，在较长的时间内帮助对难以估价的资产开展实时公允价值估计。这里的互联网代理商的设计是在各种决策过程中组装有用数据的软件程序。代理商连续或定期从云中收集和评估指定数据。当代理商检索、处理和积累信息时，它被存储用于后续分析（Warkentin，Sugumaran，and Sainsbury，2012；Kauffman，March，and Wood，2000）。由于代理商频繁操作并生成与相关的所有可用信息，相应数据集的大小可能很快变得过大，甚至形成大数据。在公允价值会计估计中，代理商搜索所有相关的基于网络的信息，以最大限度地利用客观、可观察和当前市场数据进行第一层次和第二层次公允价值估计。如果每个公司都有这种访问方法，那么代理商就可以使用统一的标准化的过程生成信息来进行公允价值会计估计。这便是通过大数据云服务解决 GAAP 和 IFRS 公允价值会计之间的差距。

拓展这一理念，类似于目前提供评估和估计服务的估值公司，市场上会出现专门提供资产和负债公允价值信息的数据服务公司，一是这些实体将与公允价值信息的数据服务公司订立服务协议，以提供所有资产和负债的定期数据和（或）估计数，而且在需要进行第三层次评估的情况下，这类合同还能规定以精算为导向的评估。二是这些组织将在一个单一资产或负债的一次性实例中生成数据。此外，审计师可以使用这些服务来确认既定公允价值的合理性，其方式类似于审计师如何聘请独立专家进行资产估值。无论信息获取过程是如何通过大数据展开的，公允价值会计估计中的主观假设都将得到缓解。

2.4 国内大数据等新信息技术与会计的研究文献

2.4.1 大数据与会计的规范研究

1. 大数据时代企业财务、会计转型与变革

大数据时代的到来为会计发展提供了新的指引，对会计核算原则、会计信息质量、会计工作模式等都产生了一定的冲击，大数据背景下财务与会计转型和变革成为新趋势。陈宋生等（2013）关于云计算、会计信息化转型与IT治理的综述，指出在云计算大数据背景下需要全面推进会计信息化的不断发展；樊燕萍、曹薇（2014）指出，大数据下会计数据的特殊性主要体现在会计数据的空间分离、安全性、及时获取性、相关性等方面。其他学者周洁（2015），陆佩娟（2015），齐萱、杨静（2015），黄永金（2015），赵栓文、李永敏（2016），张益琼（2016）等也围绕大数据、云计算等新信息技术如何推动会计的转型与变革，为管理者提供决策支持开展创新研究。

大数据时代企业财务、会计转型与变革主要体现在信息化建设不断发展和完善方面，徐光华、沈弋、邓德强（2015）阐述了当今环境嬗变下的管理会计政策的背景与指引、战略与理论创新及实践探索等方面变革与创新的讨论；何苗（2016）也认为将云计算应用于财务会计信息系统建设，是企业财务会计信息管理的发展方向。"互联网+"、云计算等为企业的信息化建设提供了新契机，对于大数据时代企业信息化建设的研究主要集中在对企业原有的包括 ERP 系统在内的信息化系统的更新与升级，以及如何利用大数据的优势对企业各信息化系统建设进行丰富，以加快企业信息化建设的速度，主要研究包括马广奇、刘魏星（2014），谢获宝、张茜（2014），黄文敏（2015），任俊颖（2016），黄世忠（2015），陈少兰、田千喜（2018），吴勇、陈慧、朱卫东（2019），等等。这些学者指出了大数据背景下会计变革与转型的趋势，新的信息化环境下需要不断优化财务会计与管理会计实践，助力会计领域的不断发展。

2. 大数据等信息化在财务与会计的应用

大数据的出现增强了企业的信息化建设意识，毛元青、刘梅玲（2015）综述了"互联网+"时代的会计信息化的年会文献，指出会计信息系统的创新在"互联网+"时代同时体现在体系方法和技术工具上。各个行业都不断运用大数据、云计算、"互联网+"等信息技术推进企业内部信息化建设，将大数据的方法和技术不断应用于企业内部包括财务、会计核算、预算管理等发展的各个领域。栾志乾、汤谷良（2014）基于动态能力的视角对大数据、云计算环境对企业管理信息系统选择的影响机制进行了研究，发现企业动态能力在企业市场竞争环境和外部 IT 技术环境的共同调节下进行信息系统选择；李冰（2015）对移动互联网在传统会计业务中的应用进行了分析，指出了大数据在会计核算流程方面、财务报表获取和查看方面、资金收支管理方面及会计档案管理方面的应用；程平、范珂（2015），杨扬（2015），程平、蒋雨（2015）分别对大数据时代基于云会计的企业全面预算管理、财务在线稽核及资金管理进行了研究。

大数据等信息化在企业财务与会计中的应用不仅体现在各项管理方面，同时还为财务信息使用者提供决策支持。程平、赵子晓（2014）对大数据对企业财务决策的影响进行了探析，建立了一套大数据下的财务决策框架；程平、王晓江（2015）分析了大数据、云计算对企业财务决策中公允价值的确定和成本控制产生的影响，为企业财务决策提供新的思路，也为大数据、云会计环境下的企业投资决策构建了相应的框架。冯巧根（2015）则通过设计"实体店销售"与"实体店和网店销售"两种营销方案，基于管理会计决策视角对互联网营销进行博弈，指出在成本竞争战略的配合下，移动互联等网络新技术的引入可以使互联网营销实现厂家与顾客的共赢，为大数据下企业营销决策提供支持。

3. 大数据下企业财务与会计面临的挑战及风险

大数据的发展目前还不够完善，对于企业而言，在运用信息化技术时仍然面临着严峻的挑战，学者们对大数据下企业财务会计、管理会计、审计等方面带来的挑战进行了深入研究。秦荣生（2013）剖析了云计算对资产确认、收入区分与确认、成本计量与配比等问题，以及云计算环境下内部控制评审、云审计平台建设、信息安全审计、收集审计证据和实施审计程序等面临的挑战。袁振兴、张青娜等（2014）分析了大数据对会计信息结构、计量属性、货币计量、财务会计信息的管理模式、会计人员职能和财务报告相关性六个方面的挑战。汤谷良、张守文（2015）则站在企业财务管理的角度，从公司价值内涵变化、财务决策信息去边界化、投资决策标准变革、公司治理创新、财务风险管理理论重构及融资方式调整六个方面提出了大数据下企业面临的挑战与变革。

在信息化风险方面，宋建琦、隋静（2016）认为大数据时代增大了会计信息化的风险，平台自身建设、数据使用安全、国家行业政策标准制定等因素都直接影响会计信息化的发展。事实上，大数据等信息化技术在不断优化企业信息化建设的同时，信息化系统风险、数据安全风险、隐私保护问题等也是普遍存在的，这方面的研究还有彭超然（2014）、朱辉（2014）、姚如佳（2014）等。

4. 互联网时代会计信息化的发展趋势

大数据、云计算、"互联网+"的发展是当今企业信息化的大趋势，企业需要不断运用层出不穷的信息化技术，对财务会计进行变革，促进管理会计的不断发展。冯巧根（2015）指出，互联网新经济为管理会计的发展提供了新的机遇，基于互联网的管理会计发展战略、管理会计工具、组织及其制度设计等也在不断变革。学者们对会计信息化的发展趋势做出的展望主要包括两个方面，一是对财会行业的展望，主要研究有：高一斌（2015）指出，"互联网+"需要会计行业突破传统思维、传统模式的禁锢，积极主动利用互联网平台，在生产方式、组织形式、知识结构、服务模式等方面变革调整；黄世忠（2015）指出，会计界必须树立跨界创新的精神，顺应时代和营商环境的变迁，不断进行变革与创新，丰富会计学科的内涵。二是对相关从业人员的展望，财会人员需要适应大数据下新的思维模式和数据处理模式的变化，学习新的数据分析能力，以满足企业财会信息化不断进步和发展的要求，主要研究者还有秦荣生（2014）、于芳菲（2015）、何苗（2016）等。基于"互联网+"的上市公司会计信息质量智能评估的目标及范畴，孙凡等（2018）提出应由合规性评估向生产质量和使用质量的联合评估转变，评估主体应由职业分析师向职业分析师和用户并存转变，评估方法应智能化，以有效解决评估工作中存在的效率与公平矛盾、用户对评估主体的信任危机及评估系统的可靠性问题。

5. 大数据、智能财务与财务决策

2010年以后，伴随人工智能技术的突破性进展，人们对看上去更具象征意义的智能技术应用重拾希望，结合高性能计算能力、大数据分析技术和新型智能技术等，提出了新一代人工智能的发展目标（杜传忠等，2018）。在财务领域，"大智移云物区"等信息技术的出现和逐渐成熟（刘勤等，2014）给财务管理带来了新的发展契机，正在使财务从信息化向智能化方向转变（刘勤，2019）。智能财务是一种业务活动、财务会计活动和管理会计活动全功能、全流程智能化的管理模式（张瑞君等，2004；刘岳华等，2013；高宏亮等，2005）。不同于财务信息化阶段的特征，智能化阶段的财务则更注重利用物联网、RPA和机器学习、专家系统等技术，实现财务处理的全流程自动化，以降低成本、提高效率、减少差错（孙逸、董志强，2017）；采用神经网络、规则引擎、数据挖掘等关键技术方法自动实现财务预测、决策的深度支持（王海林，2017）。有专家认为，智能财务至少涵盖：一是智能财务的基础层面，即基于业财深度一体化的智能财务共享平台；二是智能财务的核心层面，即基于商业智能 BI 的智能管理会计平台；三是智能财务的深化层面，即基于人工智能的智能财务平台（Sarvesha et al.，2016；韩向东，2017）。然而，这三个层面还未真正反映其内在的逻辑关系。而核心管理内容、相关技术层次、信息处理部件及它们之间的逻辑关系等是构成智能财务的基本架构（刘勤，2019）。刘梅玲等（2020）从智能财务研究和实践的背景与现状出发，在理论层面探讨了智能财务的定义、特点和基本框架，在应用层面以云南烟草商业为例，探讨了智能财务建设的总体思路、智能财务平台的建设思路和新型财务管理模式的构建思路。续慧泓等（2021）基于 IT 技术在会计中应用的三次浪潮基础上，以会计管理活动论为理论基础，结合大会计观和 IT 环境论，提出了智能会计系统的概念。并进一步基于软件工程方法学提出了智能会计系统的概念模型，构建了"决策—控制"价值增值循环、"披露—反馈"价值信息交换循环、"优化—共享"价值协同循环、"监督—调控"微观会计与宏观经济一体化管理循环四个智能会计系统业务循环模型，并从构建方法、物理结构和应用模式三个方面论述了智能会计系统的实现路径。

从大数据、云会计时代的企业财务决策研究方面，程平、王晓江（2015）提出企业财务决策所依赖的数据源，可以通过互联网、物联网、移动互联网、社会化网络等多种媒介，借助云会计平台，从企业、工商部门、税务部门、财务部门、事务所、银行等财务决策相关者处获取；同时，借助大数据处理技术和方法（Hadoop，HPCC，Storm，Apache Drill，RapidMiner et al.）实现对获取数据的规范化处理，并通过 ODS、DW/DM、OLAP 等数据分析与数据挖掘技术提取企业财务决策相关的政府监管、纳税、会计和审计等信息，然后通过商业智能、可视发现、文本分析和搜索、高级分析等技术服务企业的各种财务决策。企业将基于云会计平台采集、预处理和存储起来的各种数据，通过 Hadoop，HPCC，Storm，Apache Drill，Rapi dMiner，Pentaho BI 等大数据技术进行处理后，借助 ODS 操作数据存储、OLAP 联机分析处理、DW 数据仓库、DM 数据挖掘等数据分析与挖掘技术，从来源于不同组织的数据分析，到面向企业的预算管理、筹资决策、投资决策、收入决策、定价决策、生产决策、成本费用决策等财务决策主题，根据决策的需求形成不同的多层次决策方案。基于"互联网+"的上市公司会计信息质量智能评估的目标及范畴应由合规性评估向生产质量和使用质量的联合评估转变，评估主体应由职业分析师向职业分析师和用户并存转变，评估方法应智能化以有效解决评估工作中存在的效率与公平矛盾、用户对评估主体的信任危机以及评估系统的可靠性问题。

6．大数据与注册会计师审计

自新一代信息技术引入审计行业以来，审计工作质量和效率也得到了快速提高，形成了云审计模式和大数据审计模式。学者研究认为大数据、云计算等对审计理论与实务的影响分别归纳为四方面、五方面和六方面。其中秦荣生（2014）研究认为大数据对审计证据搜集、审计抽样技术、审计方式、审计报告模式四方面具有重要影响。而陈淑芳、李将敏（2014）研究提出大数据对注册会计师工作中所依据的审计理论框架、审计人员主体、审计线索、审计技术，及审计内容等五方面带来挑战，并提出了应对措施。刘星等（2016）研究提出推进大数据审计工作面临审计数据中心建设、组织模式、数据采集、数据处理、数据分析和风险管理六方面的挑战。程平、崔纳牟倩（2016）建立了大数据时代基于财务共享服务模式的内部审计实施框架及具体的内部审计业务流程，并从审计范围、审计方式、审计成本和审计管理水平等方面分析了财务共享服务模式下的内部审计给企业带来的价值。李广森、王筱澜（2016）详细分析了财务共享服务模式下大数据审计的完整流程，对财务共享服务模式下大数据审计的实施提供了理论支持，促进了大数据审计方式的普及和财务共享服务模式的发展。

此外，学者们还对具体的审计实务工作进行了研究，陈永宏、谭祖沛（2016）提出了"互联网+"形势下规范银行函证处理机制、借鉴国外成功的解决方案，创建银行、企业、注册会计师银行函证"三方共享平台"，使之成为审计师与银行之间的桥梁，进一步创新传统函证工作。

7．大数据下的公允价值会计

大数据等信息化技术在企业财务会计与管理会计中的应用非常广泛。其中大数据的到来提高了公允价值计量的及时性与可靠性。程平、赵子晓（2014）对大数据在财务决策中的应用价值进行探究时指出，大数据可以提供公允价值支持，提高会计信息质量，企业可以借助大数据实时获取准确的投资性房地产、交易性金融资产等公允价值信息。程平、王晓江（2015）认为，大数据、云会计时代的到来，为公允价值的确定带来了新的技术和方法，企业可以从与企业日常经营活动相关的机构和部门获取与公允价值确定相关的各种数据，然后借助大数据处理技术，将大数据转化为公允价值确定的信息。周洁（2015）认为大数据对会计要素确认和计量属性原则产生了一定的冲击，并具体地对大数据下更加公允地反映企业资产的价值提出了建议。对于房屋、设备等固定资产，可以利用大数据技术，根据市场的最新成交价格或其可变现净值来计量，对于商誉或无形资产，如果其价值波动较大，则不能再依靠历史成本，而是需要利用数据挖掘技术采用合理的市场价值来计量。汤湘希、游宇（2016）大数据对企业投资、预算管理、成本控制等涉及公允价值的确定提供了新路径，基于"云"技术及大数据网络平台，财务人员可以通过企业经营活动的相关数据平台获得用于确定公允价值的相关客观数据，再通过大数据分析确定较为准确的公允价值。采集的数据源自整个市场环境中与企业经营活动息息相关的网络单元，保证了决策制定基于市场的客观环境之上，使其决策内容更加科学、合理。

2.4.2 信息技术与会计的实证研究文献

1. 有关ERP系统对公司业绩的影响研究

有关ERP系统对公司业绩的影响主要集中为两种相对的观点。一是认为ERP系统的信息技术投入对公司的业绩只有微弱影响，甚至没有任何影响（Grover et al. 1998；Pinsonneault，1998）；二是认为ERP系统的信息技术的采用对于提升公司业绩有重要的影响（Dos Santos et al. 1993；Perffers Dos Santos，1996；Hayers et al.2001），不仅如此，市场对于公司采用ERP系统的信息技术有着正的市场反应（Hunton et al. 2003）。

国内学者较早从信息化能力和信息技术投资研究其信息技术对企业绩效的影响。吴增源（2007）发现信息化能力影响决策，进而提升企业绩效。林丹明等（2008）发现信息技术投资提高了企业绩效。王立彦等从ERP到互联网等方面对会计变量的相关系列进行研究，为"大智移云物区"等新一代信息技术在会计中应用的实证研究提供了理论支持（王立彦、张继东，2007；曾建光、王立彦、徐海乐，2012；曾建光等，2013；曾建光、王立彦，2015）。陈宋生、刘凌冰（2009）问卷调查发现，用户引入ERP能够提高决策效益；引入ERP的目的与提高决策效益之间存在正相关关系。信息技术对公司业绩的影响伴随着管理会计和控制的协同作用。肖泽忠、杜荣瑞、周齐武（2009）试探信息技术IT与管理会计和控制MAC的互补性及其业绩影响。IT和MAC除了分别对公司主观业绩具有显著且积极的直接影响，还促使对方对公司主观业绩产生显著且积极的间接影响。结果表明，明确地考虑到两者之间的协同效应将有利于提高采用IT和MAC的效果。

2. 有关信息技术对财务会计的影响研究

郝晓玲、唐人科（2010）选取在中国A股上市的企业作为研究对象，以

2003—2007年CECA国家信息化测评中心发布的中国企业信息化500强榜单上的企业作为企业信息化水平衡量标准，研究发现信息化水平对财务表现具有显著性影响，而对市场表现没有显著性差异影响。在此基础上，陈宋生、杨培培（2013）以国家信息化测评中心公布的中国企业信息化排名500强中的上市公司（金融企业除外为样本，检验发现信息化排名存在光环效应现象，剔除光环后重新整理信息化排名，采用盈余反映系数计量方法，发现信息化排名靠前的企业的盈余质量明显高于排名靠后的企业，证实信息化水平改善了用户盈余质量。吴东琳（2013）发现XBRL应用提高了盈余质量，降低了权益资本成本。赖娇（2013）发现，XBRL选用降低了信息不对称，提高了投资效率。

2.5 本章小结

国内外有关公允价值规范研究主要聚焦在公允价值的基本理论包括传统信息技术等环境下的公允价值的内涵、计量模式、三层估计、公允价值会计信息的相关性和可靠性等质量特征，以及公允价值会计信息的披露等。国内外有关公允价值的实证研究范围较广，主要归结为公允价值会计信息的影响因素和经济后果性的研究，聚焦在公允价值会计政策选择、公允价值计量的价值相关性、决策有用性、风险性、稳健性、盈余管理、信息不对称性，以及与分析师、审计师等中介关系的研究。新一代信息技术环境下的公允价值会计信息及其决策有用性的研究刚刚起步。大数据背景下的财务与会计研究尚处在观念理念、新信息技术对会计信息化的冲击影响和对策策略层面，但系统研究大数据会计、智能会计系统尚处于初级阶段，另外，研究方法主要侧重于规范研究，较少引入新信息技术变量开展公允价值会计实证分析和案例研究。在应用层面，研究文献大多是对企业层面的应用进行了研究，相比较而言，对包括政府、高校等相关行政事业单位层面的研究还较少，事实上，这些层面的单位内外部的财务与会计以及审计同样也需要大数据等信息化技术的支持。因此，大数据在会计中的应用研究空间巨大、意义深远。

大容量、高速度、多样化的大数据的出现给企业的财务与会计发展带来了新的契机，也成为财务会计领域研究的新的资源，对以上的文献梳理整合结果做出展望，未来还有待于深入研究的问题有：（1）对大数据这种资源如何进行计量和报告；（2）包括成本核算、全面预算管理、绩效管理与评价等方面在内的管理会计如何充分利用大数据资源进行会计信息化建设；（3）在政府审计、注册会计师审计、内部审计中构建基于大数据的审计工作机制，根据大数据的特点构建提高审计工作效果与效率的审计资源整合机制。本书聚焦研究的内容有：（1）大数据等信息化技术如何提高公允价值会计计量的可靠性、如何采集公允价值源数据、如何分层计量或估值；（2）如何建立会计数据仓库，以及如何利用大数据技术建立对公允价值会计的智能决策机制；（3）进一步基于数据挖掘算法，利用大数据从海量财务数据中挖掘潜在的财务管理模式和漏洞，提高企业的经营管理效率；（4）构建设计公允价值云估值系统、公允价值会计智能决策支持系统等；（5）引入新一代信息技术等变量，开展大数据下公允价值会计信息与投资决策、信贷决策、管理决策和审计监管决策等实证研究。

第3章 新一代信息技术与公允价值会计基础理论

随着市场、金融工具和会计准则的发展，公允价值计量属性得到较为广泛的运用。公允价值源数据来自市场大数据，量上呈现公允价值源大数据，质上呈现公允价值会计数据更强的决策相关性，但是因其分层估计存在可靠性风险。大数据等新一代信息技术的应用是降低公允价值会计估计风险的重要手段。对此，需要探究信息技术与公允价值的相关基本理论，以便提高信息质量，为决策者提供更有用的信息。

3.1 公允价值、公允价值计量与公允价值会计的关系

3.1.1 公允价值的职业界定义

1. 职业界对公允价值的定义——5W 观

对会计职业界而言，公允价值作为资产当前取得或放弃（脱手）的交换价格，早期是在"非货币性交换"时使用的。1970 年 10 月，美国会计原则委员会（American Certified Public Accountant）下属会计准则机构所发布的第 4 号公告（APB Statement No.4）规定："在既无货币又无付款承诺所进行的交换中，取得资产的成本，通常是按放弃资产的公允价值计量。"并进一步指出"公允价值是在包含货币价格的交易中，收到资产时所包含的货币金额，以及在不包含货币或货币要求权的转让中的'交换价格'的近似值"。1991 年 12 月，FASB 出台的 FAS 107 正式要求各主体持有的金融工具，只要可以估计它们的公允价值，均应按公允价值在表外披露。FAS 107 中的"公允价值"是指金融工具的公允价值，是 FASB 推广公允价值的一个尝试。具有里程碑的是于 1993 年 5 月 FAS 115《特定债权和权益证券投资的会计处理》的出台，是美国首先把按公允价值计量的金融工具从披露过渡到确认、从表外引进到表内，从而开始出现公允价值会计。1995 年，国际会计准则委员会（IASB）发布了第 32 号《金融工具：披露与列报》准则，该准则对公允价值的定义为："公允价值，指在公平交易中，熟悉情况的当事人自愿据以进行资产交换或负债清偿的金额。"该定义派生出了"公平交易""熟悉情况的、自愿当事人"和"交换的金额"等概念。2000 年，FASB 有重新发布财务会计概念公告第 7 号文件《在会计计量中运用现金流量和现值》，公告中规定"资产（或负债）的公允价值是发生在自愿双方所进行的交易中，而非强迫交易或非清算销

售中，进行交易的资产（或负债）的买卖（或发生与清偿）的金额。"2006 年，FASB 通过对公允价值进行更深入的研究，颁布了第 157 号财务报告会计准则，准则把公允价值作为一个单项准则，不再混合于其他准则中进行规定，这项准则对公允价值计量模式做出了全新的定义，即公允价值是指在计量日当天，市场交易者在有序交易中，销售一项资产收到的价格或转移负债所要支付的价格。该定义派生了"计量日当天""市场参与者""有序交易"和"脱手价格"等概念。该准则的颁布为公允价值的确认和披露确立了坚实的基础，推动了公允价值属性在全球范围内的运用。2009 年 5 月 28 日，IASB 发布了《公允价值计量》征求意见稿，其中涉及公允价值内涵和市场活跃性的重大判断问题，以及对公允价值计量的标准和要求在各准则与规定中不尽相同，在实际应用时产生分歧和不可比性。基于财务报告使用者各方的建议，IASB 为了完善公允价值计量的问题于 2011 年 5 月 12 日发布了《国际财务报告准则第 13 号——公允价值计量》，对公允价值的定义、计量、披露原则等方面做出了修订。2013 年 7 月，IASB 发布《财务报告概念框架评论（讨论稿）》，定义了基于成本的计量、基于现行市价的计量以及以未来现金流量为基础的计量这 3 个计量类别。其中，基于现行市价的计量主要是指公允价值。2014 年 7 月，IASB 发布经修订的《国际财务报告准则第 9 号——金融工具》，计划于 2018 年 1 月 1 日生效，允许提前采用。新准则进一步完善了金融资产和金融负责的分类和计量、减值方法以及套期会计。2015 年 5 月，IASB 发布《财务报告概念框架（征求意见稿）》，再次将之前的分类合并为历史成本和现行价值这两个计量基础，其中，现行价值还包括公允价值、资产的在用价值和负债的履约价值。IASB 在发布《财务报告概念框架（征求意见稿）》时还声明，概念框架不会凌驾在任何现有准则和解释之上，当修订后的概念框架与具体的财务报告不一致时，遵照具体的准则执行。2017 年 7 月，IASB 最终经金融资产的两分类（按摊余成本计量和按公允价值计量的金融资产）该为三分类，即按摊余成本计量的金融资产、按公允价值且其变动计入损益的金融资产、按公允价值计量且其变动计入其他综合收益的金融资产。

与国外相比，公允价值计量在我国的应用经历了"一波四折"，基本上经历了启用（1997—2000 年）、回避（2001—2005 年）、重新引用（2006—2014 年）和逐步推进（2014 年至今）。其间对公允价值的权威定义有 2006 年财政部颁布的新《企业会计准则——基本准则》大范围地引入了公允价值计量模式。准则中对公允价值的定义为："公允价值是指相关资产和负债在公平交易的条件下，知晓交易情况的交易双方自愿进行资产交易或债务清偿的金额计量。"和 2014 年 1 月 26 日财政部印发实施的《CSA 39——公允价值计量》将公允价值定义为"市场参与者在计量日发生的有序交易中，出售一项资产所能收到或者转移一项负债所需支付的价格"。此定义与 FSA 157 中定义一致。

与此对应的审计准则相应出台和完善。如 2006 年颁布的《中国注册会计师审计准则第 1322 号——公允价值计量和披露的审计》规定，注册会计师对公司公允价值选用的合理性，包括对公司的决策程序、公允价值的确定方法及披露的充分性给予关注，并做出独立的专业判断。公允价值显失公允，公司又拒绝调整的，注册会计师应考虑出具非标准鉴证意见。这又从外部审计监督的角度对管理层适当运用公允价值计量进行了限制。2016 年 12 月 23 日，中国注册会计师协会拟订了《中国注册会计师审计准则第 1504 号——在审计报告中沟通关键审计事项》等 12 项准则，旨在提高注册会计师审计报告的信息含量，满足资本市场改革与发展对高质量会计信息的需求，保持审计准则与国际准则的持续全面趋同。准则中新增了沟通关键审计事项部分，而公允价值的计量涉及的会计估计属于关键审计事项，这也表明了我国准则在加强公允价值计量的重视与约束方面做出的进一步努力。

从以上公允价值的定义可以看出，我国 2014 年的公允价值计量准则与 FASB 对公允价值的定义是一致的，与 IASB 在对公允价值的定义是趋同的。作为会计的一种计量属性，在何时（计量日当天）、有谁（市场参与者）、在何处（有序交易）、采取何行动（出售资产或转移负债）、获得何结果（脱手价格）等要素构成了完整的公允价值概念。同时也派生出了与公允价值相关的观念体系。

2．公允价值的相关概念

（1）计量日。公允价值是计量日的时点脱手价格。计量日有可能是交易日，也有可能不是交易日。采用历史成本计量都是以发生的交易为前提的，计量日（初始计量）一般是指已完成交易的交易日。而采用公允价值计量是以假象为前提的。其计量（初始计量）日通常指确定承诺日，后续计量的计量日可以是以后的报告日和交易结束日。

（2）市场。主要市场是指相关资产或负债交易量最大的和交易活跃程度最高的市场。最有利市场是指在考虑交易费用和运输费用后，能够以最高金额出售相关资产或者以最低金额转移相关负债的市场。活跃市场是指可观察道德经常有同质资产或负债的大宗交易（足够大的频率和数量），且报价随时可以取得的市场。其特点是公开、透明、持续，报价随时可以取得。

（3）市场参与者。市场参与者是指在相关资产或负债的主要市场（或最有利市场）中，同时具备下列特征的买方和卖方：市场参与者应当相互独立；市场参与者应当熟悉情况，能够根据可取得的信息对相关资产或负债以及交易具备合理认知；市场参与者应当有能力并自愿进行相关资产或负债的交易。

（4）有序交易。有序交易是指在计量日前一段时期内相关资产或负债具有惯常市场活动的交易。清算等被迫交易不属于有序交易。

（5）出售资产或转移负债的价格。公允价值定义中蕴含的三个前提或假设。① 公允价值是以市场为基础的定价，不是以特定主体为基础的定价；② 公允价值不是由已发生的交易所形成的真实价格，而是由假想交易形成的估计价格；③ 公允价值计量采用的是估计价格，应分三个层次估计。公允价值概念框架模型如表 3-1 所示。

表 3-1 公允价值概念框架模型

何目的	何时	有谁	何处	对谁	何行动	何结果
确定公允价值	计量日	市场参与者	有序交易	计量单元	出售资产或转移负债	脱手价格
交易性金融资产公允价值	12月31日	股票市场:买卖者	交易所:有序交易	单一资产:交易性金融资产	出售股票	收盘价格
…	…	…	…	…	…	…

3.1.2 公允价值计量的概念——过程观

会计计量是确定一个项目在财务报告中列报金额的过程。公允价值计量是以公允价值作为计量属性，确定一个项目（资产或负债）在财务报告中列报金额的过程，这个过程的目标是确定一个项目的公允价值金额，那么如何确定？实现这个目标就是要有一定的程序步骤和方法技术。从程序步骤方面来看，按照《CSA 39——公允价值计量》准则，公允价值计量的过程（秦晓东等，2018）包括五个步骤：确定计量单元——评估价值的前提——评估主要市场和最有利市场（市场选择）——选择合适的估值方法（市场法、收益法、成本法）——评估公允价值的结论。这个过程是基于市场参与者的公允价值计量的过程，如图 3-1 所示。从方法技术方面来看，需要人工技术和信息技术，尤其是，现代信息技术应用于上述过程中，形成相关、可靠和及时的公允价值数据或信息，实时服务决策。

第一步，确定计量单元。

计量单元又称核算单位，是指相关资产或负债以单独或者组合方式进行计量的最小单位。确定计量单元后，可选择历史成本计量属性、公允价值或现值等计量属性加以计量。以公允价值计量的相关资产或负债可以是单项资产或负债（如一项金融工具、一项非金融资产等），也可以是"一揽子交易"，即资产组合、负债组合或者资产和负债的组合（如《企业会计准则第 8 号——资产减值》规范的资产组、《企业会计准则第 20 号——企业合并》规范的业务等）。企业是以单项方式还是以组合方式对相关资产或负债进行公允价值计量，取决于该资产或负债的计量单元。计量单元是在满足确认和计量条件下，对相关资产和负债的选择，同时也包括相关收益和费用的选择。计量单元的选择，需要根据列报和披露的目

第 3 章　新一代信息技术与公允价值会计基础理论

标进行合并或分解，依据不同的具体准则如收入确认、建造合同、股权转让、金融工具等准则，针对不同类型的交易，分别规定了合并和分解的不同标准，即通常所说的"一揽子交易"和"多重要素安排"的条件。如建造合同，形式上签订了多项合同，但实质上是一项合同，会计上应考虑为"一揽子交易"作为一个核算对象。相对应的是如何拆分交易的各个要素，并对各个要素的相关收入等何时确认，即为"多重要素安排"。利用信息技术，比对具体准则规定的合并或拆分的条件库，通过计算机辅助判断，自动或半自动化地确定计量单元。

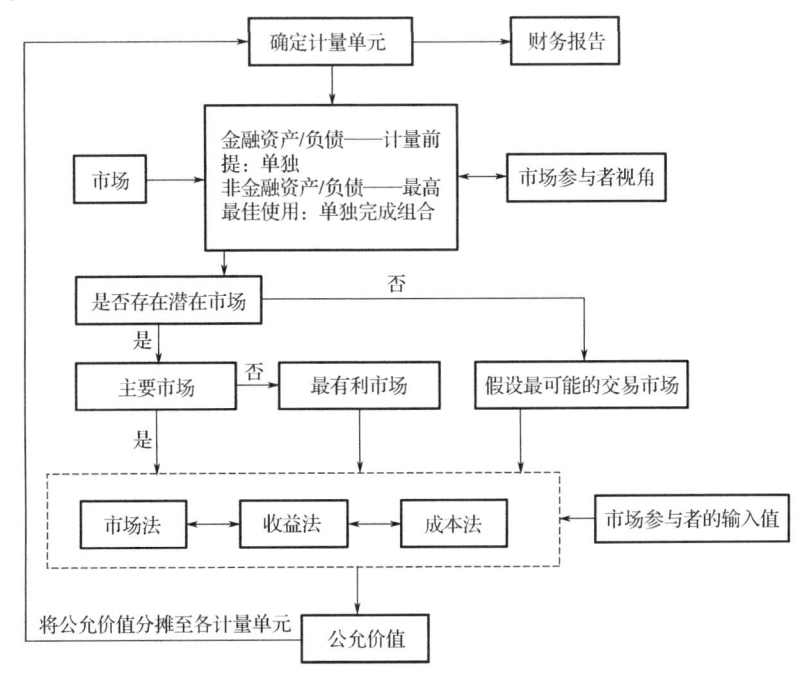

图 3-1　基于市场参与者的公允价值计量的过程

第二步，确定公允价值的假定或前提。

假定 1：交易假定。企业以公允价值计量相关资产或负债，应当假定市场参与者在计量日出售资产或者转移负债的交易，是在当前市场条件下的有序交易（CSA 39 第八条）。

假定 2：市场假定。企业以公允价值计量相关资产或负债，应当假定出售资产或者转移负债的有序交易在相关资产或负债的主要市场进行。不存在主要市场的企业应当假定该交易在相关资产或负债的最有利市场进行（CSA 39 第九条）。

假定 3：交易价格假定。当计量日不存在能够提供出售资产或者转移负债的相关价格信息的可观察市场时，企业应当从持有资产或者承担负债的市场参与者角度,假定计量日发生了出售资产或者转移负债的交易,并以该假定交易的价格为基础计量相关资产或负债的公允价值(CSA 39 第十三条)。

假设 4:利益最大化。企业以公允价值计量相关资产或负债,应当采用市场参与者在对该资产或负债定价时为实现其经济利益最大化所使用的假设(CSA 39 第十四条)。

第三步,评估主要市场和最有利市场。

主要市场是指主导了相关资产或负债最大交易量和最高交易活跃度的市场。通常在不存在相反证据的情况下,企业定期进入交易的市场就是主要市场。主要市场及公允价值的来源有:交易所市场或外汇市场的收盘价;做市商提供的出价和要价;经纪人市场或代理市场的报价;直接交易市场的交易价格,独立协商达成的直接交易价格等。

最有利市场是指在考虑交易费用和运输费用后,能够以最高金额出售相关资产或者以最低金额转移相关负债的市场。企业应当以主要市场的价格计量相关资产或负债的公允价值。不存在主要市场的企业应当以最有利市场的价格计量相关资产或负债的公允价值。企业不应当因交易费用对该价格进行调整。交易费用不属于相关资产或负债的特征,只与特定交易有关。交易费用不包括运输费用。相关资产所在的位置是该资产的特征,发生的运输费用能使该资产从当前位置转移到主要市场(或最有利市场),企业应当根据该资产从当前位置转移到主要市场(或最有利市场)的运输费用调整主要市场(或最有利市场)的价格。

第四步,公允价值计量层次和估值技术(市场法、收益法、成本法)。

企业以公允价值计量相关资产或负债,应当采用在当前情况下适用并且有足够可利用数据和其他信息支持的估值技术。企业使用估值技术的目的是估计在计量日当前市场条件下,市场参与者在有序交易中出售一项资产或者转移一项负债的价格。

企业以公允价值计量相关资产或负债,使用的估值技术主要包括市场法、收益法和成本法。企业应当使用与其中一种或多种估值技术相一致的方法计量公允价值。使用多种估值技术计量公允价值的企业,应当考虑各估值结果的合理性,选取在当前情况下最能代表公允价值的金额作为公允价值。

企业在估值技术的应用中,应当优先使用相关可观察输入值,只有在相关可观察输入值无法取得或取得不切实可行的情况下,才可以使用不可观察输入值。企业应当将公允价值计量所使用的输入值划分为三个层次,并首先使用第一层次输入值,其次使用第二层次输入值,最后使用第三层次输入值。

采用在当前情况下适用并且有"足够可利用数据和其他信息"支持的估值技术,这些可利用数据和其他信息即可观察输入值和不可观察输入值,是当前情况下适用的可观察输入值的"小数据",也可能是通过信息技术在相关市场交易"大数据"挖掘的不可观察输入值。从数据的采集、存储和处理方面借助现代信息技术,提高估值效率和效果。输入值的三个层次中第一层次是有活跃市场报价的,其数据可通过人工或信息系统直接采集使用。而第二、第三层次没有活跃市场报价的,其数据通过人工或系统调整或模型估计获取使用。因此,公允价值估值技术中嵌入信息技术是大数据等技术在公允价值计量过程中应用的关键环节。

第五步,评估公允价值的结论。

评估公允价值时一般有点估值和区间估值两种方式。当存在活跃市场中相同或类似资产的报价时,选用单一的估值技术就能够获得最贴近公允价值的参考值;当需要综合利用多种估值技术估值时,公允价值估计值并不是一个精确的数,而是一个预期的可能的估计区间,因此,应用公允价值评估结论时,一般评估师会为每一个资产项目估算一个区间范围,再与管理层一起经过专业分析选择这个区间范围内某个最具代表性的一个数值点作为公允价值,最后按照实际情况将公允价值分摊至每个计量单元中。

3.1.3 公允价值会计信息系统论

会计信息系统论是会计本质论之一,是会计生产信息特别是财务信息。会计生产并提供信息,需要一系列的加工步骤,以财务会计来说,它需要通过确认、计量、记录和报告等因素,形成一个数据输入和信息输出系统。公允价值会计是以公允价值为计量属性,对会计对象确认、计量、记录和报告的信息系统。葛家澍(2011)认为公允价值会计是指某些项目采用公允价值计量属性进行计量,并在财务会计中进行两步确认,即先进行正式记录(按复式簿记要求),再计入财务报表,成为财务报表表内项目。这两步确认系统需要公允价值的初始计量和按报告日的市价或类似资产的市价进行后续计量(重估价),并确认公允价值的变动损益,作为未实现的预期(估计)收益或损失和已经实现的真实收益或亏损共同构成企业的当期收益。同时,未实现的预期资产增值或减值作为净资产的一部分反映在企业的资产负债表中。据此,公允价值变动信息体现在财务报表系统中。有人认为,在这种会计模式下,一个企业的资产与负债能反映当前市价的信息,是透明的,是如实反映的;而有人则认为,歪曲企业的经济真实,是用估计取代会计。后者如果借助现代信息技术,增强估计的可靠性和实时性,那么公允价值会计信息化的改善,将极大提升会计的决策有用性。

3.1.4 公允价值、公允价值计量与公允价值会计

计量与会计具有不同的含义,葛家澍(2011)辨析会计包括确认、计量、

记录和报告四个部分。其中，确认和计量是报告的前提，在会计信息系统中，确认与计量活动贯穿于会计系统的整个过程，从原始数据的收集、加工和整理到账簿的登记，以及会计信息的对外报告，都离不开会计项目的确认与计量。计量是根据特定规则把数额分配给物体或事项。公允价值计量是指按公允价值量化的资产和负债表述为多少金额（包括初始计量和后续计量）的过程。公允价值计量是指在财务会计中某些资产或负债按公允价值的量化描述，既不能肯定它在报表之外披露，更不能肯定它在报表之内确认，因而，公允价值计量与公允价值会计是两个不同的概念。事实上，公允价值作为会计信息，是在财务报告中列报的，否则，它就变成看不见的数量信息了。如果按公允价值计量的资产或负债的信息，仅仅在报表附注或其他财务报表上列报，那么它就属于表外披露的信息，仍然不能称为公允价值会计。只有按公允价值计量的资产或负债符合确认的基本标准，来自会计的日常正式记录并在财务报表中予以列报，这样，来自会计记录同确认相结合，在表内列报的按公允价值计量的信息才能称为"公允价值会计"。

计量只是会计系统中的一个部分，它同样也影响着确认、记录和报告这3个部分，在会计系统中起着重要的作用，是会计系统的核心问题之一。同样地，从以上对公允价值计量与公允价值会计的理解也可以看出，公允价值计量只是公允价值会计系统中的一个分支并不等同于公允价值会计。

3.2 公允价值"大数据"源于市场和新技术驱动

公允价值是基于市场参与者的有序交易的脱手价格，非主体交易价格，历史成本是特定主体资产的购买价格，是特定主体的一次性业务的"小数据"。而公允价值的基础是市场价格或估值，来源于市场，因此笔者提出公允价值源概念，即公允价值的来源，其主要来源于市场和模型估值。活跃市场的公允价值是实时交易的市场价格，具有实时高速性、交易大规模性、变动性、结构和非结构性等特征可谓公允价值源"大数据"。对非活跃市场的公允价值，通过管理层或第三方借助人工或自动化软件，采用市场法、收益法和成本法等估值技术来确定。大数据和云计算和互联网等为第三方估值提供了新技术支持，可以通过构建公允价值云估值服务平台，提供公允价值云估值服务，如此平台形成的实时公允价值数据，随着市场等输入值的变化，也呈现公允价值"大数据"特征。因此，公允价值"大数据"取决于市场和信息技术的发达程度。

1. 市场化改革营造公允价值"大数据"形成环境

公允价值源于市场，是市场价格的函数。市场的完善和规范有序是市场价格公允的前提。市场化改革的核心是市场在资源配置中起决定性作用,而市场的灵魂是价格,价格改革和形成机制直接决定了不同市场资产或负债公允价值的形成。金融市场及其利率股价汇率等价格直接决定金融工具的公允价值的确定;房地产市场及其房价、租金等价格直接决定投资性房地产的公允价值的确定;非货币交易的产品市场及其交换价格直接决定实物资产的公允价值的确定;生物性资产交易市场及其价格直接决定生物资产公允价值的确定;并购市场及并购价格直接决定了并购资产和商誉公允价值的确定;等等。因此,公允价值依赖于不同市场的价格大数据,这些数据依托有形市场化改革和无形市场化改革。我国市场价格改革包括两个方面:一是为理顺价格关系,改变价格结构畸形状态;二是为改革价格管理体制,从行政定价体制转变为市场定价体制。全面深化生产要素(利率、土地、劳动力、技术、信息等)和资源产品(税、天然气、石油、电力等)价格市场化改革,为相关要素和资源产品的公允价值的确定提供了有益的市场环境。

2. 信息技术驱动公允价值"大数据"的科学确定

大数据时代,会计数据(包括公允价值会计数据)从结构化会计数据到非结构化会计数据,从集中式处理到分布式处理,从数据仓库到深度学习,从图表化到可视化,从及时性到实时性。大数据基于数据驱动的决策方式更加科学,也更为准确,决策参与者的决策能力将大大提高,也将进一步强化企业会计数据与会计信息对新经济模式下企业运营业务与流程重组的重要价值。程平、赵子晓(2014)在对大数据在财务决策中的应用价值进行探究时指出,大数据可以提供公允价值支持,提高会计信息质量,企业可以借助大数据实时获取准确的投资性房地产、交易性金融资产等公允价值信息。进一步地,程平、王晓江(2015)认为,大数据、云会计时代的到来,为公允价值的确定带来了新的技术和方法,企业可以从与企业日常经营活动相关的机构和部门获取与公允价值确定相关的各种数据,然后借助大数据处理技术,将大数据转化为公允价值确定的信息。

3.3 公允价值"大数据"的三维立体分类

大数据在公允价值的应用涉及财务报表中不同市场来源的资产、负债和权益工具,涉及公允价值计量的三个层次,影响着多个领域的公允价值信息使用者。据此,将公允价值大数据按照市场来源、三个层次及信息使用者三个方面进行分类,如表3-2所示。

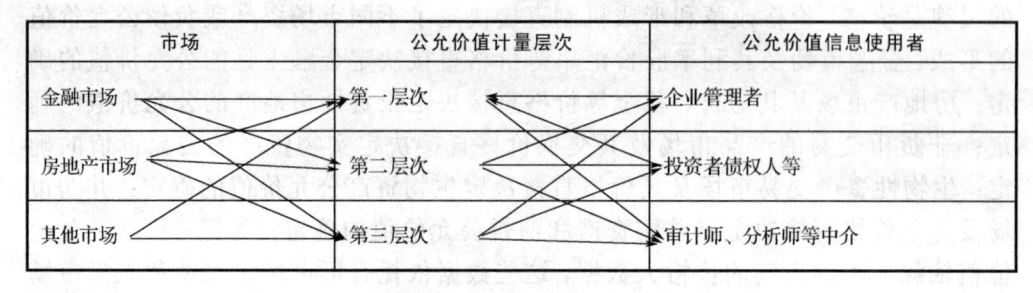

表 3-2 公允价值"大数据"的三维立体分类

市场	公允价值计量层次	公允价值信息使用者
金融市场	第一层次	企业管理者
房地产市场	第二层次	投资者债权人等
其他市场	第三层次	审计师、分析师等中介

3.3.1 按照公允价值的市场来源划分

在新会计准则体系中，截至 2021 年年底，已颁布的 42 个具体准则中至少有 18 个不同程度地运用了公允价值计量属性，包括非货币性资产交换、投资性房地产、金融工具、债务重组和非共同控制下的企业合并等交易或事项，影响较大的主要是金融工具以及投资性房地产，因此，按照公允价值的市场来源可以将其分为以下三类。

1. 金融市场公允价值大数据

根据《企业会计准则第 22 号——金融工具确认和计量》规定，以公允价值计量的金融工具主要包括金融资产和金融负债，此外，企业可以基于风险管理需要或为消除金融资产或金融负债在会计确认和计量方面存在不一致情况等，直接指定某些金融资产或金融负债以公允价值计量。这些列为公允价值计量的金融工具，其报告价值为市场价值，且其变动直接计入当期损益。如果企业能够较好地把握市场行情和动向，那么业绩会随"公允价值变动损益"的增加而提升；相反，如果企业的投资策略与市场行情相左，那么当期利润就会因此受损。因此，大数据在金融工具中的应用有助于企业实时把握市场行情与动向，做出有利于企业价值提升的决策。

2. 房地产市场公允价值大数据

《企业会计准则第 3 号——投资性房地产》中为企业的投资性房地产提供了成本模式与公允价值模式两种可选择的计量模式，在有确凿证据表明其公允价值能够持续可靠取得时，企业可以采用公允价值计量模式。采用公允价值计量的投资性房地产的折旧、减值或土地使用权摊销价值直接反映在公允价值变动中，并通过"公允价值变动损益"对企业利润产生影响，而不再单独计提。因此，大数据在公允价值计量模式下的投资性房地产中的应用为投资者提供了较为准确、可靠的市场信息。

3. 其他市场公允价值大数据

公允价值计量对企业影响较大的事项除金融工具和投资性房地产两项外，还有非货币性资产交换、生物资产、债务重组和非共同控制下的企业合并等交易或事项。新会计准则之所以对这些交易或事项采用公允价值计量模式，主要是因为实质重于形式的原则。这些交易事项中对公允价值计量模式的采用，克服了因采用成本计价模式而对企业资产价值的低估的缺陷，从而可以更真实地反映企业的资产价值及经营业绩，而数据挖掘等新的信息化技术的应用则进一步提高了数据获得的及时性与可靠性。

3.3.2 按照公允价值三个层次划分

《企业会计准则第 39 号——公允价值计量》将公允价值计量所使用的输入值划分为三个层次，如图 3-2 所示。其中，优先使用第一层次输入值，其次使用第二层次输入值，最后使用第三层次输入值。公允价值计量结果所属的层次取决于估值技术的输入值，而不是估值技术本身。

1. 输入值分为三个层次，使用的顺序依次降低。

第一层次	第二层次	第三层次
可观察未经调整报价：活跃市场、相同、计量日、可进入	可观察经调整 (1)报价：类似（活跃市场）、相同或类似（非活跃市场）(2)除报价以外，其他可观察 (3)市场可验证	不可观察经调整不存在市场活动或市场活动很少，需要内部数据及调整

2. 公允价值计量结果所属的层次，取决于估值技术的输入值，而不是估值技术本身。

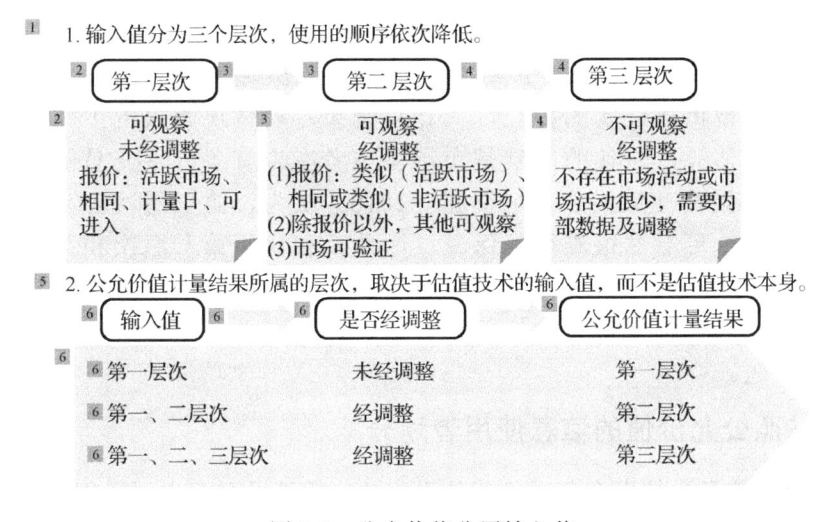

输入值	是否经调整	公允价值计量结果
第一层次	未经调整	第一层次
第一、二层次	经调整	第二层次
第一、二、三层次	经调整	第三层次

图 3-2　公允价值分层输入值

在当今的大数据背景下，新一代信息技术在公允价值每一个层次的使用都有助于提高公允价值会计的信息质量。

1. 第一层次公允价值大数据

第一层次输入值是指在计量日当天能够取得的相同资产或负债在活跃市场取得的且未经调整的报价；这里所说的活跃市场指的是与其计量相关的资产或者负债的交易量和频率可以持续提供足够多的市场定价信息。第一层次的公允价值估计来源于活跃市场，但活跃市场价格往往与市场信息系统关联，往往可以通过信息技术联机，实时提供最新的市场报价，将有关的证券交易软件与会计软件进行衔接，就可以比较便利地实现这一公允价值计量的技术支持。这对于软件接口、报价数据传输的及时性和准确性提出了切实的要求。而大数据等信息化技术的应用则有助于为公允价值计量的相关资产、负债及权益工具寻找活跃市场，从而提高第一层次公允价值计量的可靠性。

2. 第二层次公允价值大数据

第二层次输入值是指除第一层次输入值外相关资产或负债的输入值，但必须是可以观察到的，包括直接或间接得到的。公允价值计量的第二层次输入参数是非活跃市场下直接可观察到的相同资产或相似资产的报价，需通过调整来确定公允价值，调整主要依据资产的特殊性、与活跃市场交易资产的相似度、非活跃市场上的交易量和买卖价表来定。因此，大数据在公允价值计量第二层次的应用有助于寻找相似资产、负债及权益工具的最佳报价。

3. 第三层次公允价值大数据

第三层次输入值是相关资产或负债的不可观察输入值。第三层次输入参数具有不能够被市场证实的特征，其计量结果主要体现为报告主体对有关经济事项预期的估计，估计的基础是市场参与者在现有条件下交易资产或清偿负债所运用的假设。郝振平和赵小鹿（2010）认为，第三层次公允价值是通过估价得到的，可靠性很难得到保证。因此，相比于第一层次和第二层次，大数据在第三层次估计的应用显得更加重要，有助于通过资产的专用性程度、交易特性、持有目的等对公允价值进行估计，有助于解决第三层次计量结果的可靠性难题。

3.3.3 按照公允价值的信息使用者划分

大数据等信息化技术在公允价值计量中的应用涉及多个方面，因此，公允价值大数据的类别主要包括以下三个方面。

（1）企业管理者关注的公允价值大数据。对于以公允价值计量的资产而言，大数据技术可以提高其价值确定的可靠性；对于企业而言，也可以减少公允价值的确定成本。

（2）会计师事务所分析师关注的公允价值大数据。对于注册会计师而言，大数据等信息化技术在审计过程中的应用可以帮助其识别企业资产公允价值确定的合理程度，从而降低审计师的审计风险。

（3）投资者与债权人等关注的公允价值大数据。对于市场而言，大数据等信息化技术的应用可以促进公允价值市场有序运行,增强信息透明度,从而提高公允价值信息披露的质量。

3.4 新一代信息技术发展与公允价值会计的关系

新一代信息技术是信息技术发展的新阶段,包括大数据、云计算、移动互联网、物联网、人工智能等。进入新经济或新信息技术时代,企业会计信息化和智能化显著提升,会计数据实时供给,并且实时服务决策成为现实。

大数据伴随着云计算、移动互联网、人工智能的发展,正在对全球经济社会产生巨大的影响。大数据给现代会计、审计提供了新的技术和方法,要求人们把握大数据的特点,变革现代会计、审计的思维与技术和方法,推动大数据时代会计、审计思维和技术与方法的发展。

互联网、云计算、物联网、大数据等新一代信息技术与公允价值会计之间存在着相互影响的关系。一方面,新会计准则的改革对于发展起来的会计信息化技术是一次挑战和契机,这种契机体现在一些具体技术方面,也体现在会计信息技术发展方向上的潜力,激发着信息技术对公允价值不断发展的需求变革。但在大数据环境下,现行的技术与方法则显得效率低下和无法实施,大数据时代的超大数据体量、占相当比例的半结构化和非结构化数据的存在,已经超越了传统数据库的管理能力,所以必须使用新的大数据存储、处理和检索方法。围绕大数据,一批新兴的数据挖掘、数据存储、数据处理与分析技术将不断涌现。可见,公允价值的变革对会计信息技术的影响是具体而深刻的。新一代信息技术环境下的公允价值计量信息系统,如图 3-3 所示。

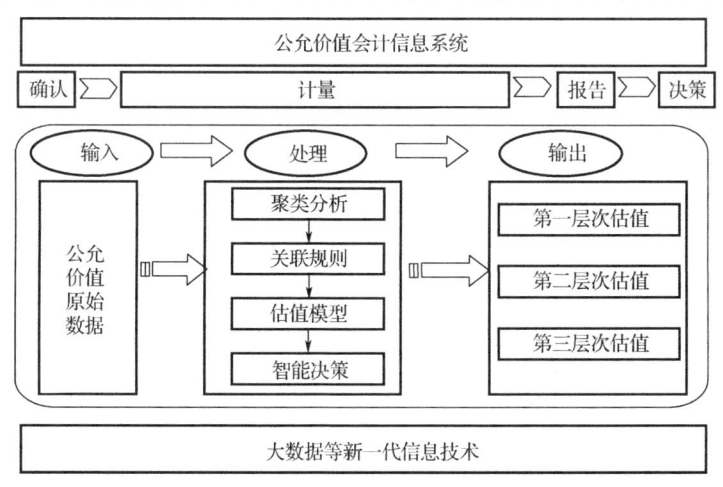

图 3-3 新一代信息技术环境下的公允价值计量信息系统

公允价值会计系统包括确认、计量、报告及决策四个环节，每个环节都可以利用新一代信息技术来提高公允价值会计信息质量与系统运行效率。公允价值会计系统中的计量环节又可进一步细分为输入、处理和输出三个环节，在信息化环境下，系统的每个环节也都需要新一代信息技术的介入支持。公允价值计量信息系统输入的是公允价值原始数据，一般来源于交易层次，这一环节可以运用物联网、互联网、云平台等来获取实时数据；在公允价值计量信息系统的处理环节，采用较多的是大数据下的数据挖掘技术和方法，首先，运用聚类的方式将输入的公允价值数据按照市场来源分为若干类别；其次，对每个类别都使用关联规则，寻找其与相关财务数据和非财务数据的关系；再在模型库中建立最佳模型；最后，借助人工智能进行辅助决策。系统输出的是公允价值第一层次、第二层次和第三层次的估值和实时辅助决策信息，信息使用者可以借助云平台提取所需的决策信息。

另一方面，大数据等新一代信息技术在公允价值中的应用，进一步提高了公允价值会计的信息质量，促进会计职能的高效率发挥。物联网为高效实时采集公允价值源数据提供了物质基础，并且通过互联网技术实时通信传送、查询、搜索，借助于云计算技术和人工智能技术实时进行公允价值云估值和智能评估服务等。

3.4.1 大数据对公允价值会计的影响

在大数据时代，会计人员需要更多地寻求利用大数据对企业的未来进行预测的方法或采取风险防范措施，并明确企业业绩增长和价值的提高。会计的主要职能体现为对财务信息的确认、计量、记录和报告四个方面，公允价值会计亦是如此，大数据在企业财务会计与管理会计中的应用非常广泛，其对公允价值会计也产生了一定的影响，大数据等新一代信息技术的使用大大提高了各个层次的公允价值数据获取的相关性，使得公允价值会计的计量更加可靠，有助于相关的公允价值信息使用者做出决策，可以真正实现实时会计，提高了公允价值会计计量的及时性。它的发展可以提供公允价值支持，提高会计信息质量，企业可以借助大数据实时获取准确的投资性房地产、交易性金融资产等公允价值信息，这对会计要素确认和计量属性原则产生了一定的冲击，使其能更加公允地反映企业资产的价值。此外，大数据时代的到来，为公允价值的确定带来了新的技术和方法，企业可以从与企业日常经营活动相关的机构和部门获取与公允价值确定相关的各种数据，然后借助大数据处理技术，将大数据转化为公允价值确定的信息，并将其进行披露和报告。

3.4.2 人工智能对公允价值会计的影响

人工智能对会计领域最有影响的两项技术是专家系统和神经网络，会计信息化或多或少都与人工智能有关,在公允价值会计系统中,可以通过专家系统规则引擎搜索与公允价值相关的财务数据和非财务数据形成公允价值数据库,提高会计信息的可靠性。相比较而言,神经网络是相对比较成熟的,它有输入层、输出层、隐含层,其中包含了很多算法,可以形成公允价值会计的方法库,提供公允价值会计系统中的估值模型,从而辅助公允价值信息使用者进行实时决策。

总之,互联网、云计算、物联网、大数据、人工智能等新一代信息技术为公允价值会计职能的行使效率的提高提供了技术支撑,不断提高公允价值会计信息质量。但需要注意的是,无论使用何种信息技术,均存在安全性问题,企业的各种实时数据在提高公允价值会计效率的同时也面临着短期和长期的风险,因此,企业在使用信息技术的同时必须注重对风险的管理与控制,及时和有针对性地提出风险应对策略,真正实现信息化技术对公允价值会计的强大技术支撑。

3.5 本章小结

本章内容是对公允价值大数据挖掘和智能决策的理论基础的研究,主要从公允价值、公允价值计量与公允价值会计的关系、公允价值由小数据转向大数据的市场环境与改革动力、对公允价值大数据的分类,以及新一代信息技术与公允价值会计的关系这几个方面进行阐述。指出在大数据的背景下,云计算、互联网、人工智能等新一代信息技术相互联系,各具功能特色,公允价值会计系统高效运行需要新一代信息技术的支撑,同时,新一代信息技术各自对公允价值会计系统有不同的影响,公允价值会计系统需要整合各种新的信息技术,使其发挥协同支持作用,从而实现公允价值会计信息的实时决策目标。这些研究为之后的公允价值会计数据挖掘与智能决策机制的建立提供了充足的理论支撑和依据。

第 4 章　公允价值会计信息决策有用性理论

公允价值数据通过有序交易的市场报价和模型估值，形成的公允价值会计信息、支持决策，是由会计信息决策有用目标理论所决定的，传统信息技术条件下的会计信息决策有用性机制，是大数据环境下的公允价值会计信息决策机制的基础，是深入探讨公允价值"大数据"决策有用性的前提，因此，探究公允价值会计信息的信息观、计量观和契约观对新一代信息技术下的公允价值会计决策有用性至关重要。

4.1　会计信息决策有用性

4.1.1　财务报告目标

受托责任观和决策有用性是财务会计学界对于财务报告目标的两种主要观点。受托责任观源自委托代理理论，随着生产力的不断进步，社会分工的日益明确及社会化生产规模的不断扩大，特别是公司制的出现，两权分离所产生的委托代理问题日益显现，由于经营者与所有者不再是同一个主体，所有者也不再直接从事经营活动，经营者就具有了信息优势，因此其为了自身利益就会产生道德风险和逆向选择等代理问题。受托责任观强调财务报告应该反映受托者受托责任的履行情况，如图 4-1 所示。

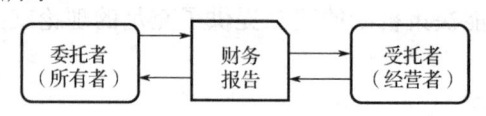

图 4-1　财务报告的受托责任观

在受托责任观下，财务报告主要协调了委托者和受托者的关系，因此其更加关注损益表，更倾向于使用反映历史价值的历史成本会计。

随着资本市场的蓬勃发展，特别是证券市场的日益发展，原有的委托代理关系日益模糊，财务报告的使用者不再局限于企业的所有者，证券市场的投资人、市场监管者、债权人甚至社会公众都可以是财务报告的需求者。法玛（Fama）的有效市场理论指出市场的有效性取决于证券价格对市场信息的反映程度。财务报告作为市场中一个重要的信息源，所承担的任务已经不再是简单的受托责任履行情况了，因此一种新的观点应运而生，这便是决策有用观。决策有用观主要以信息经济学中的信息不对称理论为依据，认为财务报告编制者与使用者存在信息不对称，因此决策有用观要求财务报告应该反映所有与财务报告使用者决策有用的信息，如图4-2所示。

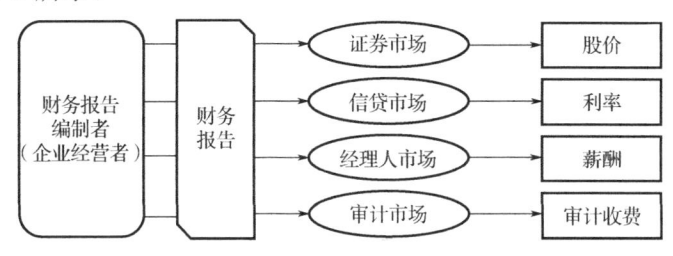

图4-2　财务报告的决策有用观

可以看出，在决策有用观下，财务报告协调的不仅是所有者和经营者两方的关系，其更多的是协调了财务报告编制者与不同市场信息使用者的多方关系。财务报告信息传递到各种市场，各种市场的信息使用者据此做出相应的决策，从而形成各自市场中的价格，而这些市场上的价格，又反过来影响企业的决策。此时，资产负债表就显得尤为重要，同时市场也就更倾向于使用能够反映现实价值的公允价值会计。

2010年，FASB和IASB联合概念框架将决策有用性作为通用财务报告的唯一目标后，学界对于受托责任问题讨论仍旧热烈，夏冬林（2015）指出在我国存在明显"一股独大"和国有资本为主导的市场上"决策有用性中包含受托责任"是不成立的。我国于2006年颁布的《企业会计准则》中也规定"财务会计报告的目标是向财务会计报告使用者提供与企业财务状况、经营成果和现金流量等有关的会计信息，反映企业管理层受托责任履行情况，有助于财务会计报告使用者做出经济决策"。这一目标在决策有用观基础上兼具受托责任的混合模式。但是，随着我国资本市场的成熟和会计准则的国际趋同性，决策有用观将成为真正的主流。

4.1.2　决策有用信息系统

根据决策原理，投资者应按照期望效用最大化做出决策。这一决策过程需要额外的信息为其决策进行修正。投资者可以投资两家公司，一家是高盈利公司H，另一家是低盈利公司L。投资者在决策前要首先估计这两家公司的盈利概率$P(H)$和$P(L)$，这个概率称为先验概率。企业定期会向市场提供财务报告，假定其提供的信息有两种，分别是"好消息GN"和"坏消息BN"。由于会计信息不可能完美地反映企业的实际经营状况，因此投资者仍有可能得到企业实际低盈利而报出"好消息"的概率$P(GN|L)$和企业实际高盈利而报出"坏消息"的概率$P(BN|H)$。

根据决策理论，当投资者得到额外信息后会按照贝叶斯定理对先验概率进行修正

$$P(H|GN) = \frac{P(GN|H)P(H)}{P(GN|H)P(H) + P(GN|L)P(L)}$$

财务报告决策有用信息系统如表 4-1 所示。

表 4-1　财务报告决策有用信息系统

盈利能力	GN	BN
高盈利（H）	P(GN|H)	P(BN|H)
低盈利（L）	P(GN|L)	P(BN|L)

主对角线概率显示了财务报告能正确反映企业经营的情况，即信息系统；副对角线显示了财务报告没有正确反映企业经营的情况，即市场噪声。显然，当主对角线的概率越大，信息系统就越有信息含量，噪声也就越小，决策也就越有用。财务报告的目标就是要采用更加相关的计量（如公允价值计量）模式，使得信息系统对投资者决策有用。

4.2　公允价值会计决策有用性：信息观和计量观

资本市场的一个重要职业是价值发现职能，市场对价值的发现或者说估值以及相关契约的达成主要通过"有用的信息"来实现。决策有用性正是要求会计人员能够提供与会计信息使用者决策相关有用的信息。信息观和计量观是在决策有用性这一目标下，关于怎样提供会计信息的两种不同看法。下面我们分别从决策有用性下的信息观和计量观的角度进行论述。

4.2.1　会计信息决策有用性——信息观

信息观是指会计信息的决策信息含量，其基本特征是会计信息对资本市场上的证券价格变动及其收益产生影响（葛家澍，2011）。信息观最初表现为 20 世纪 60 年代中期开展的企业股票价格变动和会计盈利之间的关联关系，以确定或验证会计数据的信息含量。信息含量研究的假设，是在市场有效情况下，投资者将对公开的盈利未预期部分做出的反应（股价变动和市场收益产生）。公司披露的信息对股票定价起到作用或影响的经验研究被为信息观。信息观最重要的特征之一就是它主要关注会计信息与股票价格的关系，而不考虑会计信息是如何传导到股价中去的机制，即信息观的基本研究思路是"会计信息—股票价格"。

信息观的重要假设就是证券市场应该是有效的，也就是说市场必须对信息做出反应。有效市场会充分反映所有公开的信息（包括财务报告信息），可分为弱有效市场、半强有效市场和强有效市场（理想状态）。什么样的信息能够影响股价？

第 4 章 公允价值会计信息决策有用性理论

显然只有"有用的信息"才能够引起市场的反应来引发股价的变动，有用的信息具有信息含量，这种信息含量能够影响人们的买卖决策。Scott（2007）指出只有当信息能够改变投资者的观念和行为时，它才是有用的信息，而这种将有用性等同于信息含量的研究称为信息观。如果会计信息有用，那么根据贝叶斯定理的理性决策模型，投资者应该修正自己对于公司未来现金流量的金额、风险及时间的观念，进而决定是否要买卖这家公司的股票。在这一决策的过程中，模型的输入值数据（包含会计信息）的质量（相关和可靠等）至关重要。

Ball & Brown（1968）最早证实会计信息与会计盈余之间的联系，奠定了信息观的主导地位。回顾 Ball & Brown 的研究，他们首先利用模型 1：

$$\Delta I_{j,t-\tau} = \hat{a}_{1jt} + \hat{a}_{2jt}\Delta M_{j,t} - \tau + \hat{u}_{j,t-\tau}$$

式中，$\Delta I_{j,t-\tau}$ 为会计盈余增长率，分别用净收益和每股收益（EPS）衡量会计盈余，估计出参数 $\hat{a}_{1jt}$ 和 $\hat{a}_{2jt}$ 再代入 $\Delta I_j = \hat{a}_{1jt} + \hat{a}_{2jt}\Delta M_{j,t}$，计算出预期会计盈余，未预期盈余 $\hat{u}_{j,t-\tau} = \Delta I_j - \Delta I_{j,t-\tau}$ 为会计盈余的增量信息。之后利用市场模型：

$$R_{jm} = \hat{b}_{1j} + \hat{b}_{2j}R_m + \hat{v}_{jm}$$

利用每家公司股票的月度收益估计出该股票的期望收益率 $\hat{b}_{1j} + \hat{b}_{2j}R_m$ 和未预期收益率 $\hat{v}_{jm}$，最后计算盈余公告前 12 个月到公告后 6 个月的累计超额收益率 $CAR = \frac{1}{N}\sum_{1}^{N}\prod_{-11}^{6}(1+\hat{v}_{jm})$，实证结果表明未预期盈余为正的样本，其累计超额收益率也为正，反之亦然，这也就验证了会计盈余带来的增量信息是价值相关的。

Ball & Brown 采用的是事件研究法，我国学者赵宇龙（1998）也借鉴这种方法对我国沪市 123 家公司进行了实证研究，证实了会计盈余信息的有用性。陈晓等学者（1999）在检验了沪深两市的公司后也得出了相同结论。对于信息观的研究也可以采用关联研究法，主要使用的模型为收益模型：$R_i = \alpha_0 + \frac{\alpha_1 \text{EPS}_{i,t}}{P_{t-1}} + \varepsilon$ 计量观下，研究公允价值的相关性主要采用价格模型，最常用的就是 Ohlson 模型：

$$P_{it} = \alpha_0 + \alpha_1 \text{BV}_{it} + \alpha_2 \text{EPS}_{it} + \varepsilon$$

式中，BV_{it} 为每股账面价值；ESP_{it} 为每股收益。

1. 信息观下公允价值计量的决策有用性

早期信息观下公允价值计量的决策有用性研究主要基于历史会计信息。混合计量下会计决策的信息含量和价值相关性研究更为普遍。根据朱丹、刘星等（2010）的研究，在信息观下，公允价值计量是否具有决策有用性体现在这些信息是否能够聚集价值相关的信息以使市场修正或改变对原有信息所做出的决策。

公允价值信息的主要来源有两种：一种来源于公开市场中可获得的信息，如证券交易所在每个交易日公布的股票价格信息，这种价值也称为盯市价值；另一种来源于企业内部价值评估模型所得出的公允价值信息，如金融企业通过估值技术所获取的公允价值信息，这种价值称为盯模价值。

根据信息观，市场获取信息并不拘泥于信息披露的形式，任何形式披露的信息只要市场是有效的，那么都应该会做出反应。当财务报表公布的价值仅为盯市价值时，这些信息在其他渠道已经被市场获取，故不应产生增量的信息含量。而如果公布的信息是盯模价值，虽然这些价值是企业根据内部的股价模型所做出的模拟公允价值，但在估价的过程中会传递企业内部的信息，而这些市场中不具备的增量信息应该能够产生信息含量。

此外，如果将公允价值计量应用到企业的资产、负债、权益的整体层面，由于企业的整体资源价值不是企业各资源的简单求和，因此将企业的整体资源应用公允价值计量能够传递出企业内部"新"的信息，而产生的信息是具有信息含量的。

2. 信息观下资产负债表公允价值估价的决策有用性

由于信息观不拘泥于信息披露的形式，因此公允价值信息无论是在财务报表中进行披露还是在其表外披露，都可以减少信息的不对称，对信息的有用性不会产生影响，也不会降低信息的决策有用性。如果不同信息源的信息不能相互印证或是出现自相矛盾的情况，那么就会产生"信息噪声"而影响使用者进行决策。

在现行的会计准则下，资产负债表使用的是混合计量基础，既有公允价值计量的项目（含有不同层次的公允价值信息），也有历史成本计量的项目，根据这种通过混合计量方式生成的财务报表，使财务信息使用者很难准确地判断企业的价值。也就是说，在信息观下，除非财务信息使用者能够综合各方面信息"看透"这种会计计量的差异，否则资产负债表中这种混合计量方式会降低决策有用性。这是信息观中的有效市场假设，但是现实并非市场有效，只要活跃市场，就能为公允价值计量提供市场价格数据，与单一的历史成本信息相比，公允价值会计信息决策支持能力更强。

3. 信息观下利润表公允价值的决策有用性

信息观下利润表公允价值的决策有用性问题主要体现在公允价值利润可能会造成盈余波动过大。Hodder 等（2006）在研究了 202 家美国商业银行 1996—2004 年的数据后发现，公允价值收益存在较大的波动，平均是综合收益的 3 倍和净收益的 5 倍。在 2008 年国际金融危机后，公允价值会计备受实务界指责，被指出是加剧资本市场恐慌的帮凶,但于永生(2009)的研究指出,公允价值与"顺周期效应"没有直接联系,同时指出将公允价值作为金融工具会计计量的正确性。而信息观的内核就是要提供一个公平、公开、充分的信息披露机制,而预测未来公司业绩的责任在个人,会计人员只需要专注于为此提供有用的信息。因此,只要披露的公允价值利润信息是客观的,市场是有效的,那么信息使用者能够对利润信息进行区分,同时这种公允的利润信息对于信息使用者的决策也是有效的。

4.2.2 会计信息决策有用性——计量观

现实中,市场未必是有效的,因此会计信息未必能被充分解读。投资者也未必是完全理性的,因而通过贝叶斯定理的决策模型不一定能使用所有公开信息。据此,会计信息出现了一些违反市场效率的异常现象。因此,20 世纪 80 年代后,证券市场噪声的出现使得人们开始认识到市场不像想象中的那样有效,会计学家开始转向计量观。特别是行为财务学的兴起以及 20 世纪 90 年代奥尔森会计评价模型的提出,使计量观成为目前研究的主流。斯科特(Scott)将计量观定义为一种财务报告方式,在该方式下,会计人员应该在合理、可靠的基础上将现值融入财务报表中,以帮助使用者做出决策。也就是说,在计量观下,不仅要对信息进行充分披露,而且要对其进行计量。因为行为财务学认为人应该是有限理性的,不能对所有信息都做出相同反应,财务报表信息要比财务报告中其他信息更加直观,因此将信息以恰当方式计入财务报表要比单纯的披露更加有效,即计量观的研究思路是"会计信息—报表计量—股票价格"。

1. 计量观下公允价值的决策有用性

计量观下公允价值的决策有用性应该体现在其是否能够反映报告企业的全部或部分价值上。Beaver(1973)指出倘若市场是完美的,企业的所有资产和负债项目可以全部用市价计量,此时财务报表将反映企业价值的全部信息。现实当然不可能如此完美,但由于公允价值反映了当前市场上所有能获得的信息,即使是盯模价值的信息也是反映企业根据当前市场情况对公允价值的判断,因此公允价值具有不可比拟的及时性。将公允价值信息纳入财务报表中进行计量,借助于现代信息技术手段,可以更加迅速地向信息使用者传递有关企业价值的信息,使得财务报表更具有决策有用性。

2. 计量观下资产负债表的公允价值估价决策有用性

Ohlson 的净剩余理论搭建了会计信息与公司价值的桥梁,它说明了公司的资产负债等会计信息是如何影响公司价值的,为计量观提供了理论依据。根据简化的净剩余模型,公司价值(P)等于公司当前权益账面价值(BV)与公司未来非正常收益的期望现值（g）之和，即 $P=BV+g$，g 也称为商誉。

在理想环境下，公司的资产和负债可以完全采用现值会计来计量，此时公司权益的账面价值（BV）将完全反映公司的价值，非正常收益将不存在，公司的商誉为 0，Ohlson 将这种情况称为无偏会计。

而在现实情况中，公司不可能将所有的资产和负债都用现值计量（含公允价值计量），公司的大量资产和负债都以历史成本计量，而且要依据准则要求保持谨慎性，相对于现值计量，在现实情况中，BV 就不可避免地会产生偏移，奥尔森称这种情况为有偏会计。当会计有偏时，公司就存在未入账的商誉，在此情况下，财务报告的使用者对企业进行估价的过程就是评估企业未入账商誉的过程。将公允价值信息在财务报表中计量能够使 BV 更接近公司的价值，这样也就减少了公司未入账商誉的价值，从而降低了有偏会计的程度。由于计量观下公司价值能够更多地在资产负债表中进行反映，在有限理性的假设下，计量观就比信息观能够提供更多的决策信息。

另外，计量观强调将公允价值纳入财务报表中计量，因此会计人员的职责就不仅仅是提供信息而是部分地承担了估价的职能。由于企业内部的人员要比外部的人员更加了解企业，因此他们的估价相对也就更加准确，故计量观可以提高财务报告的决策有用性。

3. 计量观下利润表公允价值的决策有用性

关于公允价值利润的计量是否具有决策有用性的争议主要体现在两个方面：一是在现有准则下利润表中"已实现"和"未实现"利润的混用是否会对财务报表使用者带来干扰；二是公允价值计量在带来高度相关性的同时，产生可靠性问题的质疑。

对于争议的第一方面，正如朱丹、刘星等（2010）论述的那样，企业价值同样也包括"已实现"和"未实现"的价值。在传统的历史成本计量模式下，利润表中的利润只反映了企业已实现的部分利润，只有采用公允价值计量模式，才能将"已实现"和"未实现"的价值均在利润表中进行反映，此时利润的确认不受配比原则的限制，而是直接与市价挂钩，此时利润表中的利润对企业所进行的经济事项的反映将比历史成本计量更加及时。也就是说，此时的会计利润更加接近经济利润。

对于争议的第二方面，公允价值计量可能会带来一定的可靠性问题，但强调稳健性的历史成本计量可能带来的问题更大。姜国华等（2007）指出股权投资者关注的是企业在持续经营假设下的价值，企业本着稳健性原则，低利润同样会给投资者带来很大损失。而且大量企业同样可能利用稳健性原则来操纵利润，而公允价值计量可以避免在稳健性原则下企业只能汇报资产损失而不能汇报资产增加的偏向。这种对历史成本的纠偏,本身也是公允价值决策有用性的体现。

另外,在金融创新日益加速的今天,过度追求可靠性反而可能使信息变得不可靠,而丧失决策有用性。因此我们不能过分强调公允价值计量的可靠性问题而否定这种计量属性。可以预见的是随着现代信息技术的发展,公允价值传递出的信息将更加准确、及时、可靠。正如葛家澍、徐跃所言,公允价值才是时代的产物。所以,现代信息技术和市场环境的优化等是推动公允价值计量运用的重要因素。

4.3 公允价值的价值相关性经验证据

会计信息和股票价格或收益率之间的相关关系称为价值相关性。价值相关性衡量的是在已确认和披露的会计信息中有多少是与股价相关的问题,即投资者在进行股票的持有和出售的决策时有多少会计信息应该发挥作用。经验证据表明,价值相关性是传统信息含量研究衍生的问题。也就是说,价值相关性是要验证会计信息(每股盈利和每股账面价值即每股净资产)是否作用于投资者的投资决策(表示为资本市场上股价和市场收益的变动)。不仅如此,这方面的研究还表现在股价能否反映(传导)未来会计收益的信息,以及股价或市场收益变量是否反映出关于企业价值的会计数据(基于资产负债表的每股账面价值)所有的信息含量;或者说,要验证会计计量的每股账面价值是否被市场参与者应用于对企业(股票)定价,即产生市场异常收益等。对于公允价值分层计量的价值相关性,模型如下,且国内外相关研究文献十分丰富,但总体上仍然没有达成共识的实证证据。

模型 1: $$FL_1 = MP \times Q$$

式中,MP 为相同资产或者负债活跃市场的报价;Q 为资产负债数量。

模型 2: $$FL_2 = \beta_1 SMP + \beta_2 SP + \beta_3 RATE + \beta_4 VIX + \beta_5 Area$$

式中,SMP 为类似标的物在活跃市场的报价;SP 为类似标的物在非活跃市场的报价;RATE 为利率;VIX 为波动性;Area 为区域地理环境;β_i 为相应项目权重或者影响因子,可由以往交易通过回归分析得到,并结合企业自身特点进行一定的调整。

模型 3: $$FL_3 = \sum \alpha_i (CFI_i - CFO_i) + \gamma_i Risk$$

式中,CFI 为相关资产或负债的未来现金流量流入;CFO 为相关资产或负债的未来现金流量流出;α_i 为净现金流量系数,该系数与时间变动、货币时间价值有关,Risk 为风险(包括资产或负债项目本身风险和企业自身信用风险);γ_i 为补偿系数。

模型 4: $$P_t = bv_t + a_1 X_t + a_2 V_t$$

式中，P_t 为股票在 t 期的价值；bv_t 为权益在 t 期的账面价值；X_t 为目标公司在 t 期的超额收益；V_t 为在 t 期影响公司价值的其他信息。

4.3.1 公允价值的显著相关性

Barth（1994）研究发现，投资于以公允价值计量的证券比用历史成本计量可以显著地提高对股价的解释力，持同样观点的还有 Petroni et al.（1995）、Robb（1996）、Barth（1996）等。Landmans（1996）研究了美国会计准则第 107 号（SFAS 107）"在财务报告中披露公允价值"后发现，银行业按该准则披露公允价值信息后，其会计信息对股价的解释力显著增强，且相关信息使用者对信息越熟悉，采用的估计技术越可靠，其公允价值对估计的解释力就越强。Eccher et al.（1996）在研究了商业银行公允价值信息的披露后发现一些财务报表表外金融工具，同样具有价值相关性。Hung et al.（2007）的研究也发现，德国公司在采用了国际会计准则后，股价解释能力显著增强。Barth et al.（2008）在研究了 21 个采用国际会计准则国家的公司的会计信息质量后发现，国际会计准则能够提高会计信息的相关性。

2006 年，在我国会计准则与国际趋同之后，我国关于公允价值计量方面的研究逐渐从规范研究转向实证研究，主要聚焦在金融资产的价值相关性方面的研究。徐虹（2008）基于决策有用计量观的研究表明交易性金融资产无论采用表内计量还是表外披露均具有价值相关性，而可供出售金融资产则不具有此性质。朱凯等（2008）利用我国新会计准则施行后上市公司对 2006 年的两份财务报表进行研究后发现，公允价值计量的引入能够明显影响在信息不对称下的股票定价的增量。刘永泽等（2011）在研究了我国金融业 2007—2009 年的以公允价值计量的项目后发现，我国上市公司以公允价值计量的项目具有一定的价值相关性。

徐经长、曾雪云（2013）研究了综合收益呈报方式改变对公允价值变动损益的价值相关性的影响，发现可供出售金融资产公允价值计入其他综合收益在利润表列示后，具有较强的价值相关性；而将其直接计入所有者权益时，价值相关性较弱。曲晓辉、黄霖华（2013）以持有 PE（私募股权）的我国 A 股上市公司为样本，研究了上市公司资产证券化时的公允价值的相关性，发现 PE 公司的 IPO 的公允价值具有显著的信息含量。黄霖华、曲晓辉（2014）研究了长期股权投资重分类为可供出售金融资产后的公允价值的价值相关性，发现公允价值重分类为可供出售金融资产后的公允价值确认具有显著的价值相关性，同时发现证券分析师预测能够强化这种相关性。黄霖华、曲晓辉等（2015）研究了投资者情绪和控制权对可供出售金融资产价值相关性的影响，发现可供出售金融资产的公允价值变动具有显著的价值相关性，他们认为，控股股东可能会利用可供出售金融资产的公允价值变动为自身谋求私利，损害小股东的利益。张金若、王炜（2015）区分了公允价值变动损益转回的情况，对金融资产的价值相关性进行了重新检验，表明我国资本市场仍存在"功能锁定"现象。彭珏、胡斌（2015）研究了公允价值计量与盈余质量和盈余的价值相关性，发现内部控制可以提升这种相关性。总之，公允价值的价值相关性得到较为一致的认可。

4.3.2 公允价值不同层次的价值相关性

白默、刘志远（2011）较早地研究了我国公允价值分层计量的价值相关性问题，但受当时数据的限制，他们将股票和基金投资产生的公允价值变动损益作为第一层次计量的公允价值损益的代理变量，研究发现，第一层次公允价值盈余越高，对股价的解释力越强。刘宝莹（2014）研究了金融业上市公司公允价值分层计量的价值相关性，发现第一层次计量的资产具有价值相关性，第二、三层次计量的资产不具有价值相关性，第一层次计量的负债的价值相关性显著高于第二、三层次。另外，同时披露公允价值类型信息比只披露公允价值分层信息具有更强的价值相关性，完善的公司治理机制也能显著提高公允价值信息的价值相关性。邓永勤、康丽丽（2015）全面研究了我国金融业上市公司公允价值资产和负债分层计量的相关性，并区分了不同信息环境对公允价值计量的影响，发现公允价值分层计量在整体上具有价值相关性。其中，以公允价值计量的资产随着一、二、三层次的递进相关性逐渐降低，但负债则无显著变化。他们同时发现，信息丰富度只能提高公允价值计量资产的相关性，而信息透明度能够增强公允价值信息整体的价值相关性。这些公允价值分层计量的细分信息的价值相关性差异，有益于盯市价值和估值的管理和应用。

4.3.3 公允价值无显著相关性

国外有些研究不支持或部分支持公允价值具有价值相关性。Nelson（1996）在研究了美国 200 家大银行相关的财务数据和 Khurana et al.（2003）在研究了美国银行业 1995—1998 年的金融资产相关数据后，发现金融工具以公允价值计量与历史成本计量在价值相关性上存在显著差别，而对于规模小且信息不透明的银行，历史成本计量比公允价值计量具有更好的价值相关性。

国内也有研究不支持或部分支持公允价值具有价值相关性这种观点。邓传洲（2005）在研究了我国 B 股公司按照国际会计准则披露公允价值信息后，发现公允价值的披露能显著增强盈余信息的价值相关性，但公允价值调整信息不具有价值相关性。朱凯、赵旭颖等（2009）比较了以公允价值为基础的新会计准则之前（2005）与之后（2007）盈余的价值相关性，发现新会计准则实施后虽然盈余反应系数较实施前有较大幅度增大，但价值相关性并没有显著差异。王建新（2010）在对 2004—2008 年的沪深两市的上市公司年报数据进行研究后发现，公允价值信息使公司资产负债表和利润表的信息价值相关性有所提高，但其价值相关性也会受到外部环境的影响。张先治等（2012）以我国上市公司数量最多的制造业为样本，检验了其 2005—2008 年公允价值计量引入后的价值相关性，同时比较了其可靠性，发现引入公允价值计量属性后由于可靠性的降低，并未表现出相较于历史成本计量的价值相关性。

4.3.4 公允价值信息披露的市场反应

自 Ball & Brown（1968）首次验证了会计盈余信息具有显著的市场反应以来，有关会计信息披露的市场反应研究层出不穷且成果卓著（Beaver，Clarke，and Wright，1979；Atiase，1985；Mynatt，1988，1991；Swaminathan，1991；赵宇龙，1998；孙爱军，2002；等）。会计信息的市场反应研究主要采用事件研究法，考察信息披露日前后一段时间内市场是否能够对披露的信息做出反应。市场反应主要采用累积超额收益率（CAR）衡量。研究的主要内容可分为公允价值会计准则披露的市场反应研究和企业披露的公允价值计量项目的市场反应研究。从研究视角来看，可以分为基于"功能锁定"假说的市场反应研究和在公允价值的"顺周期效应"假说下的市场过度反应研究。

1. 公允价值会计准则披露的市场反应

公允价值会计准则披露的市场反应的研究主要采用经典的事件研究法，利用市场模型法或市场指数法估计出市场中公司的正常收益率，再根据公司的实际收益率与估计出的正常收益率之差计算超额收益率（AR），并计算时间窗口的累计超额收益率（CAR），根据累计超额收益率在会计准则披露日后是否出现显著变化来判断是否具有市场反应。

在 20 世纪 90 年代，FASB 陆续颁布涉及公允价值的会计准则后，很多西方学者实证检验了这些会计准则的市场反应。Cornett、Rezaee 和 Tehranian（1996）研究了美国银行业上市公司对 23 个有关公允价值会计准则的公告的反应后发现，当这些公告表明将要采用公允价值会计时，市场会出现负面反应，而当报告表明可能不会采用公允价值会计时，市场会出现正面反应。Thapa & Brown（2005）以美国银行业为样本研究发现 FASB 颁布的 SFAS133 要求将衍生工具以公允价值计量后，市场出现了显著的负面反应。

国内学者也较早研究了我国会计准则的市场反应，王跃堂、孙铮等（2001）研究了我国于 1998 年出台的《股份有限公司会计制度》，虽然能向市场传递信息，但并不显著，他们认为《股份有限公司会计制度》基本遵循了国际会计准则，但由于我国缺乏像欧美发达国家与之配套的支持制度,因此没有表现出显著的价值相关性。杜兴强、雷宇等(2009)实证检验了我国颁布《企业会计准则(2006)》后的市场反应,发现我国上市公司对新准则出台的相关11个事件中的2项(投资性房地产等征求意见稿发布和1个基本准则38项具体准则公布)具有显著的正向市场反应,但其研究也只考虑房地产企业。孙蔓(2011)研究了《企业会计准则(2006)》颁布后,财政部下发的4个有关公允价值文告,发现市场对于相对较为浅显的文告的反应要强于较复杂和专业的文告。刘斌、徐先知等(2011)更加系统地检验了我国1998年以来有关公允价值的会计准则颁布后的市场反应,总体上,允许使用公允价值计量准则颁布后市场会产生正向反应,而取消公允价值计量属性的会计准则颁布后,市场会出现负向反应。因此,从新会计准则颁布的事件披露,表明新会计准则的披露具有市场反应。

2. "功能锁定"假说下的市场反应

"功能锁定"最早源于20世纪40年代的心理学研究,而资本市场上的"功能锁定"假说是与有效市场假说相对应的一种假说。"功能锁定"假说投资者锁定固化的原有有限信息,证券价值不含充分信息。由于公允价值数据的取得可能需要依赖一些主观的会计估计,或一些不可见的输入值完成,而且公允价值资产可能会由于市场的影响出现虚增或虚减,公允价值利润也具有未实现性,同时由于准则的规定,公允价值利润还分为直接计入损益的部分和计入所有者权益的部分。这就很可能导致投资者不能充分识别公允价值计量的差异,也启发学者们从"功能锁定"假说的角度考察公允价值信息的市场反应。

赵宇龙(1999)研究发现,我国市场不能区分出上市公司永久性盈余与暂时盈余,进而证实了我国资本市场存在"功能锁定"现象。王志亮(2010)在研究了2007年我国全面引入公允价值计量后,市场对计入损益和股东权益的公允价值变动的反应后,发现市场对计入损益的公允价值变动具有显著的正向反应,但这种反应随着时间窗口的延长而逐渐减弱,同时对计入股东权益的公允价值变动没有显著反应。刘运国、易明霞(2010)以2007年后运用公允价值对投资性房地产进行计量的企业为样本,发现市场对不同类型的企业的这一行为的反应不同:对房地产和银行类上市公司,市场产生正向的反应,而对其他类型的上市公司则没有显著反应。孙蔓、孙国光(2011)研究发现,金融危机前后具有相似权益回报率但公允价值变动损益不同的企业在各个时间窗口内的累计超额回报率(CAR)没有显著差别,说明我国资本市场并不能识别出公允价值变动损益的不可持续性,表明公允价值存在"功能锁定"现象。邓娜(2016)也研究了计入不同位置的公允价值变动损益的市场反应,发现市场对直接计入利润表的公允价值变动损益会产生过度反应,对计入股东权益的公允价值变动损益反应不足,而通过其他综合收益反映到利润表中后,市场反应比较充分。这些实证证据,表明公允价值存在市场"功能锁定"现象。

3. 公允价值的"顺周期效应"假说下,市场过度反应

对于公允价值是否是加剧金融危机的"元凶",以及公允价值计量是否会导致"顺周期效应",学界没有一致的观点。市场是否会对公允价值信息产生过度反应,也是公允价值研究所关注的问题。对此,谭洪涛等(2011)做出了开创性的研究,他们基于"交叉持股"的假设,拓展了经典的事件研究方法。

他们首先构建了一个估计窗口与事件窗口连续相间的时间轴,并对估计窗口和事件窗口分别利用以下模型进行检验。

对估计窗口

$$\sum_{t=T_i+3}^{T_{i+1}-3} \mathrm{re} = \alpha_1 + \beta_1 \mathrm{FVGL}_{i,t+1} + \varepsilon_i$$

对事件窗口

$$\sum_{t=T_i-2}^{T_{i+1}+2} \mathrm{re} = \alpha_2 + \beta_2 \mathrm{FVGL}_{i,t+1} + \varepsilon_i$$

式中,等式左边分别为估计窗口和事件窗口的累计回报率;$\mathrm{FVGL}_{i,t+1}$为除以上一期末窗口收盘价后的公允价值变动损益。

他们的思路是正常情况下,本期估计窗口的回报率会对上述报告期内的公允价值变动损益做出反应,即β_1应显著异于0且绝对值为1,因此,在本期的事件窗口内不会对公允价值变动损益做出重复反应,即$\beta_2=0$。在一个完整的估计窗口和事件窗口中,通过衡量$\beta_1+\beta_2$的大小可以判断市场对公允价值变动损益是否产生过度反应。最后,他们分别检验了金融业和非金融业共计16个季度的样本,发现市场对金融业上市公司公允价值变动损益存在显著的过度反应,而对非金融业上市公司这种反应则不明显。李增幅等(2013)在此基础上,进一步区分了公允价值变动损益的位置,发现市场对直接计入利润表的公允价值变动损益会产生过度反应,对计入股东权益的公允价值变动损益反应不足,而通过其他综合收益反映到利润表中后,市场反应比较充分。上述经验证据表明,市场会对公允价值信息产生过度反应。

4.4 公允价值计量的风险性——风险观

公允价值计量属性的引入通常认为可以极大地提高财务报表的价值相关性,

如前文所述，国内外很多实证证明了公允价值的价值相关性，但也具有可靠性差、可操作性差、信息成本较高等诸多问题。2008年，国际金融危机的爆发又使很多学者指责公允价值正是金融危机中市场恐慌的"帮凶"。公允价值计量增强了会计信息的价值相关性，同时也带来了风险性问题。

4.4.1 公允价值的可靠性问题

对于公允价值所引发的可靠性问题，学术界的讨论由来已久。一般只有盯模价值的公允价值信息才会涉及可靠性问题，盯市价值通常不涉及可靠性问题。这是因为公允价值信息是盯市价值时，由于其信息为公开市场上可获得的信息，其验证性、中立性及真实性较强，因此这种公允价值信息可以在极大满足相关性的前提下而不失可靠性。一些实证表明，当公允价值信息不能来自市场上直接可获得的信息时，其可靠性难以保证。Petroni & Wallen（1995）研究发现由于信息来源的可靠性不同，美国国库券在市场上较容易取得市场价格信息的权益证券的公允价值具有价值相关性，而难以在市场中取得市场价格的公司债券、市政债券和其他债券的公允价值不具有价值相关性。Eccher et al.（1996）在发现投资性证券具有相关性的同时，也发现不存在活跃交易市场的金融工具，如活期存款与估计不相关，他将此归因于FAS 107中要求在披露存款公允价值时，剥离核心存款无形资产造成的可靠性下降。Wong（2000）发现企业内部的估值技术不能对公允价值信息进行充分估计，其可靠性难以保证。这说明依赖估值技术的公允价值信息可靠性仍存在问题。

对公允价值信息可靠性的另一大诟病，就是对于不存在活跃市场的公允价值信息很可能因受到管理层的操纵而不具有可靠性。Dietrich et al.（2001）发现管理层可能利用不动产、厂房与设备价值重估时的主观判断来平滑收益。Barth 等（2008）研究发现，采用 IAS 后可能使盈余管理水平上升，从而降低公允价值的可靠性。Pananen（2009）在研究发现欧盟强制采用国际会计准则后，德国公司平滑盈余的现象更加严重，会计质量不但没有好转反而有所下降。Dechow（2010），王玉涛等（2009），叶建芳等（2009），郝振平、赵小鹿等（2010）认为，第三层次公允价值因估计而得，很难保证其可靠性。因此有较强的操纵空间。而且大部分相关研究也表明第三层次公允价值信息不具有价值相关性。张先治、季侃（2012）从相关性和可靠性的相互关系上，检验了我国上市公司公允价值信息的相关性与可靠性，发现因为可靠性的下降导致我国上市公司公布的公允价值信息的相关性未发生提高，他们也将原因归于公允价值过多依赖于主观判断从而容易被操纵。第三层次公允价值估值可靠性问题，在一定程度上表明公允价值会计信息决策的风险性。

4.4.2 公允价值的"顺周期效应"问题

2008年,国际金融危机的发生使得公允价值的经济后果研究受到了学术界的广泛关注(王守海等,2009)。对于公允价值风险的考量,金融危机以前也多停留在微观层面,如公允价值计量的可靠性问题。金融危机之后,特别是2008年9月,美国国会迫于外界压力通过《2008年稳定经济紧急法案》,规定SEC在必要时有权暂停FAS 157号准则。舆论将公允价值会计推上了风口浪尖,对公允价值计量是否具有"顺周期效应",是否是金融危机的"帮凶",展开了激烈争论。黄世忠(2009)研究认为公允价值会计的"顺周期效应"是存在的。随着经济繁荣和萧条,公允价值计量具有放大收益泡沫和风险危机的功能。

早期研究表明,公允价值计量会产生较大的盈余波动。Barth(1995)研究了美国商业银行采用公允价值计量后的经济后果,发现公允价值计量造成的盈余波动性大于历史成本计量的盈余波动性,而且公允价值计量模式更能使银行无法达到法定资本充足率的要求。Barth(2004)进一步将公允价值带来的波动性区分为三类:估计误差波动性、固有波动性(公司经营环境变化)和混合计量波动性(源自公允价值与历史成本混合使用),并认为财务报表应当反映固有的波动性。Hodder et al.(2006)在研究了202家美国商业银行1996—2004年的数据后发现,公允价值收益存在较大的波动,平均是综合收益的3倍和净收益的5倍。Bhat(2008)在研究了美国180家银行2001—2005年的数据发现,公允价值变动收益增大了未预期股票收益率的波动性。这些研究都表明,公允价值的引入很可能改变了金融业的风险特征。

2008年,国际金融危机爆发后,有更多学者开始直接关注公允价值与"顺周期效应"的关系。Adrian&Shin(2007)发现金融机构的杠杆具有很强的"顺周期效应"。他们认为金融机构在经济繁荣时增加杠杆,在经济萧条时减少杠杆。当金融机构越多的资产按照公允价值计量时,这种顺周期效应就会越明显,从而也增加了银行业的系统风险。Plantin et al.(2008)通过数理推导发现,公允价值会计在增加了市场信息含量的同时也增加了基本面无关的干扰因素,从而加剧了市价的波动。Allen and Carletti(2008)、Matherat(2008)、Wallison(2008)也指出由于公允价值会计无法反应资产的真实价值,在经济繁荣时使资产虚增,而在经济萧条时出现非理性下跌,并呼吁各国央行对此做出积极应对。Khan(2009)研究了公允价值会计的运用与资本充足率的关系,发现银行的资本充足率越低,其采用公允价值计量的资产和负债的比例越高。

邢精平(2009)认为公允价值会计在美国金融危机中增加了金融市场的系统性风险,加剧了经济的周期性波动,加剧了市场恐慌的情绪并且改变了金融机构的行为模式。郑鸣等（2009）通过数理推导，证明了公允价值具有内生共振效应，会加剧市场的波动，从而提高金融系统风险。

在产生机制方面，当经济高速增长时，证券等资产价格出现非理性上涨甚至"泡沫"，在公允价值下，银行的资产和净利润增加，提高了银行的资本基础，同时给管理层带来更高报酬，这又会刺激管理层购买更多金融资产，加剧资产"泡沫"。

当经济萧条时，资产价格出现非理性下跌，在公允价值下，银行确认大量投资损失和减值，这降低了银行的资本基础，使管理层报酬减少，进而促使管理层抛售金融资产，从而加剧金融资产价格的下跌。

在传导机制方面，黄世忠（2009）将其主要归结为资本监管、风险管理和心理反应三种机制。

（1）在资本监管传导机制中，银行业主要受资本充足率这一监管指标影响，而资本充足率的计算依赖于会计处理，这使得当经济低迷时，金融机构出于满足监管要求，不得不出售金融资产，增强了顺周期效应。

（2）在风险管理传导机制中，银行自身出于风险管理的需要，在经济低迷时会倾向于保守，出于及时止损的目的抛售所持有的金融资产，这也可能促使了顺周期效应的发生。

（3）在心理反应传导机制中，由于投资者可能会出现"羊群效应"，即多个个体同时采取理性行动所引发的非理性行为。公允价值暗含了一个假定，市价代表资产的预期实现价格，而当所有金融机构都在出售时，这一假定遭到了破坏，市价便不能反映资产的预期实现价值。

针对黄世忠（2009）提出的公允价值顺周期效应的产生和传导机制，刘红忠等（2011）从监管渠道和市场渠道两个角度，实证检验了银行业在面临外部冲击时的反应，发现公允价值会计对银行业的冲击是不对称的，逆向冲击提高了银行的系统性风险，而正向冲击则对银行业没有显著影响。胡奕明、刘奕均（2012）研究发现，公允价值在处于波动期的市场对股价的解释力更强，公允价值会计信息与市场波动存在显著的正相关关系。黄静茹、黄世忠（2013）利用中国银行和北京银行的数据，使用模拟法，发现公允价值会计的运用确实在资产负债表中表现出顺周期效应。但他们认为这并不一定是由公允价值所致，很可能与固有的经济周期相关。谭洪涛等（2014）研究了历史成本净利润、净利润和综合收益总额三种公允价值运用水平不同的盈余波动与股价波动之间的关系，发现金融业股票收益率波动对盈余波动的敏感性要远大于非金融行业。宋科（2015）从资本监管、贷款损失、拨备制度及公允价值会计准则四个角度入手，实证检验了公允价值的顺周期效应，均证实了金融部门与实体部门间的三种制度因素产生了顺周期效应。但刘斌、罗楠（2010）的研究则显示公允价值仅能推动牛市中的股价同步性，在熊市中则不显著。韩金红（2011）的研究也得出相似的结果，并发现在市场的一个上升、下跌的完整周期中，公允价值并未加剧市场的波动。梅波（2014）研究了公允价值对顺周期效应的作用机制，发现经济形势越好，市场化程度越高，公允价值的顺周期效应越强。出现这种结果可能是样本的选择所致，说明顺周期效应更多地体现在银行业中。但项后军、陈简豪（2016）在研究银行杠杆的顺周期效应时，发现公允价值的采用并不会放大这种顺周期效应，因此，公允价值并非金融危机的"罪魁祸首"。公允价值计量的顺周期效应，在一定程度上加剧了有关利益方的反对，并带来公允价值信息决策有用性的风险性。

4.4.3 信息系统观下公允价值计量的风险性

会计是一个信息系统。一个完整的财务会计信息系统包括确认、计量、记录和报告四个子系统。公允价值计量子系统为会计整个信息系统既带来价值相关性的提升，也带来一定的风险，如图 4-3 所示。

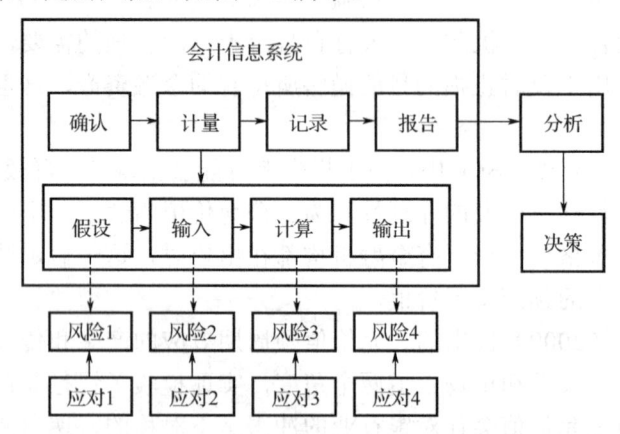

图 4-3 信息系统观下公允价值计量的风险与应对

公允价值数据经过确认进入会计信息系统，通过系统内的会计计量政策的选择，采取一系列计量程序和方法，将外界输入的公允价值数据加以处理成为会计数据，再对这些处理过的会计数据进行记录，最后通过报告程序向系统外输出公允价值会计信息，以供会计信息使用者进行分析和决策。会计计量是会计信息系统中的关键一环，也是会计系统中最复杂的部分之一，计量程序运行是否有效也直接关系到纳入会计信息系统中的信息对财务报表的质量。目前，对公允价值计量可靠性的质疑也大多集中于此。会计计量程序可以将会计计量子系统进一步分为输入、模型计算和输出三部分。

1. 公允价值输入分层风险

对于公允价值的计量，美国会计准则第 157 号（FAS 157）和中国企业会计准则第 39 号（CAS 39）都明确将公允价值按照计量时所使用的输入值的不同分为三个层次，如图 4-4 所示。

图 4-4 输入值与公允价值层次的关系

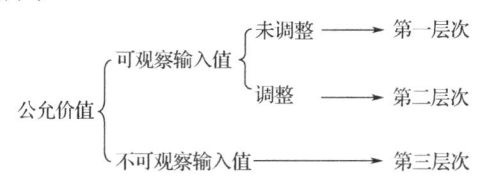

从图 4-4 输入值与公允价值层次的关系中可以看出两点：第一，公允价值的可靠性随着公允价值层次的递增而降低；第二，公允价值层次划分的关键在于其输入值是否可观察，不可观察的输入值将直接导致公允价值信息归入第三层次，因此要明确区分可观察输入值和不可观察输入值。可观察输入值直接或间接来源于市场，具有客观性；不可观察输入值不能在市场中取得而完全来源于对市场相关信息的假设，具有主观性。总体而言，从可靠性考虑，第三层次估计风险要高于第二层次估计风险，第二层次估计风险高于第一层次估计风险。

2. 输入值的固有风险

会计准则对公允价值第一层次输入值要求最高，必须同时满足三个条件：第一，市场必须是活跃市场；第二，报价必须是未经调整的，也就是说必须是相同的资产或负债的价格（而非相似）；第三，必须要可观察。第一层次输入值是否不存在任何风险呢？我们认为固有风险是普遍存在的，对于第一层次输入值也不例外。因为任何层次的输入值最终都来源于市场，市场中的相关风险因素必然会传导到会计系统中。例如，当市场繁荣时，市场上的价格往往会由于过度的需求导致"泡沫"，而不能反映真实的价格。此时，第一层次输入值也会反映这种"泡沫"，由于第一层次输入值具有直接反应性，因此这种"泡沫"就会通过会计系统传导出来，使得企业的资产和负债偏离其真实价值。而当市场萧条时，这种情况则相反，市场的恐慌造成市场价格过度下跌，市场价格也不能反映真实价值，此时，这种恐慌会通过会计系统传导出来，使得企业的资产或负债偏离真实的价值，这也是公允价值的反对者批评公允价值的顺周期效应主要原因。

对第二层次输入值的要求放宽了很多，只要求是可观察的输入值即可，其既可以源自活跃市场也可以源自非活跃市场。这种要求为输入值的确定提供了主观估计的空间，其固有风险主要表现在两个方面：第一，来源于活跃市场与非活跃市场的价格有较大的差异，非活跃市场没有足够的交易频次使价格可以持续提供，也就是说，非活跃市场中价格可能具有偶然性或可能不能持续地获得，这样的价格从本质上并不能反映计量资产和负债的真实价值,即使来源于活跃市场,因为经过了调整,如在其他地点销售的商品价格根据地点的差异进行调整,这种调整的本身因其固有的属性必然会在一定程度上造成信息失真。

第三层次输入值是公允价值的最低层次,是相关资产负债的不可观察输入值,其获取完全依靠企业对当前市场环境的假定与判断。而这些假定和判断主要来自企业内部,如管理层对企业未来现金流估计的内部假定和对当前风险条件所确定的折现率等,这具有很高的主观估计成分,而且往往不能在市场中直接取得,这种高度的主观性蕴藏了很高的风险。

3. 输入值的行为风险

行为风险包括两个方面:一是会计人员因为经验或能力的局限性造成的无意估计偏差的技术风险;二是会计人员可能会受到某些利益驱动或迫于外界压力造成的故意估计偏差的道德风险。

第一层次输入值因其可以直接在市场上获取,并具有直接反应性,故其获取不需要进行主观估计,同时管理层也难以对其进行人为操纵。因此第一层次输入值几乎不存在行为风险。

第二层次输入值因其获取不仅依赖于市场信息,同时也加入了调整。故会计人员可能会因为自身经验的局限在调整过程中出现偏差,同时管理层也可以利用其主观的估计对输入值进行操纵。由于第二层次输入值是可观察的输入值,其来源主要是公开市场上可获得的信息,因此会计人员在估计时的偏差较小,管理层即使对其进行操纵,偏离程度还是比较低的。

第三层次输入值因其完全是不可见输入值,其假定信息不能从市场上直接获得,故对会计人员的素质要求较高,在估计时出错的可能性也较大。同时,因为第三层次输入值的假定大多来源于企业内部,因此管理层对这些假定具有绝对的控制权,因此管理层可能会为了达成某些目的而对这些假定进行操纵,从而带来较高的道德风险。综上所述,第三层次输入值具有较大的行为风险。

4.5　公允价值会计信息决策有用性——契约观

契约观以企业的契约为前提,认为会计政策选择或特定会计事项对不同个人或团体具有经济后果性影响,强调会计信息在企业缔结契约和执行契约及监督契约中的功能。

4.5.1　企业契约理论

企业契约理论最早由诺贝尔奖得主、英国著名经济学家科斯在其代表作《企业的性质》(1937)一文中首先提出来的,通过引入交易费用的概念,认为企业在任何交易活动中都是存在成本的,如各类契约的订立、执行都会有费用,并通过边际分析和替代分析,解释了企业产生的原因和边界问题。其后又经诸如Alchian and Demsetz (1972)、Grossman and Hart (1986)、Hart and Moore (1990)等多位经济学家的研究形成了现代企业理论的主流学派。

契约理论的核心是将企业看成一系列契约(股权契约、债权契约、供销合同、经营者报酬契约、税收契约、审计契约等)的集合。夏恩·桑德教授(2000)将这些契约划分为八种类型:关联企业与股东利益关系的股权契约;关联企业与债权人利益关系的信贷契约;关联企业与管理人员利益关系的薪酬契约;关联企业与政府之前利益关系的税收契约;关联企业与职工利益关系的劳务契约;关联企业与审计师之间利益关系的审计契约;关联企业与供应商利益关系的商业契约;关联企业与顾客之间利益关系的服务契约。

Watt(2003)在这一基础上进一步归纳出了影响企业契约的四种主要形式:公司契约、税收契约、政府管制契约和诉讼契约。这些契约根据订立对象的不同又可以分为内部契约和外部契约。内部契约订立对象是公司的内部人员,诸如公司股东、债权人、管理人员等,外部契约订立对象是各类监管机构和交易主体。监管机构可以是政府监管机构如税务部门,也可以是民间监管机构如审计师、律师,交易主体包括企业上下游的交易对手如供应商和顾客等。企业的契约关系如图4-5所示。

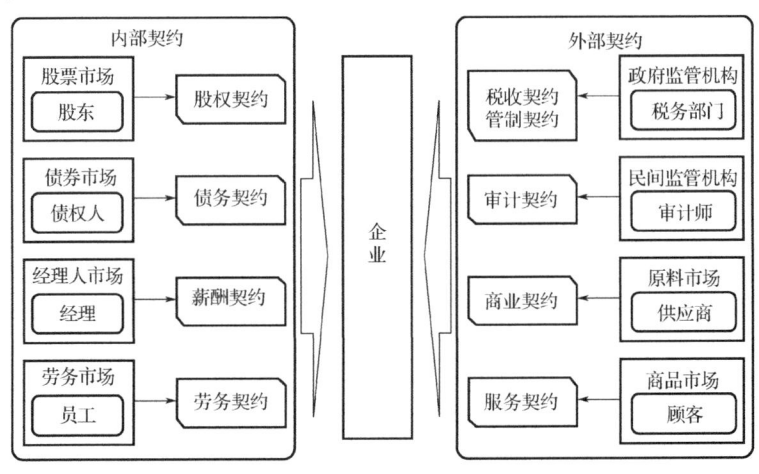

图4-5 企业的契约关系

4.5.2 公允价值与企业契约

企业是一系列契约的集合,是利益相关者的共同体。利益相关者的利益与会计计量属性相关,与历史成本信息相比,公允价值计量的收益更接近经济收益,是企业利益相关者共同期望的收益。

会计信息与企业契约的联系。罗楠(2013)认为会计信息与企业契约的联系主要体现在会计信息是企业契约订立的基础,是企业契约的重要内容,是监督和评估企业契约执行情况的重要依据。而公允价值的加入可能改变传统以历史成本计量的会计模式,从而对会计信息与企业契约之间的联系产生影响。

公允价值对会计信息与企业契约之间的影响可能是多方面的。罗楠(2013)指出公允价值的产生本质上是对契约公平性的诉求。这种对契约公平性的诉求要求会计信息能对契约方投入企业的资源和产生的经济效益进行准确的计量;要求会计信息能够反映契约方所面临的风险,并且会计信息能降低信息的不对称程度。在当今市场变化迅速的时代,公允价值计量能够更加及时地反映市场的变化,从而能更好地维护契约公平性。

但是公允价值计量也会由于委托代理问题,以及契约的不完备性等造成一些消极后果。例如,管理层处于局部利益考虑可能产生道德风险,从而损害契约的有效性。

4.5.3 公允价值与信贷契约

信贷契约是指企业与债权人签订的,由债权人向企业出借资金,定期收取利息到期归还本金的一种契约关系。债务契约的内容包括债务规模、利率和期限。另外,债权人为保护自身利益,在债务契约签订时往往会附带一些限制性条款。

1. 公允价值计量对信贷契约的作用机制

公允价值计量对信贷契约的作用机制如图 4-6 所示。

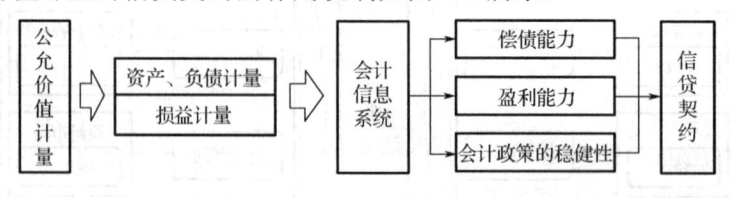

图 4-6 公允价值计量对信贷契约的作用机制

企业债务契约在达成过程中,企业的偿债能力与盈利能力是债权人最为关注的两个指标。首先,运用公允价值对企业资产、负债及损益进行计量,通过会计信息系统输出,能够对这两个指标产生影响,例如,以公允价值计量的资产和负债发生公允价值变动可以使企业增加或减少企业的资产负债数额,进而影响企业流动比率、资产负债率等偿债能力指标;公允价值变动损益的发生也可以提高或降低企业的当期利润，从而对企业的盈利能力产生影响。

其次，应指出的是债权人出于对出借资金的安全性考虑，更偏向于企业采用稳健的会计政策，而公允价值计量同样能通过影响企业会计政策的稳健性对债务契约产生影响。

2. 公允价值与信贷契约的经验证据

第一，会计信息对于信贷契约的订立和执行是有效的。饶艳超和胡奕明（2005）、廖秀梅（2007）的研究均表明，会计信息可以降低信贷决策中信息不对称的程度。

第二，管理层为了获得银行借款，利用自身信息优势进行盈余管理。特别是在公允价值引入后，未实现损益的确认和主观会计估计成分的增加可能会成为盈余管理的新手段。曹崇延（2013）研究了银行借款与当期盈余、银行借款与当期盈余增量之间的分布关系，发现企业在借款过程中的盈余管理主要表现为制造正盈余避免亏损，但不可以制造盈余上升的趋势。薄澜等（2014）研究认为，债务契约与盈余管理存在内生性，盈余管理活动降低了债务契约的价格，同时管理层可能为避免违反债务契约而进行盈余管理，这最终损害了债权人的利益。

第三，对公允价值与债务契约的直接影响，当前学者主要研究了公允价值计量对企业借款期限与结构的关系。李林（2011）研究表明，计入利润表的公允价值变动损益与长期借款增量呈显著正相关关系。罗楠、刘斌（2012）进一步研究了债务规模与公允价值计量之间的关系。刘慧凤、杨扬（2012）研究指出银行借款与企业的核心盈利能力、偿债能力有较强的相关性，短期借款与公允价值变动损益的相关性较弱，而与长期借款则没有显著相关性。李刚等（2014）研究了企业的股权性质和债务规模角度对公允价值计量属性选择的影响，发现非国有企业和债务规模较大的企业更倾向于选用公允价值计量。

4.5.4 公允价值与薪酬契约

薪酬契约特指管理层或高管薪酬契约，它是指企业所有者与高级管理人员签订的长期契约，并且在契约中对双方的权力、义务及薪酬结构进行约定。高层管理者的范围包括董事长、总经理（李增泉，2000；杜兴强，2007），还包括董事、监事等年报中披露的其他管理人员（李志广，2002）。薪酬契约一般包括显性和隐性两个方面：显性方面主要是指通过货币或股权奖励的方式给予高管的奖励，这也是薪酬契约实现的最基本方式之一；隐性方面主要是通过企业默许或管理者利用职务便利进行在职消费的方式实现。

大数据下公允价值会计数据挖掘与智能决策研究

1. 公允价值计量对薪酬契约的作用机理

薪酬契约的产生动因是基于委托—代理理论和激励理论。现代公司制度最大的一个特征是所有权和经营权分离,由于委托人和代理人的信息不对称,占有信息多的一方出于自身利益考量很可能会影响另一方的利益,因此"道德风险"和"逆向选择"这两种代理问题不可避免。缓解这一问题最有效的两种方法就是监督和激励。从经纪人这个假设出发,设计一套对代理人行之有效的激励方案,是缓解委托—代理理论较好的选择。

对管理人员进行激励,最关键的就是要找出这种激励的标的。这种标的要能较好地表达出管理人员的努力程度,由于管理人员的努力程度难以直接观察,公司业绩(如会计盈余)往往是一个不错的次优选择。Natarajan(1996)研究表明会计盈余能够很好地反映经理人受托责任的履行和经营效率。我国有超过95%的企业采用会计业绩作为股权激励的条件(邹海峰,2010)。

采用公允价值对企业的资产、负债、损益进行计量,能够对企业的经营状况进行更加及时的反应,从而管理层的努力程度也能够更加及时地反映出来。徐经长、曾雪云(2010)指出金融资产和投资性房地产的投资管理活动需要经理层付出努力,管理层有决策权,这些公允价值变动的收益和损失也是管理者能力的体现。

公允价值计量对薪酬契约的作用机理,如图4-7所示。

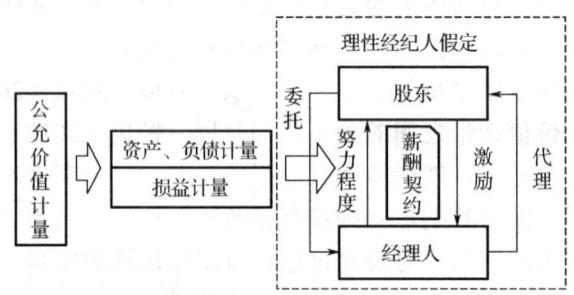

图4-7 公允价值计量对薪酬契约的作用机理

2. 公允价值与薪酬契约的经验证据

公司绩效是管理层薪酬制定的最重要的依据之一,会计盈余是公司绩效最好的代理变量。因而对管理层薪酬契约的研究最早从会计盈余开始,但早期的研究并未发现管理层薪酬与会计盈余相关,或与会计盈余相关性很小(Taussings and Baker,1925;Gibbons and Murphy,1990)。Murphy & Salter(1975)认为其可能是当时薪酬对业绩的敏感性过低以至于不能提供有效激励所致。随着公司制度的日趋完善,之后的研究渐渐发现薪酬契约与公司业绩具有较强的正向相关性

(Murphy，1985；Sloan，1993；Hall and Liebman，1998；Leone et al.，2006；Jackson et al.，2008)。另外，也有学者通过细分薪酬的类别对会计业绩与管理层薪酬契约进行深入研究，例如，Duru & Iyengar（2001）发现薪酬的期限与会计业绩的相关性不同，短期薪酬相比较于长期薪酬业绩相关性更强。Banker et al.（2013）研究发现，连任与信任的 CEO 其薪酬均与企业过去的业绩呈较强正相关关系。这表明了薪酬契约中存在一定的不理性因素。

同国外学者一样，我国学者的研究也经历了类似的管理层薪酬与会计业绩由不相关到相关的过程。李增泉（2000）、魏刚（2000）、杨瑞龙、刘江（2002）、李琦（2003）的研究均表明管理层薪酬与公司没有显著相关性。之后陈志广（2002）首先发现 2000 年我国沪市公司的高管薪酬与公司业绩具有显著的正相关关系。张俊瑞等（2003）也通过更为稳健的实证建模研究了 2001 年我国上市公司高管激励（包括薪酬和股权）与公司业绩的关系，证实了薪酬契约的绩效相关性。杜兴强、王丽华（2007）在选择了多种指标衡量会计绩效的同时，考虑了高管薪酬的滞后效应，结果证明了高管薪酬与会计绩效存在显著正相关关系。

随着公允价值的引入，有些学者开始考察公允价值计量是否会影响高管薪酬。刘浩、孙铮（2008）在研究 2006 年我国企业首次确认辞退福利时发现计提辞退补偿的公司非常少，只有不到总数的 5%，这表明公允价值准则实施后管理层可能出于某些目的对相关会计政策或估计进行操纵。郭凯（2009）选取了 2007 年的上市公司为样本，研究发现公允价值变动损益能够掩盖主营业务的不足，并推动管理者薪酬的上涨。徐经长、曾雪云（2010）比较全面、细致地研究了公允价值收益、损失与高管薪酬的关系，发现我国上市公司中普遍存在"重奖轻罚"现象，即公允价值变动收益同高管薪酬呈正相关关系，而公允价值变动损失对高管薪酬则没有显著影响，而且相关的内部治理机制也没有发挥作用。张金若等（2011）进一步区分了不同性质（计入当期损益和计入所有者权益）的公允价值变动；发现两种公允价值变动对高管薪酬均能产生影响，且计入利润的公允价值变动对高管薪酬的影响要大于计入所有者权益的部分；同时也发现"重奖轻罚"现象依然存在。张金若、辛清泉等（2013）考虑了公允价值变动损益转回的因素，研究发现公允价值变动对高管薪酬没有解释力。王俊秋（2013）从可供出售金融资产处置的视角，研究了公允价值计量与高管薪酬的关系，发现公允价值计量可能会诱发高管的机会主义行为，特别是在业绩下滑时，高管更有动机通过处置金融资产获取收益从而保证自身的薪酬激励。郑开焰、刘建伟（2014）与以往研究不同，他们选择了我国 16 家上市银行 2006—2012 年的数据，同时研究了公允价值变动损益、其他综合收益和公允价值资产（主要是交易性金融资产和可供出售金融资产）的持有对高管薪酬的影响，结果发现只有可供出售金融资产形成的其他综合收益对高管薪酬有显著影响。王秀丽、王建玲（2015）研究了列报与不同位置的公允价值变动损益对高管薪酬的影响后发现，公允价值变动在由原来列报于所有者权益变动表的资本公积转为列报与利润表其他综合收益后，公允价值变动对高管薪酬的影响有所减弱，而且与直接计入当期损益的公允价值变动对高管薪酬的影响没有显著差异。

4.5.5 公允价值与审计契约

审计契约是指企业与外部审计师签订的，约定审计师对企业财务报告进行鉴证业务相关事项的协议或约定。从本质上说，审计是用一种外部监督的手段缓解了委托—代理问题，审计契约联系的是企业外部的民间监督机构与企业的利益关系，是企业重要的外部契约。审计契约订立中最为关键的是，是否承接审计业务及承接业务后的审计收费。通常认为，审计业务承接与否主要取决于被审计单位的规模、风险等因素。审计收费则主要包括审计成本、风险溢价及要求的利润。因此审计收费在一定程度上反映了审计师的努力程度。另外，审计契约执行的有效性需要审计质量进行衡量。

1. 公允价值计量对审计契约的作用机理

审计契约的有效性要从契约的订立、执行和评价三个方面考量。根据现代风险导向审计理论，风险贯穿审计活动的全过程，审计工作是围绕风险识别、风险评估、风险应对展开的。公允价值计量属性的引入可以通过风险的传导对审计契约产生影响。公允价值计量对审计契约的作用机理如图4-8所示。

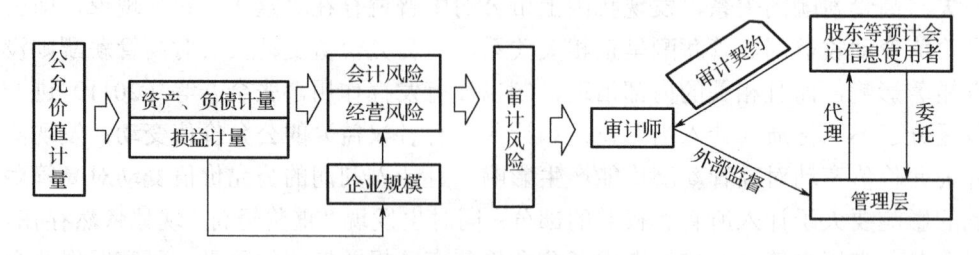

图4-8 公允价值计量对审计契约的作用机理

审计契约在订立、执行过程中，审计师要时刻关注被审计单位的风险。运用公允价值对资产、负债和损益进行计量，由于公允价值信息的获取需要大量的主观估计，会带来可靠性的问题，会增大会计风险，进而增大审计风险，审计师在做出是否承接审计业务时就要综合评估被审单位的风险，承接审计业务后，由于公允价值计量增大了审计风险，审计师为了降低自身审计风险，需要获取更多的审计证据从而提高了审计成本，这些因素会综合影响审计契约的订立和执行。

另外，公允价值计量对企业最直接的影响是对企业的资产、负债和损益规模的影响。企业的规模变动同样会对企业的风险产生影响。审计师在审计契约订立时，会根据企业的规模对自身胜任能力进行评估，这同样也会影响审计契约的订立。

2. 公允价值与审计契约的经验证据

对于公允价值的引入，学者们最早关注公允价值计量所带来的会计风险和由会计风险所引发的审计风险。早期的研究也多以规范研究为主，谢诗芬（2006）认为我国当时没有单独的公允价值计量准则，使得公允价值在应用上存在系统性风险。公允价值的概念也很不明晰，而且在计量方法上有时简单有时复杂，其涉及的风险较大和不确定因素较多，从而加大了审计师的执业成本和审计风险。同时也指出随着对公允价值理解的深入，审计风险会呈现近期大、远期小的趋势。吴可夫、周娜（2010）将公允价值产生审计风险划分为主观和客观两个方面，客观上公允价值计量会造成审计对象的复杂性和审计内容的广泛性；同时经济环境和法律环境的变化也加剧了审计风险。主观上公允价值计量的引入对注册会计师提出了更高要求，这无形中增加了审计风险。

我国新企业会计准则的不断推进，积累了一定的数据，很多学者开始对公允价值与审计契约的实证探索。吴水澎、牟韶红（2009）研究了公允价值是否会对自愿审计、对盈余管理产生影响，但并未发现公允价值的引入能够增加盈余管理程度，同时也不影响公司是否进行自愿审计。贾平、陈关亭（2010）研究发现审计质量可以反过来增进公允价值的相关性，审计质量越高公允价值的盈余信息的不对称程度越低。朱松、徐浩峰等（2010）研究了公允价值计量下，对会计估计要求较高的资产减值和会计师事务所声誉对审计收费的影响，发现资产减值比例与审计收费具有显著的正相关关系，同时会计师事务所声誉越高要求的声誉补偿溢价也越高。马建威、杨亚军等（2012）考察了金融资产分类对审计收费的影响，同时比较了国际金融危机前后及2009年后，要求利润表披露综合收益后两类金融资产与审计收费的影响，发现可供出售金融资产比例越大，审计收费越高，并且国际金融危机后，公允价值计量资产与审计费用相关性增强，而披露其他综合收益后这种相关性又出现了减弱。杨书怀（2013）进一步研究了公允价值变动损益对审计收费和审计质量的影响，发现公允价值变动与审计收费呈正相关关系，而且公允价值的运用使得审计质量有所下降。马建威、周嘉曦（2014）在杨书怀的研究基础上区分了公允价值变动损益的符号，发现公允价值变动收益比损失对审计收费的影响更为显著。张淑惠、罗孟旎（2016）更加深入地研究了公允价值的披露位置，以及聘请外部评估师对审计收费的影响，发现披露于财务报表中的公允价值相较于在附注中披露的公允价值信息与审计收费的相关性更高,但聘请外部评估师对审计收费则没有显著影响。这些经验证明通过公允价值计量对审计收费的影响,进而影响审计市场的审计契约的缔结、执行和监管。

4.6 公允价值会计信息决策有用性——事项观

4.6.1 事项观与决策有用性

会计理论的"事项法"由乔治·H·索特于1969年首先提出。乔治·H·索特认为,相对于传统的会计理论的价值法或使用者需要法,会计理论的事项法以事项法构建会计理论中的事项观,认为会计的功能或目标是提供与各种可能的决策模型相关的事项信息,这些信息应尽量以其原始的形式保存。会计的任务是提供尽可能细的事项信息,让信息使用者根据其决策需要汇总加工,运用在各自的决策模型中。索特反对价值法,而提出事项法的基本理由是价值法假设信息使用者的信息需求是确定的和具体的。但是,这个假设是不现实的,甚至完全背离现实。这本身就有悖于决策有用观,而事项法则由会计信息使用者各取所需,符合会计决策有用观(胡玉明,2002)。

4.6.2 公允价值会计是"事项会计"的一个信息子系统

从会计计量来看,考虑满足现实中个性化决策的需要,不同的会计计量属性,可以满足不同使用者的需求。事项法的支持者推荐使用按多重计量属性编报的多栏式会计报表(李桂荣,2003)。事项会计提倡多重计量属性,并且事项法将价值会计计量与统计描述集于一体(徐宗宇,2003)。实务中,新会计准则要求采用公允价值计量等多种计量属性,正是事项法一直提倡的多种计量属性之一,体现了新会计准则与事项法的一致性。因此,由公允价值计量所形成的公允价值会计又是"价值会计"的子集,而宋献中(2003)认为"价值会计"可看成"事项会计"的一个信息子系统(子集)。据此,我们认为公允价值会计应是"事项会计"的一个信息子系统。

4.6.3 基于新一代信息技术的"事项会计"的实现

从系统思维模式来看,事项会计理论改变了现存的"原始信息—人脑—计算机"的数据处理模式,而转向"原始信息—计算机"模式,这种全新的会计思维模式,借助于"大智移云物区"的新一代信息技术和数字化商业范式得以实务应用,从而推动会计革命。正如张为国、王文京(2019)认为的:"真正引起当代会计革命的是索特在50年前提出的事项法会计理论和新一代信息技术、数字化商业环境三者在当前时代的耦合,使事项会计的基本思想可以转变为会计实务、制度和教育的革命。"也正是在大数据等新一代信息技术环境下,事项会计实现了会计受托责任和决策有用性目标的统一(胡玉明,2002)。因此,在大数据等新一代信息技术下,企业手工或自动或网络提供的会计事项,形成会计事项库,由个性决策使用者自助提取决策所需的事项信息支持决策。这种信息技术环境下的事项会计为公允价值会计数据挖掘和智能决策提供了直接理论依据。

4.7 本 章 小 结

公允价值会计信息的决策有用性是公允价值会计的价值体现。会计信息决策有用性包括信息观和计量观。信息观体现会计信息的含量,具体表现在利润表盈利等项目的资本市场的股价和收益变动的反应与资产负债表每股净资产项目的股价反应。传统信息含量研究,以衍生为价值相关性。但是,有效市场局限性、市场环境变化、投资者的有限理性使会计信息决策有用性转向计量观。计量观下资产负债表项目和利润表本身采用公允价值等市价计量,为投资者提供较为直接的企业价值确定信息,如奥尔森会计信息价值估值模型,极大地体现了公允价值会计信息的价值相关性,但是公允价值会计信息尤其是第三层次的信息存在可靠性风险、公允价值输入值风险、固有风险、行为风险及顺周期风险,在一定程度上影响公允价值会计信息整体质量。除了计量观和信息观,基于现代企业契约理论和委托代理理论所形成的会计信息的契约观,揭示会计政策选择与股权契约、债权契约、供销合同、经营者报酬契约、税收契约、审计契约等的缔结和执行及监督的机制关系并得到实证检验证据,这些契约涉及企业多元产权主体或利益相关者,而公允价值是在市场公平交易中自然形成的,因此公允价值计量能够满足企业多元产权主体利益均衡的需要。事项观下的公允价值会计信息为个体化决策提供有效的事项信息,实现决策有用和受托责任的统一。总之,不管是信息观、计量观、契约观还是事项观,公允价值计量的有序交易市场关联性和公允价值数据及会计事项的信息技术传导,是实现公允价值会计信息实时决策的重要因素,将进一步推进会计信息决策有用性的应用和研究。

第 5 章 公允价值大数据采集、估值技术及其框架

公允价值数据源于相关市场价格和模型估值，公允价值的确定可看作公允价值信息系统，该系统的输入值来源于各类市场，通过公允价值计量分层模型处理后而形成公允价值数据的输出值。该系统运行的关键有三方面：一是从相关市场中采集原始的资产或负债的脱手价格；二是公允价值计量的分层模型设计；三是选择适当的估值技术或链接云估值服务平台或系统。正如张为国和王文京（2019）指出的"企业通过交易平台、业务系统、专业网站、手工等途径采集各种数据，经云计算按多核算目的、多主体等处理，实时核算、结算、支付，实时提供财务会计、管理会计、税务会计、绩效考核等多口径，报告、分析、控制、决策和创新多层次的数据服务"。在大数据和人工智能时代，公允价值源数据采集的实时化和公允价值云估值服务等成为现实。

5.1 源于主要市场的公允价值数据的分布特征

随着我国会计准则与国际会计准则的持续趋同，2014 年，我国财政部颁布实施的《企业会计准则第 39 号——公允价值计量》作为我国公允价值会计的具体准则，与公允价值相关的准则还有《企业会计准则第 3 号——投资性房地产》《企业会计准则第 5 号——生物资产》《企业会计准则第 8 号——资产减值》《企业会计准则第 10 号——企业年金基金》《企业会计准则第 16 号——政府补助》《企业会计准则第 20 号——企业合并》《企业会计准则第 22 号——金融工具确认和计量》等。这些准则共同构成我国公允价值会计准则体系，规范相关资产或对负债进行分类、计量、确认、披露和报告，在此我们主要讨论分析金融工具、投资性房地产及其他产品等。

按公允价值数据源的市场划分，可以将公允价值计量数据来源分为金融市场、房地产市场、生物资产和碳排放权交易市场、其他产品市场等，如图 5-1 所示。

5.1.1 金融市场

金融市场具有资本积累、资源配置、经济调节及反映经济状况等功能，在国民经济中有着举足轻重的地位。金融市场作为财富与风险再分配的场所，有着广泛的参与者，主要包括政府部门、工商企业、金融机构（商业银行及非银行金融机构）、个人及中央银行共五类。

第 5 章 公允价值大数据采集、估值技术及其框架

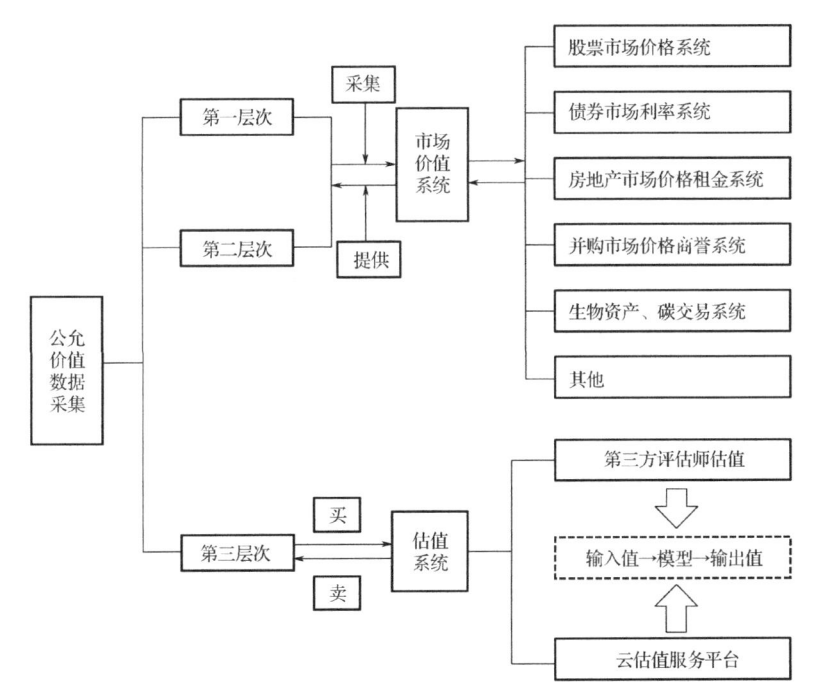

图 5-1 公允价值数据源的市场划分

金融市场常常有着庞大的资金流动，影响着社会的方方面面，因此，金融市场会受到严格的监管，一般有着一系列较为严格规范的交易规则。按照金融市场交易标的物划分，金融市场分为货币市场、资本市场、外汇市场、金融衍生品市场、保险市场、黄金市场及其他投资品市场，而这些交易分布通过不同的交易所进行资金与金融工具的交换。例如，我国上市的公司股票是最终通过上海证券交易所和深圳证券交易所进行交易的；国内期货市场主要通过上海期货交易所、郑州商品交易所、大连商品交易所、中国金融期货交易所四大期货交易所进行期货交易。金融工具交易大多通过较大规模的交易所进行，这也是金融交易的主要市场。

对于企业而言，出于投资、筹资、日常经营（金融企业）的目的，都将持有一定金融资产或者负债。企业可方便且定期从交易所获得相关报价，这是企业能直接观察得到的交易价格。同时也通过相关的经纪商、行业协会、定价服务机构等场所获得报价及其他相关交易信息，并且这些报价代表了正常情况下实际和经常发生的市场交易，说明金融工具在活跃市场上有报价。公允价值是在计量日发生的有序交易中，市场参与者之间出售一项资产所能收到的价格或者转移一项负债所需支付的价格。确定有序交易的金融工具公允价值的目的，就是要找到在资产负债表日（或计量日）企业可立即进入的主要市场或最有利的市场，确定该金融工具的交易公允价格。具体来说，有四种金融工具买卖和发行的市场，但是它

们提供的价格信息的相关性并不相同。应最大限度地从交易所或自营商市场取得金融工具的公允价值，如表5-1所示。

表 5-1　金融工具买卖和发行的市场特征

市场	特征	价格	相关性
交易所市场（含交易所和拍卖市场）	该市场使金融工具的交易具有很高的"透明度"和"有序性"	交易所中的收盘价和成交量很容易取得	最为活跃和透明
自营商或交易商市场	如自营业务的证券公司、自营商随时准备通过自己的账户交易——卖或买。其流动性强	当前的出价和要价比收盘价和成交量更容易取得（包括场外交易）	比较活跃
经纪商市场	经纪人不是为了自己的账户交易，而是试图联系买卖双方的中间人	经纪人知道参与买卖各方的出价和要价，只是参与人不知道对方的价格和要求，而是可取得的"成交价"	不够活跃
大户对大户交易市场	包括发行和出售都是独立协商达成的，由于没有中介，信息很少公开，即使有公开，也不及时	交易价格不透明	不活跃

5.1.2　房地产市场

一般而言，房地产通常是土地、房屋及其权属的总称。房地产市场是从事房产、土地的出售、租赁、买卖、抵押等交易活动的场所或领域。按流通性可分为：① 房地产一级市场，又称土地一级市场（土地出让市场）；② 二级房地产市场，又称增量房地产市场或一手房市场；③ 三级房地产市场，又称存量房地产市场或二手房市场。企业持有的房地产按用途划分可分为三类：一是作为自己生产、经营和管理的活动场所；二是作为商品对外销售；三是用于赚取租金或增值收益。第三种用途就是我国企业会计准则 CSA 3 中规定的投资性房地产。根据 CSA 3 的规定，并不是企业持有的所有房地产都属于投资性房地产，可采用公允价值模式进行后续计量，仅限于赚取租金或资本增值，或两者兼有而持有的房地产。投资性房地产公允价值数据来源与特征如表5-2所示。

表 5-2　投资性房地产公允价值数据来源与特征

	特征	计量	市场	价格	交易信息系统
投资性房地产	赚取租金资本增值上述两者兼有	历史成本计量	一级市场	招拍挂价格	政府土地出让招投标系统
			二级市场	销售合同价格	房地产交易信息平台
		公允价值计量	三级市场	市场议价	二手房买卖租赁交易平台

对于房地产市场而言，其市场价格具有区域特点，存在有序交易，常伴随着较大规模的房地产交易平台，如电子政府服务网、地方性的房地产交易登记中心

及房地产交易互联网平台，交易数据和价格可实时更新，当存在主要市场时，常使用市场比较法对房地产进行评估，如房产评估师服务网等。另外，企业内部的信息网络与房地产交易信息网络的对接，可实时采集与投资性房地产公允价值计量相关的数据，加快公允价值数据的收集与处理。

5.1.3 生物资产和碳排放权交易市场

生物资产的定义是活的动物或植物，如奶牛、绵羊、果树、人工林场中的林木等，它是从事农业生产活动的企业或单位不可或缺的主要生产资料。我国 CAS 5 准则对生物资产界定为有生命的动物和植物。根据其用途的不同将生物资产分为消耗性生物资产、生产性生物资产和公益性生物资产。其中，生产性生物资产是为产出农产品、提供劳务或出租等目的而持有的生物资产，如经济林、产畜和役畜等。并且规定："有确凿证据表明生物资产的公允价值能够持续可靠的取得，应当对生物资产采用公允价值计量。采用公允价值计量的生物资产应当同时满足下列条件：① 生物资产有活跃的交易市场；② 能够从交易市场上取得同类或类似生物资产的市场价格及其他相关信息，从而对生物资产的公允价值做出合理估计。"

碳排放权就是特定主体向大气中排放二氧化碳和其他温室气体的权利，特定主体在我国目前主要是指碳排放受到管控的工业企业。企业可以通过政府初始配置和交易获取碳排放权，但需要支付相应的对价，支付的对价是公允价值计量的基础，是通过碳排放交易市场形成的。国际上已存在活跃碳排放权交易的市场，如 EU ETS 等，考虑到我国碳排放权交易刚刚起步，全国统一的活跃的碳排放权交易市场刚刚建立运行，公允价值计量的市场环境尚不成熟，因此，我国碳会计计量模式可以采用历史成本和公允价值两种计量属性，但现行以历史成本计量为主。财政部印发的《碳排放权交易有关会计处理暂行规定》（财会〔2019〕22 号）规定："重点排放企业通过购入方式取得碳排放配额的，应当在购买日将取得的碳排放配额确认为碳排放权资产，并按照成本进行计量。重点排放企业通过政府免费分配等方式无偿取得碳排放配额的，不做账务处理。"随着我国碳交易市场的进一步完善，碳排放权交易公允价值计量将成为主导性的碳会计计量属性，并且，碳排放权交易中配额资产、配额负债和排放负债均采用公允价值计量，公允价值变动计入当期损益，以此保证相关资产负债入表对企业报告期损益影响的合理性（叶丰滢、黄世忠，2021）。生物资产和碳排放权交易市场，如表 5-3 所示。

表 5-3 生物资产和碳排放权交易市场

资产	市场	价格	交易信息系统
生物资产	种植业产品市场、畜牧养殖业产品市场、林产品市场、水产品市场等	大宗批发价格、零售交易价格	动物市场信息系统、植物市场信息系统等
碳排放权	碳排放权交易市场	交易价格	碳排放权交易信息系统

5.1.4 其他产品市场

除金融工具、投资性房地产、生物资产和碳排放权交易市场外，还有其他资产及负债适用《企业会计准则第 39 号——公允价值计量》，包括非同一控制下的企业合并、债务重组、非货币性资产交换中涉及的资产及负债等。

由于涉及产品种类繁杂，当存在主要市场时，可直接取用市场报价，而无法获取报价时多采用市场法、收益法和成本法等进行估值。

5.2 公允价值计量模式的运用状况

5.2.1 金融市场公允价值使用情况

金融资产及金融负债应用最为常见的是金融业公司，根据 2010—2018 年金融业上市公司年报，对公允价值的披露情况，如表 5-4～表 5-6 所示。

表 5-4 金融市场公允价值使用情况统计表

项目	2011 年	2012 年	2013 年	2014 年	2015 年	2016 年	2017 年	2018 年
货币金融服务/家	13	13	14	16	16	25	25	29
资本市场服务/家	4	6	10	20	20	38	43	47
保险业/家	2	3	4	4	4	6	6	7
其他金融/家	0	1	1	4	4	11	11	11
A 股金融上市公司总数/家	46	46	47	51	50	80	85	94
披露公司占比/%	41.30	50.00	59.57	86.27	89.80	86	89	98

从年度分布情况可知，随着相关文件出台，特别是 2014 年新公允价值计量准则（财会〔2014〕6 号）的出台，我国上市公司公允价值信息披露明显增多。

表 5-5 金融业上市公司公允价值层次计量使用频次

项目	金融资产			金融负债		
	第一层次	第二层次	第三层次	第一层次	第二层次	第三层次
2014 年半年报/家	24	26	23	12	21	7
2014 年年报/家	35	37	29	16	30	7
2015 年半年报/家	38	41	31	23	32	9
2015 年年报/家	42	42	34	23	35	12
2016 年年报/家	75	62	57	37	50	19
2017 年年报/家	79	77	57	40	55	19
2018 年年报/家	85	87	68	41	61	26

第 5 章 公允价值大数据采集、估值技术及其框架

表 5-6 金融业上市公司公允价值三个层次占总资产的比重

年份/年	披露的公司数量/家	金融资产 第一层次/%	金融资产 第二层次/%	金融资产 第三层次/%	金融负债 第一层次/%	金融负债 第二层次/%	金融负债 第三层次/%
2010	18	3.98	7.67	0.19	0.01	0.24	0.16
2011	19	4.64	8.52	0.15	0.01	0.48	0.25
2012	23	6.29	9.69	0.26	0.14	0.26	0.24
2013	29	6.09	8.62	0.90	0.29	0.68	0.34
2014	44	6.93	11.99	1.46	0.28	1.19	0.10
2015	44	5.91	8.88	0.66	0.02	0.75	0.35
2016	80	2.01	8.98	1.40	0.04	0.53	−0.15
2017	85	2.37	8.62	1.16	0.04	0.58	−0.20
2018	94	2.58	11.34	1.27	0.02	0.78	−0.15

就金融资产及金融负债公允价值的三个层次使用情况及公允价值层次披露来看，无论是金融资产还是金融负债使用公允价值计量的第二层次都要明显多于第一、三层次。表明金融资产更多利用相关金融资产或金融负债的直接或间接的可观察输入值，采用市场比较法来确定公允价值。

5.2.2 房地产市场公允价值计量使用情况

2007 年，全面实施投资性房地产的新会计准则。2007 年，在沪深两市 1570 家上市公司中，其中 630 家持有投资性房地产的企业，仅有 18 家企业选择了公允价值计量模式，之后采用公允价值计量的公司数量不断增加，比例逐渐提升。截至 2014 年，在沪深两市 2645 家上市公司中，拥有持有投资性房地产的公司数量为 1037 家，采用公允价值计量的公司数量为 58 家，占上市公司总数的 5.59%，如表 5-7、图 5-2、图 5-3 所示。

表 5-7 上市公司投资性房地产计量模式运用的统计情况

年份/年	上市公司总数/家	持有投资性房地产的公司数/家	成本模式计量的公司数/家	公允价值模式计量的公司数/家	公允价值模式的公司数所占比例/%
2007	1570	630	612	18	2.86
2008	1624	690	667	23	3.33
2009	1774	772	745	27	3.50
2010	2129	823	794	29	3.52
2011	2293	870	836	34	3.91
2012	2472	968	921	47	4.86
2013	2518	1017	963	54	5.31
2014	2645	1037	979	58	5.59

续表

年份/年	上市公司总数/家	持有投资性房地产的公司数/家	成本模式计量的公司数/家	公允价值模式计量的公司数/家	公允价值模式的公司数所占比例/%
2015	2881	1283	1212	71	5.53
2016	3108	1476	1394	82	5.56
2017	3546	1698	1603	95	5.59
2018	3651	1825	1710	115	6.30

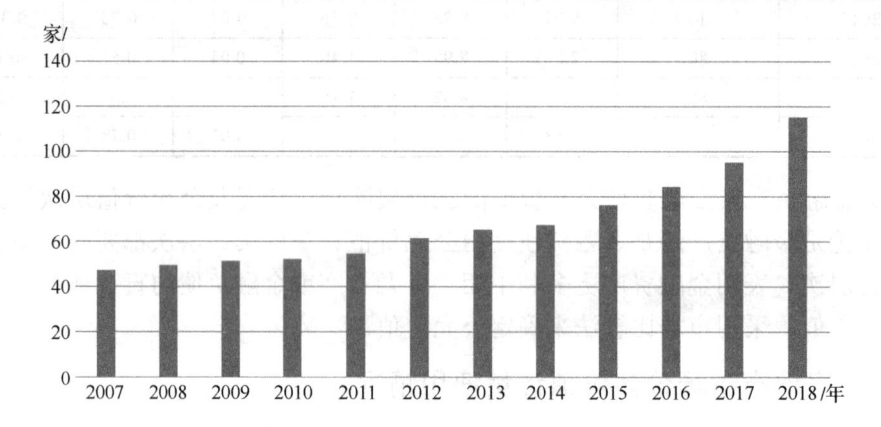

图 5-2 投资性房地产公允价值计量的公司数

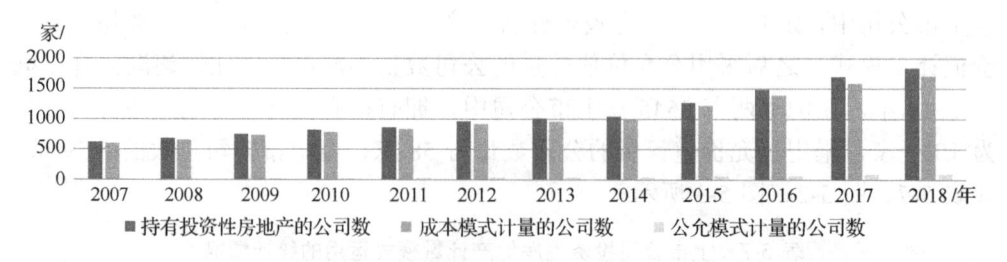

图 5-3 投资性房地产成本模式计量及会计模式计量的公司数对比

从表 5-7 中我们可以看出，历年来随着我国上市公司数量的增加，持有投资性房地产的上市公司数量也在逐年增加，截至 2018 年，有 1825 家上市公司持有投资性房地产。此外，在选择投资性房地产的后续计量模式时，绝大部分的上市公司都选择采取以成本模式计量，选择公允价值计量公司的比例逐年稳步增加，2018 年，以公允价值模式计量的上市公司比例为 6.30%。

针对使用公允价值计量投资性房地产行业的上市公司，进一步统计分析发现在 60 家公司中，采用确定投资性房地产的公允价值主要方法有资产评估法、市场类比法与第三方调查报告，如图 5-4 所示。

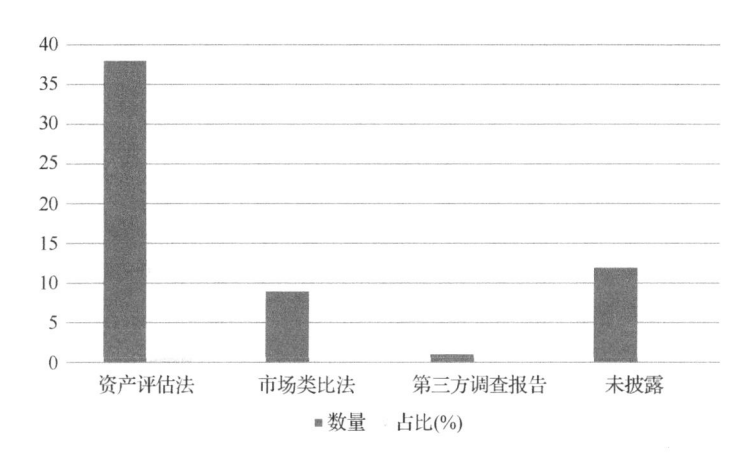

图 5-4　投资性房地产的公允价值主要方法的占比

把资产评估法作为确定公允价值的方法是大多数企业的首选，共有 38 家公司，占比达到 60%以上，之后是市场类比法有 9 家占比 15%，第三方调查报告仅有 1 家，另有 12 家公司未披露投资性房地产公允价值的确定方法。

5.2.3　生物资产市场公允价值使用现状

农产品按照所处行业，一般可以分为种植业产品（如小麦、水稻、玉米、棉花、糖料、烟叶等）、畜牧养殖业产品（如牛奶、羊毛、肉类、禽蛋等）、林产品（如苗木、原木、水果等）和水产品（如鱼、虾、贝类等）。我国于 2006 年发布的《企业会计准则第 5 号——生物资产》规定，在满足条件时，生物资产可采用公允价值计量。2014 年，新发布的《企业会计准则第 39 号——公允价值计量》进一步规范了包括生物资产等的公允价值计量行为。据统计，我国农业类上市公司生物资产会计计量模式运用情况几乎均采用成本计量模式。从生物资产信息披露角度，王乐锦（2008）认为生物资产增值信息披露是会计信息质量相关性的必然要求，是会计如实反映的需要，是会计重要性的体现，不违背成本效益原则，应当对生物资产的增值情况进行必要披露。胡玉可（2014）发现大部分上市公司所提供的林业生物资产会计信息披露存在欠规范、可比性不足和披露不够充分等问题，而林业生物资产增值信息和生态效益、社会效益的信息披露方面更是缺乏。

5.3　公允价值第三层次估值技术

5.3.1　FASB、IASB、CASB 等公允价值三层计量框架

在公允价值分层计量方面，FASB 最早于 2006 年 9 月在其发布的第 157 号财务会计准则——《公允价值计量》（SFAS No.157）中首次提出了公允价值分层计

量的概念及披露要求，对采用公允价值计量的相关资产或负债，上市公司应根据公允价值估值过程中输入值的可靠程度划分三个层次并予以披露。其基本理念是层次划分可为评价计量结果的可靠程度提供权威依据，同时以充分的披露来弥补潜在的计量缺陷，以此最大限度地均衡相关性和可靠性质量特征，受到国际会计界普遍欢迎。2011年5月，IASB在发布的第13号准则——《公允价值计量》(IFRS No.13)中也借鉴了SFAS No.157的做法。我国财政部在2006年2月发布的新企业会计准则体系中引入了公允价值计量模式。2014年新发布的企业会计准则CSA 39，将公允价值计量分为三个层次，其中第三层次依据假设采用模型估值技术确定。FASB、IASB、CASB的公允价值计量框架，如图5-5所示。

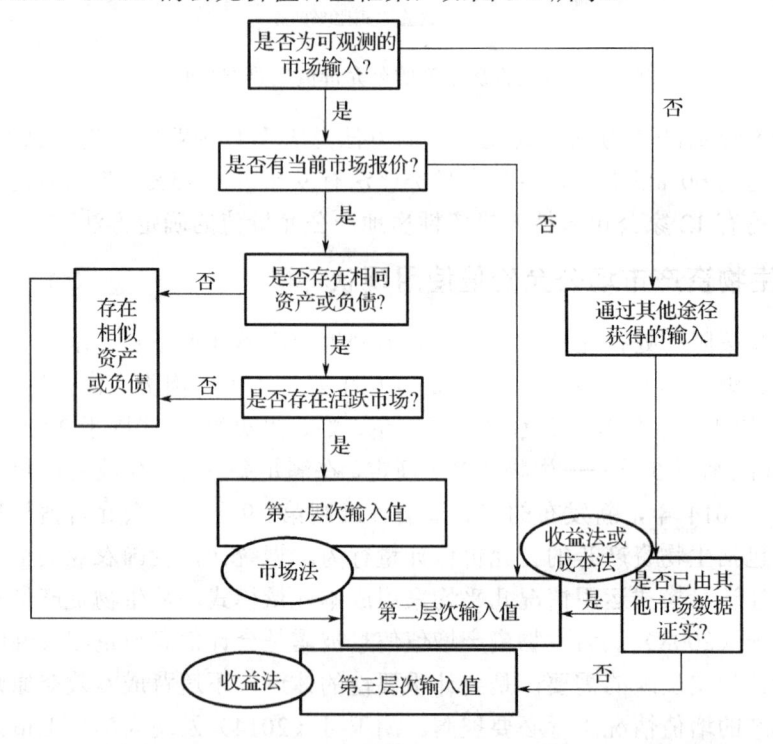

图5-5 FASB、IASB、CASB的公允价值计量框架

5.3.2 公允价值估值技术方法

IASB、CASB颁布的公允价值计量相关准则，均借鉴了SFAS No.157的市场法、收益法和成本法等估值技术与方法，其方法与模型，如图5-6所示。

1. 市场法

资产项目满足存货、固定资产、无形资产、金融资产的初始及后续计量、生物资产的初始及后续计量等条件时适用于市场法。市场法是利用相同或类似的资产、负债或资产和负债组合的价格以及其他相关市场交易信息进行估值的技术。

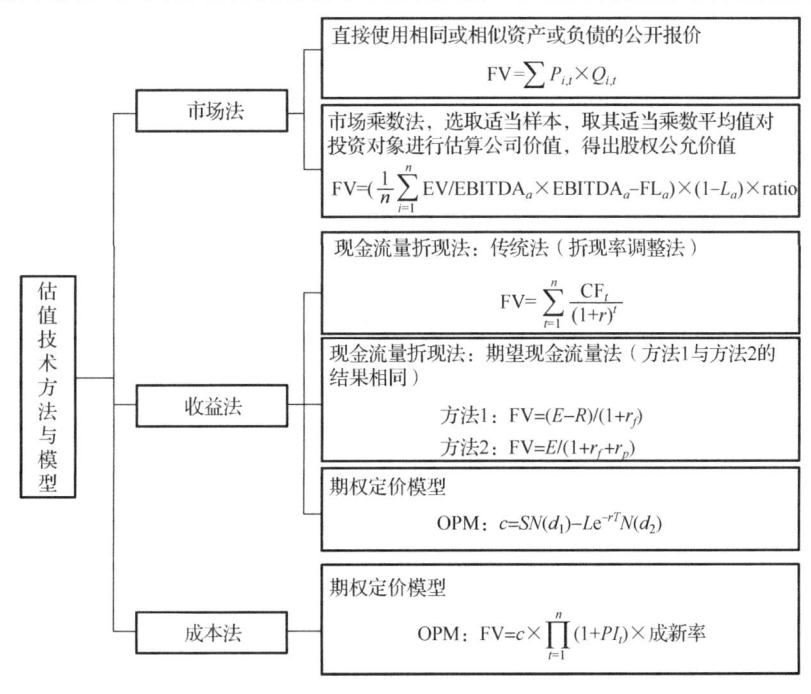

估值技术方法与模型
- 市场法
  - 直接使用相同或相似资产或负债的公开报价
    $$FV=\sum P_{i,t}\times Q_{i,t}$$
  - 市场乘数法，选取适当样本，取其适当乘数平均值对投资对象进行估算公司价值，得出股权公允价值
    $$FV=(\frac{1}{n}\sum_{i=1}^{n}EV/EBITDA_a\times EBITDA_a-FL_a)\times(1-L_a)\times ratio$$
- 收益法
  - 现金流量折现法：传统法（折现率调整法）
    $$FV=\sum_{t=1}^{n}\frac{CF_t}{(1+r)^t}$$
  - 现金流量折现法：期望现金流量法（方法1与方法2的结果相同）
    方法1：$FV=(E-R)/(1+r_f)$
    方法2：$FV=E/(1+r_f+r_p)$
  - 期权定价模型
    OPM：$c=SN(d_1)-Le^{-rT}N(d_2)$
- 成本法
  - 期权定价模型
    OPM：$FV=c\times\prod_{t=1}^{n}(1+PI_t)\times$成新率

图 5-6 公允价值估值技术方法与模型

适用市场法、运用市场法的条件和评估资产程序，见表 5-9。市场法的具体估值方法包括：① 直接使用相同或相似资产或负债的公开报价法；② 市场乘数法。

2．收益法

资产项目满足长期股权投资的后续计量、投资性房地产后续计量、无形资产等条件时适用于收益法。收益法是通过估算被评估资产未来预期收益并折算成现值，借以确定被评估资产价值的一种资产评估方法。

运用收益法的条件和评估资产程序，见表 5-9。企业使用的收益法具体包括现金流量折现法、多期超额收益折现法、期权定价模型等估值方法等。其中，对于期权定价模型估计期权的公允价值，企业可具体选用布莱克-斯科尔斯模型、二叉树模型、蒙特卡洛模拟法等。

蒙特卡洛模拟法适用于包含复杂属性（如包括可变行权价格或转换价格、对行权时间具有限制条款等）的认股权证或具有转换特征的金融工具。蒙特卡洛模拟法将根据认股权证或具有转换特征的金融工具的条款、条件及其他假设，随机生成数千种甚至数百万种的可能结果，计算每种可能情形的相关回报，这些回报用概率加权并折现以计算相关资产或负债的公允价值。

案例：甲公司持有乙上市公司发行的股票期权，作为以公允价值计量且其变动计入当期损益的金融资产持有。根据该期权，甲公司可以在 2016 年 12 月 31 日，按每股 5 元的行权价格向乙上市公司购买 1000 万股普通股。由于该期权无活跃市场公开报价，甲公司管理层决定采用布莱克-斯科尔斯期权定价模型确定该期权在 2014 年 12 月 31 日的公允价值。布莱克-斯科尔斯期权定价模型中采用的主要输入值，如表 5-8 所示。

表 5-8　布莱克-斯科尔斯期权定价模型中采用的主要输入值

S	即期价格	乙上市公司普通股 2014 年 12 月 31 日收盘价为 4 元/每股
L	行权价格	5 元/每股
T	期权期限	2 年
r	无风险利率	根据发行日国债收益率曲线，2 年期的到期收益率为 4%
σ^2	股价波动率	基于乙上市公司自发行日起过去 5 年内的每日收盘价计算得到股价波动率为 40%
N	期望股息率	基于乙上市公司过去 5 年的派息情况计算得到期望股息率为 3%

$$c = SN(d_1) - Le^{-rT}N(d_2)$$

其中

$$d_1 = \frac{\ln(S/L) + (r + \sigma^2/2)T}{\sigma\sqrt{T}}$$

$$d_2 = \frac{\ln(S/L) + (r - \sigma^2/2)T}{\sigma\sqrt{T}} = d_1 - \sigma\sqrt{T}$$

根据表中的输入值，甲公司采用布莱克-斯科尔斯期权定价模型计算。得到 2014 年 12 月 31 日该期权的公允价值为 566.90 万元。

3．成本法

适用成本法的资产项目满足条件：① 存货；② 长期股权投资的后续计量；③ 固定资产；④ 无形资产等。成本法是在评估资产时按被评估资产的现时重置成本评估资产价值的方法。坚持资产的价值是随资产本身的运动和其他因素的变化而变化的，需要动态重置成本计量其价值。运用成本法的条件和评估资产程序，见表 5-9。

4．公允价值三种估计技术对比

公允价值三种估计技术对比表如表 5-9 所示。

第 5 章 公允价值大数据采集、估值技术及其框架

表 5-9 公允价值三种估计技术对比表

估值技术	前提条件	具体估值方法	具体步骤	举例
市场法	（1）需要有一个充分发育活跃的资产市场 （2）参照物及其与被评估资产可比较的指标、技术参数等资料是可收集到的。运用市场法进行资产评估的方式	（1）直接使用相同或相似资产或负债公开报价 （2）市场乘数法，包括上市公司比较法、交易案例比较法	（1）明确评估对象 （2）进行公开市场调查、收集相同或类似资产的市场基本信息资料，寻找参照物 （3）分析整理资料并验证其准确性，判断选择参照物 （4）将被评估资产与参照物进行比较 （5）分析调整差异，做出结论	
收益法	（1）被评估资产必须是能用货币衡量其未来期望收益的单项或整体资产 （2）资产所有者所承担的风险必须是能用货币衡量的	（1）现金流量折现法，包括传统法和期望现金流量法 （2）期权定价模型，可以使用布莱克-斯科尔斯期权定价模型、二叉树模型、蒙特卡洛模拟法等期权定价模型	（1）收集验证有关经营、财务状况的信息资料 （2）计算和对比分析有关指标及其变化趋势 （3）预测资产未来预期收益，确定折现率或本金化率 （4）将预期收益折现或本金化处理，确定被评估资产价值	
成本法	（1）应当具备可利用的历史资料 （2）形成资产价值的耗费是必须的	根据折旧贬值情况进行相应调整，具体包括实体性损耗、功能性贬值及经济性贬值	（1）确定被评估资产并估算重置成本 （2）确定被评估资产的使用年限 （3）估算被评估资产的损耗或贬值 （4）计算确定被评估资产的价值	

5.4 大数据背景下公允价值采集与估值模型框架

公允价值采集与估值系统是公允价值会计的基础性工程，其核心是构建相关公允价值信息数据库。需要通过对接各类市场或机构数据库，采集或抓取公允价值相关输入数据，依据规则，进行三层次输入和估值操作，输出并形成公允价值会计信息。公允价值采集与估值系统的工作流程，如图 5-7 所示。

（1）构建公允价值采集与估值系统，以一致的信息、方法数据库为基础，采用统一公允价值计量软件，有着多方面的优点：① 将极大地增强公允价值会计信息的可靠性与可比性；② 提高公允价值计量效率，减少相关人员工作量，节约人力成本；③ 可以多个公司共同使用相关数据库云端，初始投资成本也将大大降低。

（2）数据采集源。公允价值初始数据来源可分为相关市场监督管理部门统计数据、各行业相关自律协会统计数据、交易平台数据、公司数据。其中，对于相关部门、协会、交易平台已有数据库可采用直接整体引用的方式，通过与相关机构沟通，直接引用已有数据库资源，提高效率。对于缺乏相关数据库或难以进行数据库直接引用的，对公开数据采取 Web 数据挖掘方式。从各机构信息披露的网站直接抓取、整理相关数据并输入信息数据库进行保存。

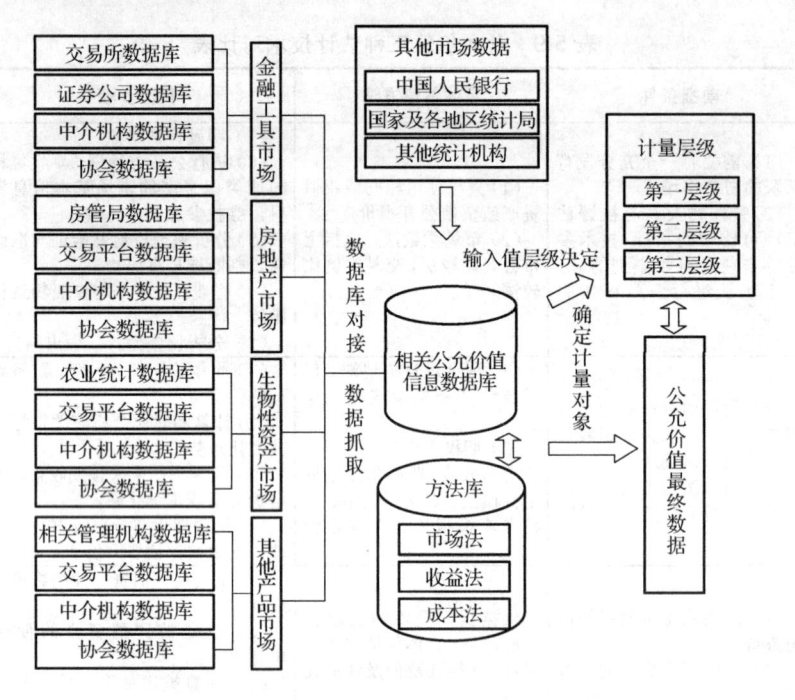

图 5-7 公允价值采集与估值系统的工作流程

将数据录入信息数据库，根据计量对象从方法库中选择适当的估值方法，最终确定公允价值数据及根据输入值层次确定公允价值计量层次。

在数据库建立方面，大数据核心思想之一是实现大量数据的分布式处理，鼓励各方利用云端，共享数据库。在相关数据库建立过程中，可以采用两种方式：公司自己建立数据库；利用相关云端服务数据库。这两种方式各有优缺点。

自行建立数据库的方式有较高信息安全性、数据读取、处理速度快优点，但也有造价高、维护成本高的缺点；利用云端服务数据库的方式有费用低、无须维护等优点，但也有数据读取处理速度较慢、信息安全度较低的缺点。

在公允价值采集与估值系统中，由于公允价值计量信息分布较为分散，数据量较大，故而应当采用以云端数据库为主的方式，减少维护建造成本，同时提高信息共享效率，对于信息安全要求较高的数据信息，可以采取公司自行建立小型数据库的方式进行保存。

5.5 本章小结

公允价值大数据来源于相关的主要市场或最有利市场，不同的资产或负债的公允价值数据的来源市场有金融市场、房地产市场、生物资产市场、碳排放权交易市场等，这些市场数据构成公允价值大数据基础。相对于不同的市场及其细分市场的活跃程度不同，对于活跃市场的第一层次公允价值输入值直接采集使用，对于有类似活跃市场的第二层次公允价值输入值可借鉴并调整；对于无活跃市场的第三层次公允价值输入值运用模型估值技术。公允价值计量分层准则在金融工具运用最多、投资性房地产运用较多、生物资产运用较少，体现了公允价值计量准则的规定和要求，但是，因公允价值计量的局限性和市场环境因素，尚未达到普及运用。无论是哪个资产或负债项目，在哪个市场中采集价格相关数据，都须遵循相关性和可靠性的会计信息质量特征的要求。即便是采用不同特征的估值技术，如市场法、收益法和成本法等也不例外，其基本动机就是提升可靠性，所以公允价值估值技术流程和方法的规范运用，是提高公允价值数据质量的重要因素。基于公允价值计量准则的要求，上市公司根据估值技术的适用性管理层自己估值，或第三方评估确定或云估值。尤其在大数据环境下，借助于大数据技术、Web数据抓取技术和Python等收集信息的爬行算法，通过构建公允价值估计与模型系统或云估值服务系统，实现实时采集和估值，形成公允价值会计数据，是公允价值会计实时决策的现实选择。

第6章 公允价值会计数据挖掘层次、程序与技术方法

商业决策支持离不开数据挖掘技术，会计数据挖掘属于一种商业数据挖掘。本章探讨面向会计数据库或数据仓库，采用数据挖掘程序和技术方法，发现会计知识模式，包括分类模式、聚类模式、关联模式等。公允价值会计数据挖掘表现在报表层次、分析层次、模型层次和智能决策层次等。结合公允价值会计的数据挖掘的四个阶段和关联法、分类法和聚类法三类数据挖掘技术方法，这些方法均可用于不同计量属性下的企业会计审计数据的挖掘，从而实现会计数据为有关决策者开展分类、相关性和预测等决策服务。

6.1 会计数据挖掘基本理论

6.1.1 数据挖掘相关概念

数据挖掘（Date Mining）是指数据库中的知识发现（KDD），作为基于数据库的知识发现技术，在1989年8月召开的第11届国际人工智能联合会的专题研讨会上首次被提出。1995年，美国计算机年会（ACM）将数据挖掘的概念界定为从数据库中提取隐含的、未知的、具有潜在使用价值的信息的过程，把数据挖掘的本质认为是一种发现知识的过程。之后，学者对其概念有了不同界定：一是数据挖掘是识别数据中重要的、新奇的、可能有用的并且基本可以理解的模式的重要过程（Fayyad，1996）；二是数据挖掘是从大型数据库中提取出先前未知的、可以理解的信息的过程，并用它制定至关重要的商业决策（Zekulin，1996）；三是数据挖掘是一个决策支持过程，我们使用它在大型数据库中寻找信息的未知的和不可期待的模式（Parsaye，1996）。上述定义可归纳为技术角度和商业角度。

从技术角度来看，数据挖掘是指从数据库中的知识（模式）发现的技术，可以在知识未被发现或者没有明确假设条件的前提下发现知识、挖掘有用的信息。从商业角度来看，数据挖掘是指辅助商业决策的、潜在的、有价值的信息的挖掘（魏乐，2010）。基于信息技术的发展，各行各业自动化的实现，商业领域产生了大量的业务数据，虽然其数据量大，但其中真正有价值的信息却很少，因此，从大量数据中挖掘有价值的信息，有助于决策支持。

6.1.2 会计数据挖掘与公允价值特征

1. 会计数据挖掘的概念界定

从企业会计角度,会计数据挖掘作为一种商业数据挖掘,是按照企业既定目标,对企业会计数据仓库的数据进行探索和分析(数据清洗、抽取、转换、装载),揭示隐藏的、未知的或验证已知的规律性,并进一步将其模型化,用于辅助会计决策的过程。会计数据挖掘的本质是从企业数据(含会计)仓库中发掘有价值信息的过程,是会计信息决策有用性的技术工具之一。不同于数据库中的数据是原始性的、分散性的和当前即时性的数据,企业数据仓库中的数据是加工性数据、集成数据、历史数据与即时数据。据此,公允价值会计数据仓库是历史成本数据与即时市场价格数据、按照会计准则确认、估计等加工的数据集成。对公允价值会计数据仓库的操作是只读操作(不像数据库查询、增、删、改等操作)、刷新操作、抽取操作和归档操作(或者三种操作数据库不存在)。但与数据库相关联,公允价值会计数据仓库的构建可依据交易和事项数据库、公允价值来源市场数据库、公允价值数据库、公允价值会计准则规则库等,如图6-1所示。因此,会计数据挖掘的基础是公允价值会计数据仓库。

从数据集市角度,会计数据仓库根据应用目的也可看作会计数据集市,进一步分为财务会计数据集市、管理会计数据集市和审计数据集市等。

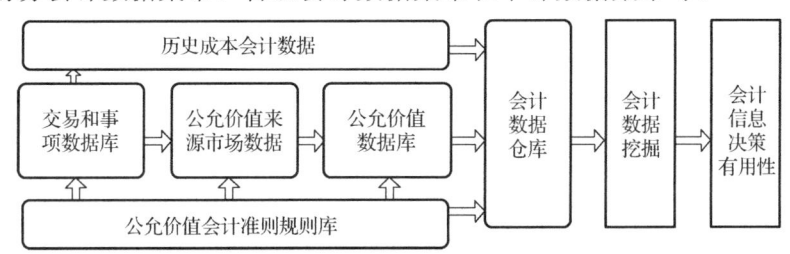

图 6-1 公允价值会计数据仓库及决策有用性

2. 公允价值会计数据与特征

公允价值会计数据是采用公允价值计量属性,对交易和事项进行确认、计量、记录和报告等会计程序,所形成的过程数据和结果报表信息。其包括公允价值源于市场的原始数据、加工输出的公允价值数据、分类凭证和记账信息和报表级附注信息等,这些是公允价值会计数据挖掘的主要对象。明确公允价值计量的数据具有时空动态性、有序交易性和估价性等,形成"时间-空间-关联-层次"多维超立方体公允价值会计数据仓库,是数据挖掘的基础。

第一,从时间角度,公允价值是计量日的公平交易价格,是一个时刻数据。

计量日的变动引起的公允价值的动态变化，甚至计量日的不同时刻（时、分、秒）的股价瞬息万变，即股价的实时变化带来的公允价值的实时变化，因此公允价值计量日的时间的"粒度"细分，驱动公允价值数据支持实时决策。

第二，从空间角度，市场活跃的地区上市公司偏好公允价值计量，是由于满足公允价值计量的活跃市场价格的公平交易价格，因此，公允价值会计数据仓库构建中公允价值数据的空间"粒度"细分为市场活跃地区、市场较活跃地区、市场不活跃地区。对上市公司而言，上市公司聚集多地区、较多地区、不多地区。

第三，公允价值计量是有序交易的市场价格，并且是独立性市场交易价格，因此，关联及其交易往往可能显示价格不公允，因此一是数据挖掘是否有无关联交易性，如发现有关联但不公允，其交易价格不可作为公允价值。二是对有关联且价格公允，可考虑公允价值会计数据仓库的关联属性细分"粒度"为关联且公允、关联且不公允、不关联且公允、不关联不公允。

第四，公允价值计量的工具是基于数据的公允价值计量的，即市场价格是基于模型估计的公允价值。因此公允价值数据仓库可按层次细分"粒度"为活跃市场数据、类似活跃市场数据、模型估计数据。

本部分把历史成本看成业务发生当时的公允价值，会计数据挖掘即公允价值会计数据挖掘，会计数据挖掘遵从一般商业数据挖掘的基本原理。

6.1.3 会计数据挖掘的功能

会计数据挖掘所要达到的目的是发挥以下主要功能。

1. 概念描述

基于价值法会计理论，所形成的综合性财务报表数据库，其形成离不开会计账簿信息库及会计凭证数据库等为会计数据使用者提供通用决策信息。这些会计数据库或数据仓库等通常存储着大量的报表项目或会计原始细节性数据，会计数据挖掘技术具有对汇总的会计数据集用简洁的方式进行描述的功能。可以为用户提供会计的源数据、凭证数据、账簿静动态数据乃至报表项目数等概况，尤其是借助与 XBRL 数据库描述不同类型和不同层次的会计数据差异特征和共性特征。特别是基于事项法会计理论，数据挖掘更能从会计事项数据库中，描述会计事项或经济业务"原貌"，辅助相关决策。

2. 发现数据的关联关系

基于会计方程的逻辑思维，会计数据之间存在直接或间接、明显和暗含的关联。但是在实务中管理者出于不同的动机，隐藏或不完整记录关联方或关联方交易，甚至出现会计信息失真或财务造假等行为，通过会计数据挖掘技术会发现不为人知的或异常的这些联系,这就是关联分析,随着会计信息化程度加深大量数据被存储,会计信息使用者如投资者、债权人和审计师及监管者等从会计数据库或数据仓库中挖掘出数据之间存在的关联规则。借助信息技术和发掘的关联规则,从大量数据中发现的对会计信息使用者有价值的关联关系,有利于决策人员制定决策。

3.对数据进行分类和预测

分类和预测是数据挖掘中最常见的任务之一,对会计信息的形成过程而言,会计活动本身就是分类活动,会计对象按照资金运动的属性分为静态的财务状况信息和动态的经营成果信息,进一步分类为会计六要素,会计要素进一步按照会计科目细分不同层次的明细科目或明细账户,进一步再综合汇总形成报表项目等类别。对会计计量属性而言,公允价值会计的分层计量本身就是一种分类,按照有序市场的活跃程度或价格的可获得性,确定或估计公允价值等。这些分类是按照某一个可预测的属性和技术实施预测。例如,可运用回归分析模型实证预测公允价值会计的价值相关性等。

4.对数据进行聚类

根据类内相似最大化、类间相似最小化的原则对数据进行聚类,使处于同一类中的数据具有较高的相似性,而与其他非同类中的数据很不相似。会计数据挖掘具有对会计数据进行聚类的功能。尤其是在对事项会计数据库,不同的数据使用者,根据自己个性化的决策需要,从复杂的事项数据库中聚类形成相同对象的集合,并导出数据或事项之间的规则,把针对具体目的的类似事项聚合到一起,辅助支持决策。

5.发现孤立点和数据的规律及趋势

会计数据挖掘可从数据库或数据仓库中发现与其他相关数据库不一致的数据,可视为孤立点,如会计造假数据或异常数据。同时会计数据挖掘可以发现数据的规律和趋势,即数据的演变分析,如财务趋势分析或时间序列分析,从数据库中发现规律性和趋势性特征并进行描述,进一步发现隐含的、潜在有用的知识,以此辅助决策的制定。

6.2 公允价值会计数据挖掘的过程

数据挖掘是知识发现过程中的一个特定步骤,它用专门的算法从数据中抽取模式。知识发现被认为是从数据中发现有用知识的整个过程。知识发现过程如图 6-2 所示。

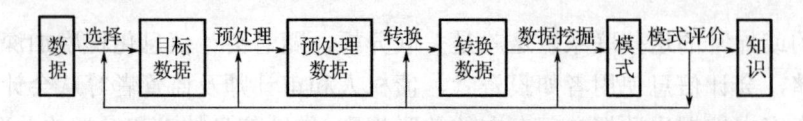

```
数据 →选择→ 目标数据 →预处理→ 预处理数据 →转换→ 转换数据 →数据挖掘→ 模式 →模式评价→ 知识
```

图 6-2　知识发现过程

知识发现大致包括数据准备（数据选取、数据预处理、数据转换）、数据挖掘和结果的解释与评价三个阶段。

6.2.1　数据准备阶段

首先，明确挖掘主题，即明确挖掘的要求和想要达到的目标；其次，数据选取，从会计数据库中选取与分析问题相关的数据；再次，数据的预处理；最后，数据转换。此阶段的核心是数据的质和量控制和管理，要满足数据挖掘的所需数据在量上充分和在质上适当，即会计数据挖掘准备阶段，会计数据质和量要遵循会计数据的规范要求或质量特征等。

6.2.2　数据挖掘阶段

首先，确定挖掘的任务或目的，如数据分类、聚类、关联规则发现或序列模式发现等。其次，通过考虑数据与相关算法的匹配性，用户或决策者期望获取的描述型知识或预测型知识等因素，决定选择合适的挖掘算法，常见的有三类十二种算法，即关联规则类包括 Apriori 算法；分类分析类包括决策树算法、人工神经网络、贝叶斯方法、遗传算法、回归分析、差异分析；聚类分析类包括遗传算法、划分法、层次法、基于密度方法、基于网格方法。再次，选择算法软件（相同算法可能有多种算法软件可供选择）。最后，构造数据挖掘平台（包括硬件、软件数据平台）并设置算法软件参数，即数据接入后即可进行挖掘，获取有用的模式。此阶段数据挖掘质量的好坏要特别考虑挖掘技术的有效性要求等。

6.2.3　结果的解释与评价

数据挖掘是一个迭代过程，数据挖掘发现的知识需要经过评价，以检查数据挖掘的结果是否合理、有效，是否符合业务问题的需要，如果数据挖掘结果与预期目标偏差很大，就需要返回到数据挖掘阶段，调整技术参数或者重新采用不同的数据挖掘技术，进一步新的挖掘、反馈，直至挖掘结果为最佳，并将结果展示出来。最后为实现数据挖掘的价值，为决策者提供决策有用的知识或模式，需要针对不同决策者，形成不同形式的、可理解的数据挖掘结果分析报告，然后分别交给决策者。

6.2.4 会计数据挖掘应用：公允价值会计数据的股票收益预测

运用数据挖掘方法对公允价值会计信息和股票收益预测，为决策者提供有用的信息，其数据挖掘的应用（蒋艳霞等，2007）如表 6-1 所示。

表 6-1　数据挖掘方法在公允价值会计信息对股票收益预测方面的应用

步骤	内容	案例运用
（1）数据收集	研究所需的数据经常存在于企业的数据仓库或各种大型商业数据库中	在此阶段，我们的任务就是从数据库中获取基本分析所需的数据：公允价值会计变量和股票收益信息。根据公允价值报表变量预测出每股账面价值和每股收益的变化，每股账面价值和每股收益预期变化又会影响到股票价格。国泰安数据库 CSMAR 中的中国股票市场交易数据库，中国上市公司财务数据库以及中国上市公司财务指标分析数据库可以为我们提供关于上市公司股票收益和财务变量的数据。关于财务指标数量的选择，一般而言，指标越多，归纳研究越容易发现数据中存在的潜在规律。但如果选择的指标过多，符合条件的样本就会减少，从而影响预测效果。因此，需要采用一个合理的标准来决定财务变量的数目
（2）数据预处理	数据预处理一般包括消除噪声、推导计算缺值数据、消除重复记录等	数据预处理可以通过 SAS 软件的频率分析来实现。如果同一个变量的缺失值很多，为了保存样本数，可以考虑丢掉这个变量。对异常数值的处理有两种方法：一是直接去掉这些异常数值，二是寻找不受异常数值点影响的稳健性建模方法。由于我国股票市场形成时间较短，而且经济政治环境变化比较剧烈，股市数据存在不少异常点，应慎重处理
（3）数据转换	数据转换的主要目的是削减数据维数或降维，即从初始特征中找出真正有用的特征以减少数据挖掘时要考虑的特征或变量个数。维归约技术主要有零维特征法（逐步向前选择法）和全维特征法（逐步向后删除法）。另外还可以应用数据编码或变换，得到原数据的归约或压缩表示，普遍使用的方法有小波变换法和主成分分析法	在本研究中，很多原始财务报表数据都要转换成比例和百分比。因变量（调整后的每股收益变化 $=(t+1)$ 期每股收益 $-t$ 期每股收益 $-(t-1)$ 期之前四年每股收益变化的平均值）则根据其值的符号取 0 或 1
（4）数据挖掘	首先要确定挖掘的任务或目的，如数据分类、聚类、关联规则发现或序列模式发现等。之后，就要决定使用什么挖掘算法，常见的有三类十二种算法	此阶段的目的是获得每股账面价值和每股收益的预测模型，可以选择神经网络算法、遗传算法或者二者相结合的模型
（5）结果的解释和评估	从数据挖掘阶段发现的模式，经过评估可能存在冗余或无关的模式，这就需要将其剔除。也有可能模式不满足用户要求，则需要退回到发现过程的前面阶段，如重新选取数据，采用新的数据变换方法，设定新的参数值，甚至换一种挖掘算法等。另外，还可能需要对发现的模式进行可视化，或者把结果转换为用户易懂的另一种模式表示，如把分类决策数转换为"if…then"规则	此阶段的任务就是把数据挖掘阶段预测的股票收益与前人研究相比较。如果根据数据挖掘方法获得的股票收益比采用其他方法得到的高，则说明数据挖掘方法是一种有效的研究方法
综上所述可以发现数据挖掘方法是非常适合做股票收益预测的		

6.3 公允价值会计数据挖掘层次与挖掘程序

6.3.1 公允价值会计数据挖掘层次

当对公允价值会计数据采用大数据挖掘技术时,通过一系列的数据库、模型库与知识库的交叉应用,可以实现公允价值会计数据的实时更新和应用,并辅助信息使用者进行智能决策。数据挖掘技术在公允价值会计中的应用涉及四个层次,分别是报表级应用、分析级应用、模型级应用及智能决策,如图6-3所示。

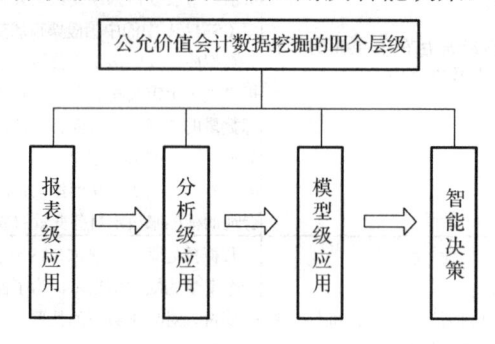

图6-3 公允价值会计中大数据挖掘的四个层次

1. 公允价值会计数据挖掘技术的报表级应用

报表级应用一般包括常规报表和即席查询,其重点是回顾历史,主要是利用数据对企业历史上的经营情况进行回顾和总结,并定期或不定期地生成报表,如常规的财务报表和非财务报表。会计数据库包括会计报表数据,符合条件的金融工具、投资性房地产、非货币性资产交换、债务重组的计量等都应以公允价值计量并在财务报表中予以反映,其公允价值的变动,依据会计准则的分类要求,计入资产负债表中的"其他综合收益"项目和利润表中的"公允价值的变动损益"项目。公允价值的确认规则,实际上体现为数据挖掘的分类功能在公允价值会计报表层中的应用。事实上,会计本身就是分类的学科,包括会计科目、账户、报表要素、报表项目。尤其是公允价值计量是金融工具的唯一计量属性,对金融工具的分类是金融工具确认计量和报告披露的基础,新会计准则(金融工具准则,2019)将金融资产分类由原来的四类改为三类:一是摊余成本计量的金融资产;二是以公允价值计量且其变动计入其他综合收益的金融资产;三是以公允价值计量且其变动计入当期损益的金融资产。此外,资产负债表、利润表和现金流量表等表内项目和表间项目普遍的相互勾稽关系,也体现数据

第 6 章　公允价值会计数据挖掘层次、程序与技术方法

挖掘的关联规则功能。因此，公允价值会计报表层次普遍使用包括分类、关联规则等在内的数据挖掘技术。

随着现代信息技术和市场环境等的发展，驱动财务报告由原来的事后报告披露转向实时报告和披露，带动数据挖掘技术在报表层次的实时挖掘。从而使得财务报表及报告数据不断满足信息使用者的广泛需求。

2. 公允价值会计数据挖掘技术的分析级应用

数据挖掘在分析级的应用重点是关注现在，它既包括对原始数据的分析预处理过程，又包括对数据的分类与关联规则分析及聚类分析等，它主要是根据业务需要，对数据从不同维度展开分析和比较，可通过一些复杂的分析（频次分析、相关分析）进一步发现问题出现的原因，并根据需要设定一定的警戒值，起到提醒和警示作用。报表级可以进一步细分为多维分析（OLAP）、预警分析等。

在确保公允价值会计数据质量可靠、数量充分的基础上，对公允价值会计的相关数据（财务指标、披露文字）进行多维分析，特别考虑的是历史成本计量转变为公允价值计量，所引起的财务比例指标的变动。对公允价值计量对象至少可从四个维度分析：一是时间维度：计量时点细分粒度，如时、日、月、年等；二是项目维度：资产和负债项目的细分，金融资产的三种细分类别等；三是行业维度：金融业、房地产业、农业、制造业等的细分；四是计量层次维度：公允价值计量的第一层次、第二层次和第三层次等。

公允价值计量的应用涉及金融工具、投资性房地产等多个市场，每个市场对公允价值的应用方式都不同，需要采用聚类等数据挖掘技术方法对大量数据进行分类汇总，并分析分类后的数据特点。数据挖掘技术在处理海量数据信息方面和数据的深加工方面及对隐含信息的发掘方面都有非常特殊的优势，如对公允价值会计舞弊的挖掘和财务危机的挖掘预警等，公允价值计量的关联交易和关联方的挖掘识别等。因此，通过聚类技术、预测技术、关联规则等数据挖掘技术在公允价值会计数据分析中的使用，可以进一步挖掘数据的特点及数据间隐含的相关性，提高公允价值会计数据的信息质量，同时也提高了其会计职能发挥的效率。

3. 公允价值会计数据挖掘技术的模型级应用

模型级应用的重点是预测未来，它主要是基于历史数据，开发各种预测模型，对客户和业务未来发展做出预测，可分为预测建模和策略设计优化。常见的金融工具公允价值估值模型，有银行组织中专门从事金融工具公允价值估值团队，开展公允价值第三层次的估值，估值小组的估值过程实际上是运用数据挖掘的过程。公允价值会计数据模型级挖掘，包括公允价值形成时的模型，如第一层次活跃市

场公允价值预测模型、第三层次非活跃市场模型估值和预测，以及基于公允价值的会计报表数据使用模型，用于判断相关关系、识别异常风险和预测投资收益等。模型级挖掘除了考虑输入数据的质和量，更要考虑模型构造的科学性和假设的合理性以及适用性。在会计决策有用性的计量观中，奥尔森的净剩余收益模型，公司价值（P）等于公司当前权益账面价值（BV）与公司未来非正常收益的期望现值（g）之和。即 $P=BV+g$，g 也称为商誉。该模型是通过公允价值计量当前权益账面价值即净资产公允价值，对企业价值 P 的估计。估计的 P 值，不仅可作为投资决策的重要依据，也可通过该模型进行预测企业价值，还可以作为该企业的整体公允价格参与并购活动中的价格协商依据。同时，通过模型级数据挖掘，判断投资性房地产公允价值计量属性选择偏好的标志或规律等。通过数据挖掘技术与建立模型相结合，可寻找与公允价值相关的资产和负债等各个层次计量的最佳市场和最佳估计金额。因此，数据挖掘技术在模型层次的应用主要是对经过处理后的数据采用关联规则技术建立数学模型，对目标数据进行分析，从而获得所需的信息和知识，提高公允价值会计数据分析的效率。

4. 公允价值会计数据挖掘技术的智能决策应用

智能决策系统通过对模型策略的应用，可以对信息以可视化的图形、趋势线、友好界面展示数据背后的可视化信息，从而帮助管理层等实时做出决策。

数据挖掘本质上包含蕴含价值的数据集、发现价值的挖掘技术和实现价值的应用活动三个方面。借助与数据挖掘技术能够快速、准确地把海量的数据集中，发掘有价值的知识或模式，从而应用于企业管理者、外部投资者或债权者甚至监管者等进行相关的决策。对于公允价值大数据挖掘而言，在建立模型后，采用预测的数据挖掘方法对相关目标资产、负债及权益工具的公允价值进行估计，并将智能决策机制融入数据挖掘系统中，以辅助相关的信息使用者，根据数据源、数据分析及模型预测等过程做出相应的决策。

6.3.2 公允价值会计数据挖掘四个层次的挖掘程序

公允价值会计数据挖掘涉及报表层次、分析层次、模型层次及智能决策层次的应用，这四个层次并非独立存在的，而是从报表层次开始，经过分析层次、模型层次和智能决策层次这四个层次环环相扣，逐步实现对公允价值数据进行数据挖掘与智能决策机制的建立，并且每个层次都有其特定的规范程序。

1. 报表层次公允价值会计数据挖掘程序

报表层次公允价值数据挖掘程序，可以描述为数据输入、挖掘处理、信息输出三个环节，如图 6-4 所示。

第 6 章　公允价值会计数据挖掘层次、程序与技术方法

数据输入 ⇒ 挖掘处理 ⇒ 信息输出

图 6-4　报表层次公允价值会计数据挖掘程序

（1）将企业财务报表中的金融工具、投资性房地产等公允价值相关市场数据输入公允价值计量系统中，形成公允价值数据。一方面可以通过借助互联网实现公允价值源数据的实时共享；另一方面还可以通过物联网实现物流、资金流、信息流的统一来获取实时的成本和定价数据，而真实的成本和定价数据是公允价值计量的基础。这些数据的输入为系统进一步加工和处理数据提供了保障。

（2）公允价值数据在经过会计程序后，形成公允价值会计报表数据，对报表数据进入挖掘系统前，进行预处理。可以采用云计算平台按照一定的标准和格式将数据进行规范化处理，同时剔除异常的数据信息。

（3）通过对报表数据的预处理后，筛选符合标准要求的报表数据、再输入挖掘系统，进行数据挖掘，输出知识发现或模式。

2．分析层次公允价值会计数据挖掘程序

（1）依据目标，选择相关数据库，如公允价值会计报表数据库和指标库。

（2）选择数据挖掘技术和相关分析算法软件，如分类技术、聚类技术等，将经处理后的规范化的公允价值会计数据输入分析系统，运行聚类等算法软件，通过判断数据之间的相似性，挖掘出其影响因素，把相似的数据放入一个集群中，使同一集群中的相似度最大，不同集群中相似度最小，从而建立自动分组分类。

（3）输出经分类后的与公允价值会计信息有关的知识或模式。

3．模型层次公允价值会计数据挖掘程序

（1）输入的是分析层次经聚类处理后的与公允价值会计数据相关各个类别。

（2）采用关联规则算法，挖掘与公允价值相关各项财务数据、非财务数据之间的相关性，发现数据中存在的隐秘信息，然后根据数据的特点在模型库中获取并建立各类公允价值数据估值的最佳模型。

（3）输出的与公允价值会计数据相关的各个类别的估值模型。

4．智能决策层次公允价值会计数据挖掘程序

（1）借助智能和预测系统，公允价值信息使用者输入所需要的目标资产、负债及所有者权益的相关财务与非财务数据。

（2）通过公允价值会计数据相关估值模型，对目标资产、负债及所有者权益的各个层次公允价值信息进行实时或智能估计。

（3）输出信息使用者所需决策信息，并将通过数据挖掘技术获得的公允价值数据与决策树算法相结合，将数据库与知识库相联系，从而为投资、信贷、审计、监管等智能决策提供依据和建议。

6.4 公允价值会计数据挖掘的技术方法体系

公允价值会计数据挖掘技术遵从一般数据挖掘技术，可以细分为分类、预测及关联等技术方法。

6.4.1 公允价值会计数据挖掘分类技术方法

1. 分类挖掘

分类挖掘是将大量数据按照建立的模型进行区分的方法，可以将数据分成多个类别，目的是找出某种模式或函数，函数能把要挖掘的数据分别归类到不同的集合中，构造一个分类函数的方法有很多，如统计方法中的贝叶斯法和非参数法、机器学习方法中的规则归纳法等。

2. 聚类

在数据挖掘与模式识别领域中，聚类属于非监督机器学习方法的一种（Han J and Kamber M, 2001）。聚类是将事物集合分割成多个部分，每部分的内部成员之间拥有某些相似特征。对于数据集而言，在类别未知的情况下，根据一定的算法，将数据集中具有属性一样或差别不大的数据聚为一个类别，针对同一个数据集，不同的算法可能给出不同的聚类结果。在对公允价值会计舞弊数据挖掘的过程中，可以采用聚类把公允价值会计舞弊风险因素分成若干类，然后剔除一些信息重叠的指标，最后找出影响公允价值会计舞弊的主要典型指标或因素。

6.4.2 公允价值会计数据挖掘预测技术方法

预测是通过建立连续值函数模型，对未来的数据发展趋势进行预测的一种方法；预测通常是在估值或分类的基础上进行的，无论是估值还是分类，对所挖掘的结果都能产生一个模型，如果对于检验样本组而言，该模型具有较高的准确率，则可以将该模型对未知变量进行预测。数据挖掘预测技术方法如下。

1. 决策树

决策树是对于一组无顺序规则的元素中，按不同属性和条件从基础根节点不断向外面叶节点推理的决策方法，常用于数据分析和预测。决策树算法属于有指

第 6 章 公允价值会计数据挖掘层次、程序与技术方法

导的学习,即原数据必须包含预测变量和目标变量,决策树分为分类决策树(目标变量为分类型数值)和回归决策树(目标变量为连续型变量)。

在针对上市公司年报数据库中,将公司按计量属性分为历史成本计量公司和公允价值计量公司两类。对采用公允价值计量的公司作为对象分析,并寻找每类的规律(称分类规则),如金融类公司均采用公允价值计量,非金融类公司可采用历史成本计量和公允价值计量,如投资性房地产公司财务杠杆高和其规模大偏好公允价值计量。以此规律为基础对另外未分类数据进行分类所得到的结果(即预测)。

对公司会计计量的分类,可以结合关联规则与回归决策树形成一种新的算法,利用关联规则确定对选择公允价值计量的公司特征(如规模大小、行业等),作为模型的输入变量,通过回归决策树中运用 rpart 函数将目标公允价值计量和历史成本计量公司数据作为输出变量,根据输入变量的个数确定决策树的最大节点数以及决策树的层数,并分为两步建立回归树,最初生成一颗较大的树,然后通过统计估量删除底部的一些节点来对树进行修剪,以防止过度拟合。通过算法输入与输出,最终获得对会计计量属性分类数据的预测和估计。

2. 神经网络

人工神经网络是一种模拟人脑的思维模式,在结构上模仿生物的神经网络系统,经过输入层的输入,隐含层的计算,输出层的输出结果,对各个神经网络的权重进行调整,最后得到分析结果,是一种通过训练来学习的高度非线性的自适应组织系统,常用来完成分类、回归分析、聚类、特征挖掘等数据挖掘任务。

在将神经网络应用于公允价值会计数据挖掘系统时,可以将其与聚类、粗糙集结合使用,运用数据挖掘技术中的聚类分析,将企业公允价值会计数据分为若干类。同时,粗糙集理论在属性约简和属性重要度确定方面得到了广泛的应用(曹秀英、梁静国,2002),故可以运用粗糙集理论来解决公允价值会计数据影响因素的客观筛选问题。在解决这两个问题的基础上,再运用神经网络技术进行公允价值会计数据预测,使得神经网络的输入、输出更加合理,也更加便于相关信息使用者的使用。因此,基于公允价值会计数据判断公司财务健康状况的问题,可采用聚类分析—粗糙集—神经网络的基本流程予以解决,如图 6-5 所示。

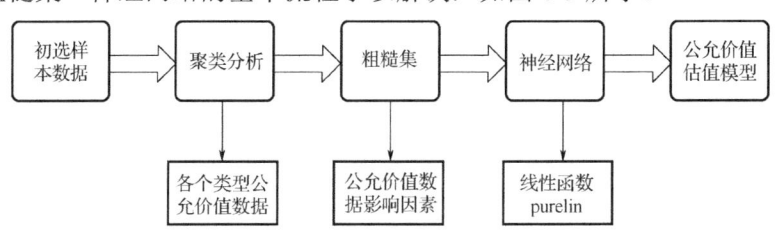

图 6-5 基于公允价值会计数据判断公司财务状况的流程

大数据下公允价值会计数据挖掘与智能决策研究

因此，基于聚类分析－粗糙集－神经网络的公允价值会计数据的基本步骤可描述为：① 初选公允价值会计样本数据，并通过粗糙集简约，确定影响因素指标体系；② 运用层次聚类的方法对样本公允价值数据进行分类；运用系统聚类方法将样本公司按财务状况好坏进行分类，形成健康、良好、中等、轻警和重警五个渐进式的多级分类，该等级一方面作为神经网络学习样本的输出，另一方面作为粗糙集财务指标筛选的决策属性；③ 在聚类结果的基础上，将②得到的指标个数作为神经网络输入层节点数，对各个类别公允价值数据运用神经网络系统中的线性传输函数 purelin 来表达对公允价值会计数据的预测，并运用神经网络进行模型的训练、模型的检测和模型反馈学习，得到公允价值信息使用者所需的估值结果。

3．遗传算法

遗传算法是在模拟达尔文生物进化理论和遗传机制的基础上设计的一种数据分析技术，通过借鉴生物界的生物进化规律，模拟基因的交叉、突变、组合和自然选择等过程，实现模型优化，求得最优解的方法。遗传算法的主要思想是通过选择、交叉和变异等数学运算不断进化求解，从而得到最优解的过程。将遗传算法应用于公允价值会计数据挖掘，可以对公允价值会计数据的估值进行分析和求解，具体过程如图 6-6 所示。

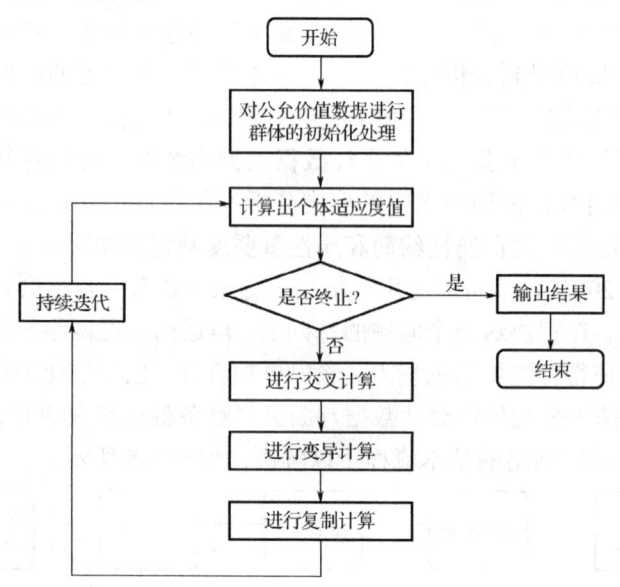

图 6-6　公允价值会计数据估值的遗传算法流程图

4．粗糙集

粗糙集理论是一种刻画不完整性和不确定性的数学工具，能有效地分析不精确、不一致、不完整等各种不完备的信息，还可以对数据进行分析和推理，从中发现隐含的知识，揭示潜在的规律，从而进行预测和决策。运用在公允价值会计数据挖掘中，能够分析会计数据中的不准确、会计政策不可比或不一致以及报表或披露的不完整等，加以深化推理，发现会计异常或造假迹象或财务风险，揭示违背会计准则等潜在的规律性特征，尤其是金融工具的第三层次估计，存在假定性和不确定性，将粗糙集与其他软计算方法如模糊集、人工神经网络、遗传算法等相综合，可以设计出具有混合智能的公允价值估值决策子系统。粗糙集方法还可以在文本分类特征选择中进行运用，提高文本分类的精度和速度，大数据下的公允价值的信息成千上万，需要借助此种算法提高分类的精度和速度。可以基于关联规则进行相关的分类，更好地进行数据挖掘分析。如针对银行业的金融数据，可以从客户的财务信息、电子银行业务、关联方、重要资产等方面进行相关的公允价值信息分类。

6.4.3 公允价值会计数据挖掘关联技术方法

1. 线性回归

线性回归是常见的传统数据挖掘分析工具，主要用来确定两种或两种以上变量间相互依赖的定量关系，利用线性回归方程的最小平方函数对一个或多个自变量和因变量之间关系进行建模的一种回归分析，时常用于公允价值会计数据与决策指标之间的实证分析，发现公允价值会计数据对决策因变量的影响规律或影响公允价值确定的因素特征的实证分析，如在对采用公允价值计量与审计收费是否相关，对审计收费影响因素进行研究时，可以采用多元线性回归的方法进行关联性分析。

2．Logistic 回归

Logistic 回归分析是一种广义的线性回归分析模型，常用于数据挖掘、疾病自动诊断、经济预测等领域。Logistic 回归中的自变量既可以是连续的，也可以是分类的，然后通过数据分析软件进行 Logistic 回归分析，可以得到自变量的权重，从而可以大致了解哪些因素对公允价值计量选择产生影响及影响的程度。

在对公允价值进行实证研究中，当前普遍采用的方法是通过软件进行 Logistic 回归分析，如邓传洲（2005）以 Ohlson（1995）提出的收益模型及演化价格模型为依据，借助面板数据实证研究了公司遵循 IAS 39 并进行公允价值调整后的每股收益和每股净资产与股价之间的价值相关性；谭洪涛等（2011）运用实证分析方法结合 Logistic 回归对公允价值与股市的过度反应进行了研究；张金若等（2011）通过建立回归模型对两类公允价值变动对高管薪酬的差异的影响进行了实证研究与回归分析；王建新（2010）、刘永泽、孙嚣等（2011）、张凤元等（2013）分别选取不同年份的上市公司为样本，采用价格模型开展了公允价值相关性进行实证分析与回归模型验证。

3．Probit 回归

Probit 模型是一种广义的线性模型,它与 Logistic 模型都是离散选择模型的常用模型。当因变量是名义变量时，Logistic 和 Probit 没有本质区别，一般情况下可以互用。两者的区别在于采用的分布函数不同，前者假设随机变量服从逻辑概率分布，而后者假设随机变量服从正态分布，这两种分布函数的公式很相似，函数值相差也并不大，Probit 可以看作 Logistic 的扩展。因此，在某些情况下，在对公允价值计量政策选择或偏好的影响因素进行分析时，也可以考虑采用 Probit 回归模型。

4．关联规则

对采集的大量数据使用关联规则进行分析,可以发现数据中存在的隐藏信息，这些信息有些是有助于企业或者管理者进行决策的,关联规则挖掘是为了寻找同一事件中不同项之间的相关性,用于发现隐藏在事务数据集或关系数据集中对用户有用或有意义的联系，它主要用于事务性数据或者关系型数据的分析。关联规则的挖掘比较著名的算法有 Apriori、FP-Growth、MagnumOPUSS、GenMax 等。

在研究股票买卖决策中，投资者更偏好投资于历史成本计量的公司，还是公允价值计量的公司股票？可通过投资者的股票买卖数据库进行关联分析，HC——买股票、HC——卖股票、FV——买股票、FV——买股票，发掘关联规则。进一步研究哪个层次的公允价值与企业的投资回报相关联，可通过上市公司数据库中公允价值三层计量数据与回报率关联分析，即公允价值 1 层——高回报率、公允价值 1 层——低回报率、公允价值 2 层——高回报率、公允价值 2 层——低回报率、公允价值 3 层——高回报率、公允价值 3 层——低回报率，发掘关联规则。关联规则分析方法的挖掘算法有很多，Apriori 算法具有代表性，Apriori 算法流程如图 6-7 所示。

公允价值会计数据与股票收益率的关联性,运用关联规则中的 Apriori 算法的具体过程为：① 利用 Apriori 算法找出股票收益率可能影响因素中的频繁项集 L_1；② 重复第一步骤根据相关可能影响因素找出频繁项集至 L_k；③ 对于找出的频繁集，运用 Apriori-gen 函数，根据频繁项集的子集一定是频繁的性质来删除那些支持度不满足最小支持度的频繁项集，从而产生候选集 C_k；④ 当所有候选集生成时，重新开始扫描上市公司数据库，通过频繁项集的性质，对候选集进行剪枝，通过判断是否满足最小支持度来删除 C_{k-1} 中的候选集,生成股票收益率影响因素的频

繁项集 L_{k-1}，这一过程需要运用 has-innfrequent-subse 函数来删除不满足最小支持度计数的候选集的子集，据此获得频繁项集。

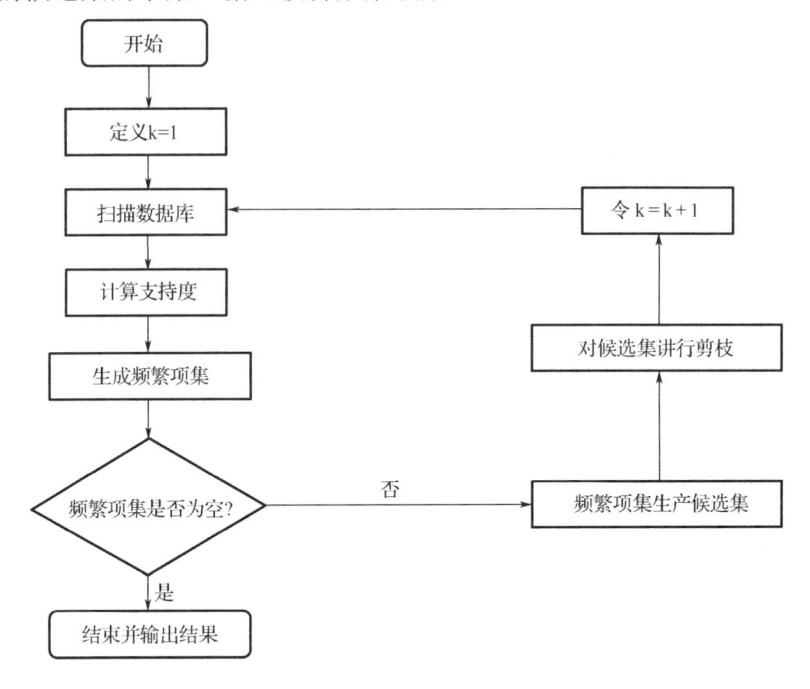

图 6-7 Apriori 算法流程

6.4.4 小结

将大数据挖掘运用于公允价值会计数据库时，运用分类、预测、关联等多种数据挖掘技术和方法，进行数据挖掘，获得知识发现。关联规则的获取最主要的问题是要分析的数据数量庞大，提高算法的效率是关键，但是如果只利用一个关联规则算法，而要分析的数据又很多，那么算法效率较低。因此，首先要考虑公允价值计量的资产、负债及权益工具进行聚类和分类，以提高数据挖掘算法的效率，然后对分成的每个小类别使用线性回归、关联规则等方式对其进行分析，最后使用神经网络、决策树等技术方法进行预测和决策。

6.5 数据挖掘技术应用案例——审计意见分类法的公司退市预测

6.5.1 引言

随着证监会推进退市制度改革步伐的加快，上市公司退市问题再一次受到人们的关注。主板退市通常需要公司连亏三年，然后暂停上市后，在第一个半年度内公司仍未扭亏，才直接终止上市。深圳证券交易所于 2007 年实施的《中小企业板股票暂停上市、终止上市特别规定》中规定，如果公司年度报告显示股东权益为负值，或者被注册会计师出具否定意见的审计报告，或者被出具了无法表示意见的审计报告而且深圳证券交易所认为情形严重的，实施退市风险警示。否定意见和无法表示意见成为证监会判断是否退市的标准。2009 年创业板开通后，根据深圳证券交易所规定，创业板较主板增加了三种退市情形，主要包括审计意见"亮红灯"、净资产为负等。统计显示，近年来共有 48 家公司从主板退市，转入代办系统交易。2007 年、2008 年两市各有一家公司退市，2009 年两市只有一家退市。我国上市公司直接破产的概率很小，因此退市的公司基本类似于国外的破产公司。上海证券交易所上市公司退市的主要原因是连续亏损，占比 46%；其次为吸收合并，占比为 31%。深圳证券交易所与上海证券交易所类似。2008 年后，因经营退市的公司基本上消失了，连续亏损退市变得越来越困难。因此，分析审计意见在上市公司退市方面的作用，具有十分重要的意义。

国外的预警模型主要以破产公司作为样本进行研究，而我国财务困境的预警研究中通常以 ST 公司作为样本。目前还没有以破产公司作为样本进行分析的先例，实际上我国退市公司的基本面已极度恶化，可以作为破产公司看待。本文以退市公司作为样本，将审计意见的信息含量和上市公司的财务困境的预警模型方面的研究结合起来，分析审计意见和随后上市公司退市之间的关系，试图揭示审计意见在上市公司退市过程中究竟传递了哪些信息。

6.5.2 文献综述

审计意见是注册会计师在实施了必要的审计程序后出具的，用于对被审计单位会计报表的合法性、公允性发表的具有法定证明效力的意见。国外对审计意见和随后的破产之间关系的研究较多。其中审计意见的预警作用主要集中在 GC 审计意见和上市公司破产之间关系的研究。国外学者持有相反的两种观点：

审计意见对破产或财务困境有预测能力。Christopher Scott Rodgers（2011）提出了审计师出具 GC 审计意见应依据现金流比例等预测公司破产的模型。Hopwood、Mckeown 和 Mutchler（1989），Flagg et al.（1991），Hill et al.（1996）研究认为，审计意见对公司破产具有解释力，尤其是保留意见具有很强的预测能力。Kevin C W Chen 和 Bryan K Church（1996）研究也认为 GC 审计意见对预测破产是有用的，通过市场反应发现，审计意见警告过的公司，随后发布破产公告时，将获得更少的负的超额回报。

审计意见预测作用有限。Andrew J Leone（2011）调查了互联网泡沫时 IPO

公司，GC 审计意见和公司退市之间具有很弱的相关性，说明持续经营意见受到风投、舆论的影响较大。Asare（1990）认为在评价客户的持续经营状况方面，（破产预测）模型比注册会计师的主观判断要更高明。而 Kennedy，Shaw（1991）研究发现破产申请前收到保留意见的样本公司比例（56%）并不显著高于收到无保留意见（56%）的样本公司比例。Lennox（1999）通过六个破产设计模型发现审计意见对预测公司破产无增量信息作用。

国内财务困境的预测和审计意见的研究通常是脱离的。财务困境的研究主要以构造预警模型为主。研究样本以 ST 公司为主，而且大部分没有提到审计意见。包括陈静（1999），吴世农、卢贤义（2001），赵健梅、王春莉（2003）都是以几十家 ST 公司和同样多家非 ST 对照组公司进行的研究。涉及审计意见的只有张鸣、程涛（2004）通过比较 ST 样本组和非 ST 样本组进行研究发现，加入审计意见变量，ST 的前一年出具非标准审计意见能够很好区分财务困境公司和财务正常的公司。而从前两年、前三年看审计意见不再具有区分能力。李小荣（2009）也做了类似的研究。邓晓岚等（2006）采用非财务变量进行 Logistic 回归，发现审计意见与财务困境概率呈负相关关系，加入审计意见变量后，模型的正确分类率相对提高。厉国威等（2010）研究发现，不论公司是否已经被 ST，GCO 都会促使投资者进一步降低对公司的价值认定和导致公司更低的盈余价值相关性。郭志勇、陈龙春（2008）研究了非标准审计意见的市场反应，得出结论我国证券市场能够识别持续经营审计意见和非持续经营审计意见之间的差异，但不能识别在强调事项段无保留意见和保留意见、无法表示意见之间的差异。蔡春等（2005）对 2003 年 A 股上市公司年报的统计显示，无论是保留意见还是无法表示意见的具体原因中，持续经营能力问题出现的频率总是最高的。

综上所述，从审计意见对破产或退市的预测作用来看，一种观点认为审计意见在财务困境的预警中具备一定的区分能力，能够在一定程度上揭示潜在的风险。另一种观点则相反，认为审计意见不应包含于破产预测模型之中。我国关于财务困境的研究很少将审计意见考虑在内，而采用的样本通常考虑的是 ST 公司，鲜有把退市公司作为样本加以探究。关于审计意见信息含量的研究，以审计意见引起的市场反应为主，而鲜有对审计意见在上市公司退市过程中的作用进行研究。

6.5.3 研究设计

1. 理论分析与假设提出

审计信息论认为，审计意见具有信号传递功能。无保留意见意味着公司财务报表合法、公允，对利益相关者是"好信息"，公司持续经营能力看好，公司持续发展能力较强。而非标审计意见意味着公司财务报表在合法性和公允性方面存在问题,对利益相关者是"坏消息",公司持续发展能力较差,公司退市的可能性提高。

国内对审计意见信息含量的研究主要集中在审计意见的市场反应方面,如李增泉(1999)、陈梅花(2002)、焦烨妍(2005)等,通过不同审计意见公司在年报公布前后有不同的市场表现,来探讨审计意见是否具有信息含量,以及是否对投资决策有影响。李维安(2004)等考察上市公司年报预约披露、未预期盈利、年报披露迟滞等与审计报告意见类型之间的关系,进一步揭示了审计意见的信号显示机制。严复海、商慧(2009)运用描述性统计的方法对1999—2006年上市公司年报中所有上市公司、ST公司、亏损公司的审计意见进行比较分析;根据两种界定财务危机的方法分别建立Logistic回归模型,并比较分析了预测模型的有效性。结果表明审计意见具有显著信息含量,应当将此指标纳入财务危机预警模型。

我国CPA在对上市公司审计时,出具不同的审计意见往往受多重因素的影响。例如,为了保持客户关系,或者出于人情因素,本来应该出具无法表示意见而出具的是带说明段的无保留意见。另外,当上市公司面临财务困境时,经常会面对持续的非标准的审计意见。尤其是已经连续多年被出具无法表示意见的审计意见的公司,其退市的概率非常大。那么不同的审计意见类型对上市公司退市具有不同的识别作用吗?据此,提出以下假设。

假设1:上市公司被出具的不同审计意见类型对上市公司退市有识别作用。

审计师的报告能对财务困境发出早期警告,在Alman等(1974)文章中也提到,审计意见中的无法表示意见隐含了对上市公司可持续发展的质疑,Jeffrey R Casterella(2000)以1982—1992年的破产公司作为样本,发现审计人员不能预测公司破产和最终的解决方式,不能透视客户的未来。审计人员的保留意见的性质使人们相信他们能传递企业破产的信号。对于公司即将破产的那一年,单变量模型显示了在一贯性方面,持续经营和不确定事项(ST)审计意见和破产之间具有相关关系。

张鸣、程涛(2004)及李小荣(2009)的研究结论也是对于进入财务困境的公司,当年的审计意见具有解释作用,而以前年度的审计意见没有解释作用。他们关注的是ST公司,以ST公司作为样本。那么针对退市公司而言,审计意见能否在退市前若干年内就已具备了预测作用呢?

假设2:审计意见可提前预测上市公司的退市。

2. 模型设置和变量说明

Hopwood et al.(1989)在研究C(Consistency,一贯性)、ST(Subject To,鉴于型)和GC(Going Concern,持续经营)审计意见预测破产概率时采用的

第 6 章 公允价值会计数据挖掘层次、程序与技术方法

Logistic 回归方程的形式为

$$\ln\frac{P(B/C,\mathrm{ST},\mathrm{GC})}{P(NB/C,\mathrm{ST},\mathrm{GC})} = a + g_1 C + g_2 \mathrm{ST} + g_3 \mathrm{GC} \quad (1)$$

该模型研究了公司破产的概率和不同类型审计意见之间的关系。直接以 C、ST 和 GC 审计意见为解释变量。这里的审计意见类型和我国的有差异。参考这一模型，本文以各种类型审计意见为解释变量，建立 Logistic 回归模型为

$$\ln\left(\frac{P}{1-P}\right) = c + c_1 \cdot \mathrm{OPT}_1 + c_2 \cdot \mathrm{OPT}_2 + c_3 \cdot \mathrm{OPT}_3 + c_4 \cdot \mathrm{OPT}_4 + c_5 \cdot \mathrm{OPT}_5 + c_6 \cdot \mathrm{OPT}_6 + \varepsilon \quad (2)$$

其中，P 是退市的概率。式（2）中涉及的变量说明如表 6-2 所示。

表 6-2　变量说明

变量名称	变量定义	变量说明
OPT_1	发布的是无保留意见	1 为无保留意见，0 为其他
OPT_2	发布的是无保留与说明段审计意见	1 为无保留意见与说明段审计意见，0 为其他
OPT_3	发布的是保留审计意见	1 为保留意见，0 为其他
OPT_4	发布的是保留、说明和解释段的审计意见	1 为保留意见、说明和解释段的审计意见，0 为其他
OPT_5	发布的是无法表示意见审计意见	1 为无法表示意见审计意见，0 为其他
OPT_6	发布的是否定意见的审计意见	1 为否定意见，0 为其他
c	常数项	—

为了对审计意见提前期的预测作用的假设进行检验，我们以历年的审计意见作为解释变量，虽然有的破产预测模型将审计意见作为其中一个变量，与其他财务变量一起进行破产的预测，但这会使变量之间出现相关性。因为审计意见本身就是审计师对企业经营情况的一个评价。因此本文在建立预测模型时，只考虑审计意见指标，而不包含其他指标。历年审计意见通过设置定性变量（0，1，2，3，4）进行区分。

我们以历年审计意见为解释变量，建立 Logistic 回归模型为

$$\mathrm{IFdelist} = c + c_1 \cdot \mathrm{OPT}_0 + c_2 \cdot \mathrm{OPT}_1 + c_3 \cdot \mathrm{OPT}_2 + c_4 \cdot \mathrm{OPT}_3 + c_5 \cdot \mathrm{OPT}_4 + c_6 \cdot \mathrm{OPT}_5 + \varepsilon \quad (3)$$

式（3）中的相关变量说明如表 6-3 所示。

表 6-3　变量说明

变量名称	变量定义	变量说明
IFdelist	是否退市概率的指数	已经退市公司的用 1 表示，未退市公司用 0 表示
OPT_i	退市前 i 年的审计意见	0 表示无保留意见，1 表示无保留与说明段，2 表示保留意见，3 表示无法表示意见，4 表示否定意见

3. 实证分析

本文使用的数据由 CSMAR 整理而来，剔除了被吸收合并的公司，样本以所找到数据的 33 家退市公司为主，根据不同的假设，选择不同的对照样本。所使用的软件是 SPSS13.0。

（1）描述性统计。为了对假设 1 进行检验，我们以 2000 年发布的沪深两市 1094 家上市公司作为样本，其中发布无保留意见的有 918 家，无保留与说明段的有 105 家，保留意见的有 20 家，保留与说明段的有 37 家，无法表示意见的有 13 家，否定意见的有 1 家。而在随后 5 年内退市家数及其比例如表 6-4 所示。

表 6-4　2000 年审计意见及随后 5 年内退市公司统计分析

审计意见	公司数/家	5 年内退市的公司数/家	比例/%
无保留意见	918	11	1.20
无保留与说明段	105	11	10.48
保留意见	20	2	10.00
保留与说明段	37	3	8.11
无法表示意见	13	6	46.15
否定意见	1	0	0
总家数	1094	33	3.02

由于上市公司被出具否定意见的只有三次，其中 600083 PT 红光在 1998 年被出具了否定意见，600833 PT 网点在 1999 年、2000 年两次被出具否定意见。而这两家恰恰是未退市的公司，因此否定意见在预测退市方面意义不大。

对假设 2 进行检验，选取了 33 家已退市公司和 33 家对照组公司，其中，33 家对照组公司选取的依据是未退市，但历史上经历过财务困境。统计结果如表 6-5 所示。

表 6-5　33 家已退市公司退市前 6 年的审计意见的描述性统计结果

意见类型	退市前的年数											
	0		1		2		3		4		5	
	数量/家	比例/%	数量/家	比例/%	数量/家	比例/%	数量/家	比例/%	数量/家	比例/%	数量/家	比例/%
无保留意见	6	18	5	15	12	36	16	48	21	64	26	79
无保留与说明段	3	9	6	18	7	21	12	36	10	3	5	15
保留意见	8	24	11	33	9	27	5	15	1	3	2	6
无法表示意见	16	48	11	33	5	15	0	0	0	0	0	0

从表 6-5 中可以看出，在 33 家已退市公司中，退市前一年收到无保留意见、无保留与说明段、保留意见、无法表示意见的比例分别是 18%、9%、24%、48%。显然出具无法表示意见能很大程度上预测公司的退市，但退市前一年仍被出具无保留意见的占到 18%，保留意见的占到 24%。从历年的情况来看，随着退市日的临近，审计意见中，无保留意见的比例逐年降低，而出具无法表示意见的比例逐年提高。

（2）实证分析结果。① 根据模型（1），将数据代入方程，采用 Forward Wald 方法，其最后留在方程中的变量是 OPT_1 和 OPT_5，可以将结果用方程的形式表示成

$$\ln\left(\frac{P}{1-P}\right) = -2.225 - 2.188 \cdot OPT_1 + 2.070 \cdot OPT_5 \quad (4)$$

P 表示随后 5 年退市的概率。从中可以看出，发布无保留意见与退市的概率成显著负相关关系，而发布无法表示意见与退市的概率成显著正相关关系，无保留审计意见和无法表示意见在退市方面具有预测作用。无保留审计意见的系数是负值，说明如果出具的是无保留意见，那么退市的概率相对较低，而无法表示意见和它相反。该结论支持假设 1，即不同审计意见类型有不同的预测作用。

② 对假设 2 的检验结果，如表 6-6 所示。

表 6-6 检验结果

原始值		预测值 IFdelist		预测准确率/%
		0	1	
IFdelist	0	27	6	81.82
	1	8	24	75
总正确率				78.46

从检验结果来看，预测的总正确率达到 78.46%。说明历年的审计意见对退市有一定预测作用，但从显著性水平来看，只有退市当年的审计意见有显著的区分作用，其他年的审计意见没有显著区分作用。

进一步只包含退市当年的审计意见进行 Logistic 回归，判定结果显示准确性仍达到 72.10%，因此退市当年的审计意见足以对是否退市做出判断。

6.5.4 结论和局限性

通过以上分析，本文可以得出如下结论。

（1）不同的审计意见类型有不同的预测作用，其中无保留意见有很强的非退市预测作用，而无法表示意见有很强的退市预测作用。

（2）审计意见随着退市日的临近，其作用逐渐增大。其中退市前一年有显著的预测作用。

综合上述分析，我国上市公司审计师的审计意见对上市公司的退市有预测作用，审计意见具有信息含量。连续亏损退市的政策在 2008 年后，无法使一家公司退市，无法满足当前的市场变化。因此审计意见作为退市标准具有重大的现实意义。

本章的局限性在于上市公司退市的样本较少，只有 33 家退市公司。当样本增多时，结论可能会有所改变。在进行退市公司前 5 年的预测作用的检验时，对照样本实际上取的是 2004 年以前的年度的审计意见，这会使样本缺乏对照性，降低其结论的合理性。另外，对审计意见类型取 0，1，2，3，4，实际上包含了等距性的假设，结果会存在一些误差。

6.6 本章小结

数据挖掘是从大型数据库中提取出先前未知的、可以理解的信息的过程，并用它制定至关重要的商业决策。会计数据挖掘属于一种商业数据挖掘。面向会计数据库或数据仓库，采用数据挖掘程序和技术方法，发现会计知识模式，包括分类模式、聚类模式、关联模式等。公允价值会计数据挖掘表现在报表级应用、分析级应用、模型级应用和智能决策等。公允价值会计数据挖掘分为明确挖掘主题（问题、目标和要求）、数据准备、数据挖掘、结果解释与评估四个阶段。数据挖掘技术方法分为第一类关联法包括 Apriori 算法，第二类分类法包括人工神经网络、决策树法、粗糙集法、贝叶斯算法等，第三类聚类法包括遗传算法、层次法、划分法等，均可用于不同计量属性下的企业会计审计数据的挖掘，从而实现会计数据为有关决策者开展分类、相关性和预测等决策服务。

第 7 章 公允价值会计智能决策支持系统

公允价值和历史成本的"双重"或混合计量模式是会计计量的现实选择。随着市场经济的发展，市场公允价格的广泛形成，公允价值会计数据规模增大且复杂化，呈现"大数据"，势必影响会计决策的有效性，对此开展的公允价值会计数据挖掘和智能技术的应用，形成的会计智能决策支持系统，将促进会计信息决策有用性。

7.1 会计决策相关概念界定

美国 M S Scott Moerton 在 1971 年出版的《管理决策系统》一书中首次提出计算机对决策的作用，Keen 和 Scott Morton（1975）提出了决策支持系统（DSS）的概念。决策支持系统是在管理信息系统和管理科学/运筹学的基础上发展起来的，是以"大量数据处理+多个模型组合+人机交互"为基本构成要素的，旨在支持半结构和非结构化决策的信息系统。20 世纪 70 年代，兴起了以知识推理辅助决策的专家系统，到 20 世纪 90 年代初与决策支持系统结合构成智能决策支持系统（IDSS），是以"数据+模型+知识"的决策支持系统，也称为传统决策支持系统。20 世纪 90 年代中期，兴起了数据仓库（DW）、联机分析处理（OLAP）和数据挖掘（DM）三种新技术，并相互结合，构成数据仓库型决策支持系统或称为新决策支持系统。新决策支持系统与传统决策支持系统的结合，形成综合决策支持系统（SDSS）。由于互联网的迅速发展，数据库、数据仓库、联机分析处理、数据挖掘等均以服务器形式在网络上向多用户同时提供服务，决策支持系统已经发展为网络型决策支持系统（NS-DSS），并且随着"大智移云物区"新一代信息技术的发展，大数据决策支持系统（DA-DSS）的发展是大势所趋。

基于决策支持系统的发展，持续影响会计决策支持系统的发展，不断为会计决策支持系统提供理论和技术支持及方向性引导。会计决策包括管理会计决策和财务会计决策。会计决策支持系统发展演化，会计"报表分析"型决策、"报表数据+模型"的财务会计决策、"报表数据+业务数据+模型"的管理会计决策、企业"内外数据库+模型库+方法库+知识库"的智能会计决策、"企业数据仓库+联机分析处理（OLAP）+数据挖掘（DM）"的会计数据仓库型决策、"大数据"会计决策支持系统。

学者们对决策的定义有不同的描述，美国学者亨利·艾伯斯认为："决策有狭义和广义之分，狭义的决策是在几种行为方案中做出选择。广义的决策还包括在做出选择之前必须进行的一切活动。"管理学教授里基·格里芬指出："决策是从两个以上的备选方案中选择一个的过程。"关于会计决策主要有三种观点：一是属于管理会计范畴的决策会计工作看成会计决策；二是会计决策应该包括财务会计决策和管理会计决策，这两种均是依据决策的技术手段来界定会计决策的；三是孙晓华（2005）认为，会计决策是企业管理部门，为了取得某种由财务报告披露出来的会计结果，在会计环境的限定下，做出行为选择的过程和结论。第三种是从依据决策的主体和目的来界定会计决策的，不过会计决策主体仅限于企业内部管理层，会计决策的目的是控制会计披露。按此界定，会计目标是会计决策的设定效果。会计政策是企业为了控制会计披露而制定的一系列规则。但是基于会计信息决策有用观，我们认为会计决策还因包括外部利益相关者基于会计信息的决策，如基于会计信息的投资者的决策、债权人的决策、审计师的决策、监管层的决策等。

对会计决策无论是财务会计决策和管理会计决策，还是审计决策，均按照决策问题的结构化程度，表现为会计结构化决策、半结构化决策和非结构化决策，三者的区别如表 7-1 所示。

表 7-1　会计结构化决策、半结构化决策和非结构化决策的区别

类型	结构化决策	半结构化决策	非结构化决策
问题形式化描述的难易程度	易	中	难，不可能
解题方法的难易程度	易	中	难，定性方法
解题中所需计算量的多少	大量明确计算	中	不含大量明确计算，含大量试探性步骤
例子	最优库存模型。公允价值第一层次模型	原材料价格变动，股价变动。金融资产公允价值第二、第三层次	国家颁布了对企业有重大影响的（会计）政策等

半结构化决策介于结构化和非结构化之间，其问题形式化描述较难，解题方法较难，解题所需计算工作量较大、解题所需信息具有不确定性或某些模糊性，而这些信息也不能完全获得，需要环境条件的合理假设，通过估值技术，加以获得。如公允价值计量第二、第三层次公允价值估值模型属于半结构决策问题。

7.2 公允价值会计智能决策支持系统及其结构

7.2.1 会计智能决策支持系统的界定和特征

P G W Keen 认为决策支持系统（DSS）是决策（D）、支持（S）、系统（S）三者汇集的一体。陈文伟（2004）将决策支持系统定义为：利用大量数据，有机组合各类模型，在计算机上建立多决策方案，通过人机交互，辅助各级决策者实现科学决策的系统。据此，我们认为会计决策支持系统（ADSS）是 DSS 的一个重要应用。ADSS 是利用大量的会计等数据，有机组合各类模型，在计算机上建立多个决策方案。通过人机交互，辅助利益相关决策者实现科学决策的系统，是会计信息系统的最高阶段。

ADSS 的主要特征有：①面向决策者，ADSS 主要支持内部的中高层管理者和外部的分析师、投资者、债权人、审计师等，辅助内外部决策者制定企业内部会计决策和基于会计信息的投资决策、信贷决策和审计决策等；②主要解决半结构化或非结构化的会计决策问题；③强调 ADSS 的支持作用，是"支持"而不是"代替"；④"双驱动"即用户决策目标和会计"四库"（数据库、模型库、方法库和知识库）的不同组合共同驱动；⑤"二元交互"功能，即具有灵活的、方便的人机交互功能。

7.2.2 会计智能决策支持系统及其结构

会计智能决策支持系统是人工智能（Artificial Intelligence，AI）和会计决策支持系统相结合而成的决策支持系统，它采用专家系统技术，通过逻辑推理的手段充分应用人类知识处理复杂的决策问题。AI 是一个包含很多定义的术语。孙佰清（2010）等专家认为，AI 与两个基本概念相关：第一，它涉及对人类思维过程的研究（理解什么是智能）；第二，它借助机器（如计算机、机器人等）研究如何表现这些过程。AI 比较典型的定义为：研究如何让计算机去做那些目前由人类才能胜任的工作。专家系统（ES）是基于知识的专家系统（Knowledge Based Expert Systems）的简称，是计算机化的知识密集的咨询程序，利用放进计算机中的人类知识去解决原来要求人类专门知识和技能才能解决的问题。基于"四库+推理机"的会计智能决策支持系统结构，如图 7-1 所示。

从资源角度看，在会计智能决策支持系统中，数据（库/仓库）资源、模型（库）资源、方法（库）资源和知识（库）资源共同支持决策。从智能角度看，上述"四库"资源与推理机及人机交互共同支持智能决策。

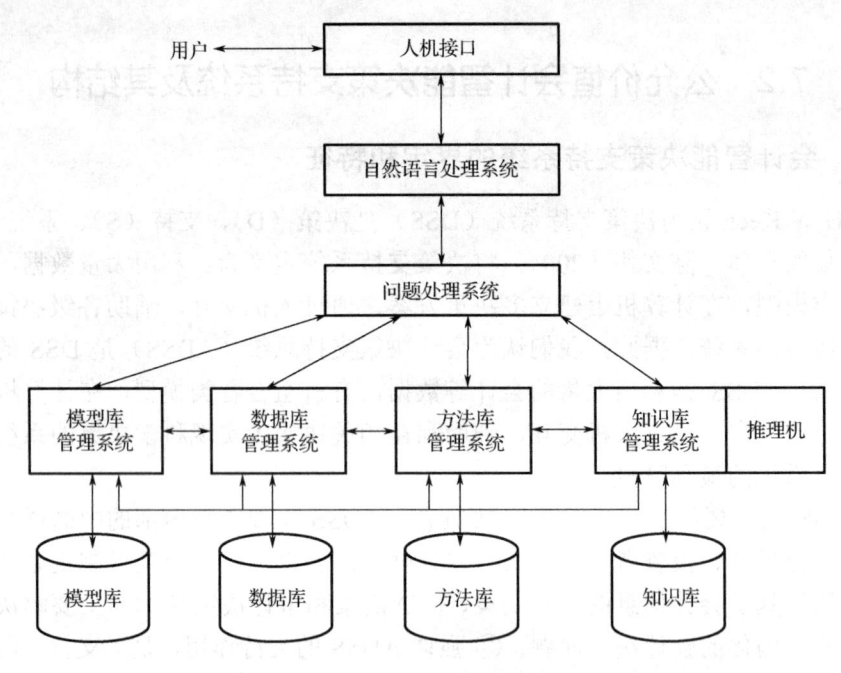

图 7-1 基于"四库+推理机"的会计智能决策支持系统结构

7.3 公允价值会计智能决策支持系统要素与"四库"技术

7.3.1 数据库技术与"单库"决策支持系统

数据资源支持的决策系统是通过对数据的管理和分析支持决策，数据资源的管理主要为数据库与数据仓库。数据库（DB）是数据的集合，具有统一的结构形式并存放于统一的存储介质内，它有多种应用数据集成，并可被应用所共享。数据库以存储数据为基础，并利用多种数据处理工具完成重要信息的提取，以满足不同分析人员的要求，数据库通常由管理、存储和应用三部分组成。管理数据库的机构或软件（数据库管理系统（DBMS））负责数据库中的数据组织、数据操纵（查询、插入、修改、删除等）、数据维护、数据不受破坏和数据服务等。数据库主要支持事务处理，如会计交易事项数据库。数据仓库是面向主题的支持决策分析的数据的集合，其主要特征为：数据是综合的或提炼的，保存过去和现在的数据，数据不更新，对数据的操作是启发式的，一个操作存取一个集合，数据时常冗余，查询的基本是经过加工的数据，决策分析需要过去和现在的数据，很多复杂计算等。会计交易或事项通过确认、计量、记录等形成的报表数据集合，可构成会计报表数据仓库，还有各种商用数据库，包括国泰安、万得等上市公司数据库，以及统计数据库、宏观经济数据库等，用于支持决策分析。

会计数据仓库（集市）的兴起就是为决策支持需求发展起来的。会计数据仓库中的数据为辅助决策发挥很大作用，这主要体现在综合数据（或 ROA 等财务指标）和预测数据（财务危机预测指标）上，利用数据仓库的多维数据分析可以了解企业发展盈亏现状以及与竞争对手的对比（市场占有率等），数据仓库还为寻找识别会计舞弊风险、盈余管理动机和财务失败的原因提供了基础。因此，会计数据（仓）库＋（多维）分析技术为决策者提供有用信息。这种逻辑结构是普遍的、基础性的、基于数据的决策支持（系统）。这里的分析技术与信息技术的融合，从传统的会计财务分析技术、Excel 财务分析技术发展到嵌入式的在线联机多维分析技术，甚至智能分析技术，通过图表、曲线直观展示或可视化数据中经济含义，逐步改善辅助决策的效率和效果。

建立公允价值会计数据库。建立数据库的目的在于收集、整理、储存及分类公允价值数据，为了使数据仓库中的数据能够充分体现数据信息价值，需要基于大量的公允价值源数据库、会计事项库或会计元数据库，通过统计学算法、人工智能技术、数据库、数据仓库技术等，找到这些原始数据潜在的数据模型，数据进行深度挖掘，从中分析数据潜在的关联，从而为公允价值信息使用者提供决策依据。公允价值会计数据库系统的建立包含六个步骤，其具体内容如图 7-2 所示。

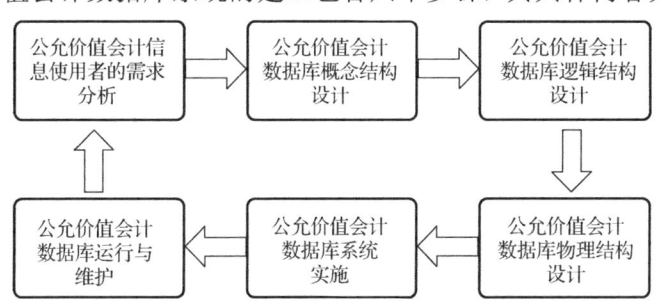

图 7-2 公允价值会计数据库系统的建立步骤

7.3.2 模型库技术与"双库"决策支持系统

模型是对现实世界的事务、现象、过程或系统的简化描述。其反映了实际问题最本质的特征和量的规律，即描述了现实世界中有显著影响的因素和相互关系。会计最基本的模型就是"资金来源=资金占用"，反映一个组织的资金及其运动的特征和量的规律，由此发展为现代会计科学。一般地，模型的表现形式有物理模型（实体模型，如会计主体模型）、数学模型（如收入-费用=利润）、结构模型（如财务会计概念框架、公允价值分层模型等）、计算机仿真模型等。对会计模型资源的管理所形成的模型管理系统与数据库管理系统的结合，构成"数据库＋模型库"双结构决策支持系统，简称"双库"决策支持系统。其中，数学模型是"双库"

会计决策支持系统中辅助决策显著的模型。

"双库"会计决策支持系统是在数据库"单库"决策支持系统基础上，建立和调用蕴含会计模型库、会计模型库管理系统和会计模型字典的会计模型库系统，协同辅助会计决策。依据会计系统的分类、不同视角，会计模型库的具体内容和形式多样。

从财务会计视角看，会计方程为："资产-负债=所有者权益""收入-费用=利润"和"现金净流入=现金净流出"等，反映了会计提供决策有用信息的基本原理，即建立在复式记账模型（有借必有贷、借贷必相等）的基础上，通过会计分类模型（科目、账户、项目等）进行确认模型（初始确认、后续确认、终止确认）、计量模型（历史成本计量、公允价值计量、资产减值模型、应计会计模型、现值模型等）、记录模型（单式、复式、三维记账），采用会计审计准则，对会计信息采用报告、披露模型与审计鉴证模型。对公允价值会计信息的利用表现在奥尔森净剩余权益模型和资本资产定价模型等，在此基础上，借助会计（财务）分析模型和相关学科分析模型等，为企业内外决策者提供有用信息。因此，财务会计决策支持是一系列模型协同运行的结果。

从管理会计视角看，模型库（MB）中存放企业管理会计 DSS 所需的典型模型，如成本性态分析的 Excel 模型、本量利分析的 Excel 模型、预测分析的 Excel 模型、短期经营决策的 Excel 模型、资本预算决策的 Excel 模型、预算管理的 Excel 模型、成本管理与控制的 Excel 模型、战略地图模型、平衡计分卡模型等，而成本核算、管理和控制是市场价格或公允价格、公允价值的基础，这些管理会计模型往往与信息技术、方法相结合，为管理层的内部的筹资决策、投资决策、经营决策等提供信息支持。其中，模型库管理系统（MBMS）实现对 MB 的操作处理，如对模型的查询、重构、调用、维护和校验等。通过调用和运行所选择的模型来产生各种管理会计决策信息或决策方案。

从审计角度看，审计中的基本模型，如委托代理模型、审计关系人模型、舞弊三角模型、审计取证模型、内部控制模型、审计风险模型（AR=MMR×DR=IR×CR×DR）、审计报告模型等，经过审计鉴证的信息，合理确保会计信息的公允性，增强信息的可信性，服务于内外部决策者的决策。

上述会计数据库管理系统和会计模型库管理系统相结合，协同运行"双库"决策支持系统。

7.3.3 方法库技术与"三库"决策支持系统

会计方法库系统是决策支持系统的组成部分，包括会计方法库、会计方法库管理系统和会计方法库字典。逻辑上，方法库系统分为三个层次：① 基础级：该级提供的方法称为元方法，即基础的、公用的模块，由系统管理员建立，用于维护方法库管理系统；② 应用级：给终端用户提供应用问题的数学模型，在早期的计算机文献中把方法库的这一形态称为模型库；③ 匹配级：处于基础级和应用级之间，其用户是程序员。多个层次的作用为：① 会计方法合成（基本方法→专用方法）；② 会计数据与方法的衔接；③ 适用于不同领域的软件裁剪机制会计学科中的方法，包括基本方法和专门方法。传统的会计基本方法有会计核算方法如复式记账法、账户设置法、成本计算法（品种法、分批法、分类法、定额法、作业成本法等）、财产清查法、编制凭证、编制报表法等。会计分析方法如对比分析、比率分析、趋势分析、连环替代法、因素分析法等，会计检查法，如查账法、审核法、审阅法、观察、函证、监盘、分析性复核等。按照财务会计的程序，会计方法划分为会计确认方法、计量方法、记录方法和报告披露方法。其中，公允价值第三层次计量方法包括市场法、收益法和成本法等。传统的财务会计报告提供的是通用报告，提供了决策者通用信息，不利于决策者的特定决策所需要的特殊信息，对此，有人提出了事项报告方法和数据库会计模式（肖泽忠，2004），随着信息技术在财务报告中的应用——XBRL 方法是现代信息环境下财务报告标准方法。按照 XBRL 国家组织的定义，XBRL 是互联网企业财务报告编制、发布（可以采用各种格式）、数据交换和财务报表即所含信息分析的一种标准方法。

从管理会计方法角度，财政部发布的中国管理会计基本指引（2016）指出，管理会计工具方法是实现管理会计目标的具体手段，它是单位应用管理会计时所采用的战略地图、滚动预算管理、作业成本管理、本量利分析、平衡计分卡等模型、技术、流程的统称。管理会计工具方法主要应用于以下领域：① 战略管理领域包括但不限于战略地图法、价值链管理法等；② 预算管理领域包括但不限于全面预算管理、作业预算管理、滚动预算管理、弹性预算管理、零基预算管理等方法；③ 成本管理领域包括但不限于目标成本管理、作业成本管理、标准成本管理、生命周期成本管理、变动成本管理等方法；④ 营运管理领域包括但不限于本量利分析、敏感性分析、边际分析、标杆管理等方法；⑤ 投融资管理领域包括但不限于贴现现金流法、项目管理、资本成本分析等方法；⑥ 绩效管理领域包括但不限于关键指标法、经济增加值、平衡计分卡等方法；⑦ 风险管理领域包括但不限于单位风险管理框架、风险矩阵模型等方法（《管理会计基本指引》，2016）。

会计数据挖掘方法子库包含分类、估值、预测、关联规则、聚类等方法。每类方法的应用都要考虑特征集。数据挖掘方法应用特征集由多个集合构成，每个集合均为一类特性的具体特征，所有集合的并集为应用的所有特征，各个集合间属于并列关系，每个集合的各元素均是互斥关系。据此，公允价值会计数据挖掘应用特征集如表 7-2 所示。

表 7-2　公允价值会计数据挖掘应用特征集

特征集合	表述
对象集合	{金融工具，投资性房地产，…}
目标集合	{第一层次公允价值，第二层次公允价值，第三层次公允价值，…}
挖掘类型集合	{关联规则，预测，分类，聚类，…}
数据类型集合	{数字，音频，文本，图像，…}
连续性集合	{连续，离散，…}
量化性集合	{不可量化，可量化，…}
应用算子集	{子集，交集，笛卡儿积运算，并集，幂集，…}

上述会计基本方法、专门方法和其他学科相关方法共同构成方法库的内容，通过方法库管理系统，与数据库管理系统和模型库管理系统相结合，协同运行"三结构"决策支持系统。

7.3.4 知识库技术与"四库"决策支持系统

知识是人们对客观世界的规律性认识，其表现的形式主要是以文字、图表等形式记载在图书、档案、报刊、音像等媒体上。知识来源于信息和数据，其三者关系为：数据是对客观事物的记录，信息是数据所表示的含义，知识是规律性的信息，知识一般表示为关系、表达式或过程，能指导行动、发挥作用。经济合作发展组织（OECD）将知识分为事实知识、原理知识、技能知识和人际知识四类，前两种是显性知识，后两种是隐性知识。计算机中的知识表示有数理逻辑、产生式规则（if A then B）和本体（概念化的一个显示的规范说明或表示）。一个完整的本体应由概念、关系、函数、公理和实例五类基本元素构成，即 $O=\{C, R, F, A, I\}$。对于公允价值会计的本体包括公允价值概念、公允价值的价值相关性、企业价值与每股账面公允价值的函数等、公允价值概念框架（公理）和实例，构成公允价值会计知识集合。

知识的决策支持主要体现在人工智能中，利用知识进行推理可解决随机问题或新问题。人工智能主要的方法和技术是专家系统、智能决策支持系统、神经网络、自然语言理解和机器学习等。

会计知识库技术包括会计知识库（KB）和知识库管理系统（KBMS）。KB是企业会计决策支持系统所需知识的集合，包括基本的、常识性的会计决策知识和有信息价值的知识。对于结构而言，会计知识库中最底层次的知识表现为会计事实知识如经济业务或事项等，中间层次的知识表现为用于控制会计事实的知识（通常用会计具体准则或规则、会计程序和过程等表示)；最高层次的知识表现为策略，它以中间层知识为控制对象。策略也常常被认为是规则的规则，如会计的基本准则或财务会计概念框架。会计知识是以会计事实和会计规则的形式存入会计知识库的。会计知识库中的知识按类型划分有叙述性知识，如会计中有关的概念、定义及所处环境和条件等；有过程性知识，如会计确认过程、计量过程和报告过程性知识和准则，会计管理有关知识的逻辑运算和转换规则等。会计知识库在一定程度上验证了会计的"过程的控制和观念的总结"等会计元知识。同时在包括公允价值计量准则在内的会计规则中存在大量的"if-then"或"条件-结论"的逻辑规则，相互联系，前后一致，共同构成会计规则知识集或会计规则知识库。会计知识库管理系统主要功能是会计知识的存入管理、取出管理、维护和运行管理等。

专家系统是具有大量专门知识（如会计知识），并能运用这些知识解决特定领域（会计领域）中实际问题的计算机程序系统。其核心部件是知识库和推理机。可表示为：专家系统=知识库+推理机。产生式规则知识的推理机=搜索+匹配（假言推理）。在推理过程中，边搜索边匹配。匹配需要找事实（来自规则库中别的规则或向用户提问）。匹配可能成功或失败，若失败则引起搜索回溯和由一个分支向另一个分支的转移，推理之后加以自动解释推理过程。会计专家系统就是由会计准则库（核心的规则）与知识库，边搜索边匹配构成，支持决策。

知识库管理系统与数据库、模型库和方法库管理系统，相互协同，共同构成"四库"决策支持系统，是一种初级的智能决策支持系统。该系统发挥信息服务、科学计算和决策咨询等功能。

7.3.5 "四库"技术在会计数据挖掘和智能决策中的协同机制

数据挖掘技术应用于公允价值会计中，需要我们建立一套完善的公允价值会计数据挖掘与智能决策机制，该机制包含了一个动态的数据库子系统、方法库子系统、模型库子系统与知识库子系统。其中，数据库子系统是整个机制的基础，为方法库子系统、模型库子系统和知识库子系统提供基础，以及提供经处理后的公允价值数据信息。在建立基础数据库后，既需要借助数据挖掘方法库中的分类和聚类算法对数据进行分类，利用线性规划、关联规则等分析公允价值会计数据之间的关系及各个类别公允价值数据影响因素，利用神经网络等技术方法进行预测。又需要借助模型库中的线性回归、关联规则算法等方法对各个类别的数据库进行分析后建立公允价值计量模型，同时，还需要借助决策树算法等进行智能决策，整个过程既包含知识库中的公允价值会计相关知识，又涉及对数据挖掘、智能决策相关专业知识的运用，将数据库、方法库、模型库及知识库进行融合。因此，在所建立的公允价值会计数据挖掘与智能决策体系中，数据库子系统是基础，模型库子系统是核心，知识库子系统是依据，方法库子系统则提供技术支持，这个方面协同作用，共同为公允价值会计数据挖掘与智能决策系统服务。

7.3.6 会计人机交互与问题综合（处理）系统

会计人机交互是决策支持系统中重要组成部分，人机交互是人与计算机之间通信的硬软件系统。会计人机交互由交互设备（输入/输出设备）、交互软件（系统软件和应用软件）和人的因素三要素构成。会计人机交互方式一般有菜单、填表、命令语言、屏幕显示、窗口、报表输出等。会计人机交互通过多媒体信息系统、多媒体信息表现和交互、多媒体查询和检索等。问题综合系统是在决策支持系统的统一结构形式中和人机交互系统结合在一起形成综合部件，其实质是按照决策问题需求，综合模型部件中模型、数据部件中的数据和方法部件中的方法及人与人机对话，形成决策支持系统方案，编制成决策支持系统程序，在计算机上运行，求出决策支持系统的解。

7.4 公允价值会计智能决策支持系统与人工智能技术

会计智能决策支持系统（AIDSS）是会计决策支持系统（ADSS）与人工智能技术相结合的系统。人工智能技术融入会计决策支持系统后，使会计决策支持系统在模型技术和数据处理技术的基础上，增加了知识推理技术，是会计决策支持系统的定量分析和人工智能技术的定性分析的结合，提高辅助决策和支持决策的能力。公允价值会计智能决策支持系统的结构如图7-3所示。

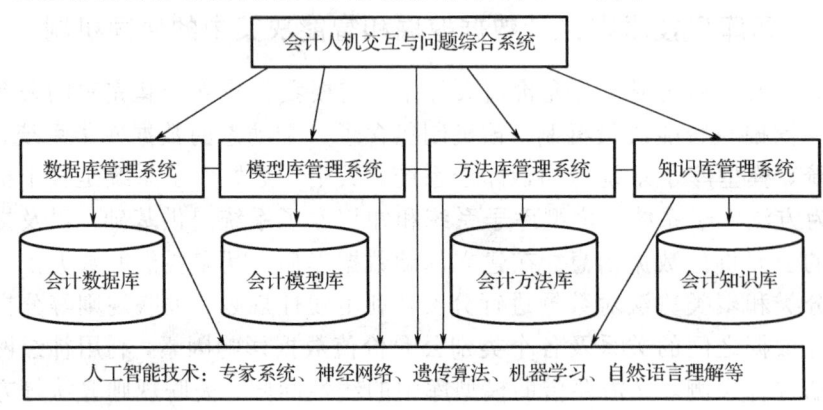

图7-3 公允价值会计智能决策支持系统的结构

7.4.1 会计专家系统

人工智能技术包括专家系统、神经网络、遗传算法、机器学习等。专家系统是具有大量专门知识（会计知识），并能运用这些（会计）知识解决特定（会计）

第 7 章 公允价值会计智能决策支持系统

领域中的实际问题的计算机程序系统。本章主要论证人工智能技术中最基本的专家系统在会计智能决策支持系统中的应用。会计专家系统是专家系统在会计中的应用，是会计智能决策支持系统中的组成部分，是模仿会计专家思维活动，可以进行推理和判断，像会计专家那样求解会计专门问题的计算机程序系统，其主要面向半结构会计决策问题和非结构会计决策问题。

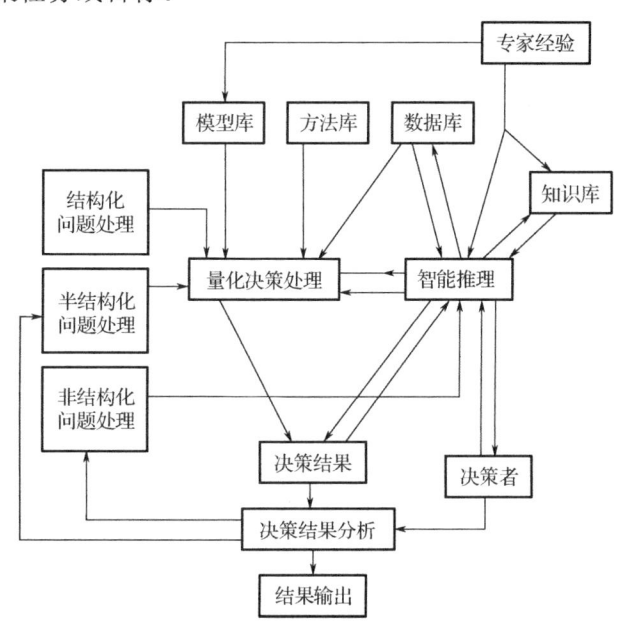

1. 会计专家系统结构

会计专家系统结构应包括四个组成部分：智能人机交互接口、数据库系统、模型库系统和知识库系统（宋良荣，1998），其核心是会计知识库和推理机，如图 7-4 所示。会计专家系统运行机制为面对结构化或半结构化或非结构化决策问题，决策者依据会计专家经验，调用会计数据库系统、模型库系统、方法库系统和知识库系统及推理机，根据决策问题性质，开展智能推理、进行量化决策处理，得到决策初步结果，对决策结果进行反复讨论和分析，最终确认并输出最优决策结果，完成决策任务或目标。

图 7-4 会计专家系统结构图

2. 会计专家系统的应用

（1）半结构化会计专家决策在资产减值计量决策的应用。资产减值是资产的可收回金额（ZCKSHJE）低于其账面价值（ZMJZ）的部分，为资产的真实价值提供了量度，其实质是用价值计量代替成本计量，使资产计量接近真实价值，有助于信息使用者投资决策。从计量属性角度，资产减值和公允价值计量是相统一的（毛新述、戴德明，2011）。由于可收回金额是资产公允价值扣除处置费用与资产的现值的最大值，因此资产减值会计与公允价值会计和现值会计相关联，而公允价值的估计和资产预计未来现金流量的现值（XZ）存在主观假设判断和信息不确定，所以资产减值计量决策问题是一种近似半结构化决策问题。

案例 7-1：半结构化会计专家决策在资产减值计量决策的总体应用。

企业在进行资产减值计量决策时，依据资产减值会计准则，构成包括下列模型和算法的模型库和方法库。

资产减值（ZCJZ）=资产的可收回金额（ZCKSHJE）低于其账面的价值（ZMJZ）。

ZCKSHJE=MAX[根据资产的公允价值（GYJZ）-处置费用（CZFY）后的净额（JE），资产预计未来现金流量的现值（XZ）]。

JE=公平交易中销售协议价格-可直接归属于该资产处置费用的金额。

CZFY=与资产处置有关的法律费用、相关税费、搬运费及为使资产达到可销售状态所发生的直接费用等。

XZ=按照资产在持续使用过程中和最终处置时所产生的预计未来现金流量，选择恰当的折现率对其进行折现后的金额。

在决策开始时，决策者先从模型库中调出适当模型；同时从企业的数据库中获取有关（账面价值、公平交易中销售协议价格、处置费用、预计未来现金流量、折现率）资产减值计量和资产减值迹象等方面的信息；通过方法库中调用销售协议价格法、公允价值估计法和折现值法等对资产减值归类测算。然后将上述经过计算、分析后形成的决策信息代入资产减值计量决策模型中的相关公式进行计算，得出资产减值额。同时，智能会计专家决策系统可以对该决策过程进行包括公平交易中销售协议、处置费用、预计未来现金流量、折现率的构成等文字解释，以便于决策者理解和考虑。同时，系统可以运用知识库中相关行业各种资产的减值经验结论进行对比分析，参考行业会计专家的经验，借助智能会计专家决策系统，形成较为科学的资产减值计量决策。

（2）半结构化会计专家决策在资产减值的四层次计量决策的应用。半结构化决策问题只有部分可以规范化，其显著特点是决策者主观参与程度高，这意味着会计决策结果包含了决策者的主观意愿，也意味着整个决策过程的复杂化和循环化（许永斌、林涛，1998）。事实上，资产减值中的资产公允价值计量存在四层决策，如图 7-5 所示，其中第一层次和第二层次的决策为结构化决策。而第三层次和第四层次的计量决策问题属于半结构化决策问题。

第 7 章 公允价值会计智能决策支持系统

资产减值公允价值在第三层次估计决策时，采用资产预计未来现金流量的现值作为其可收回金额，存在资产预计未来现金流量和折现率主观因子，因此决策问题属于半结构化决策问题。对此，会计专家系统决策过程如下。

首先，从模型库中提取资产减值估计模型，决策者选择调用方法库中的资产预计未来现金流量的现值法、贴现率法等具体方法。在资产减值公允价值第三层次估计决策中，由于资产预计未来现金流量和折现率具有很大的不确定性，因此，资产预计未来现金流量的预计风险概率的确定成为进行决策考虑的重点。对此，企业管理层应当在合理和有依据的基础上对资产剩余使用寿命内整个经济状况进行最佳估计，预计资产的未来现金流量，在实际估计时，应当以企业管理层批准的最近财务预算或者预测数据，以及该预算或者预测期之后年份稳定的或者递减的增长率为基础。

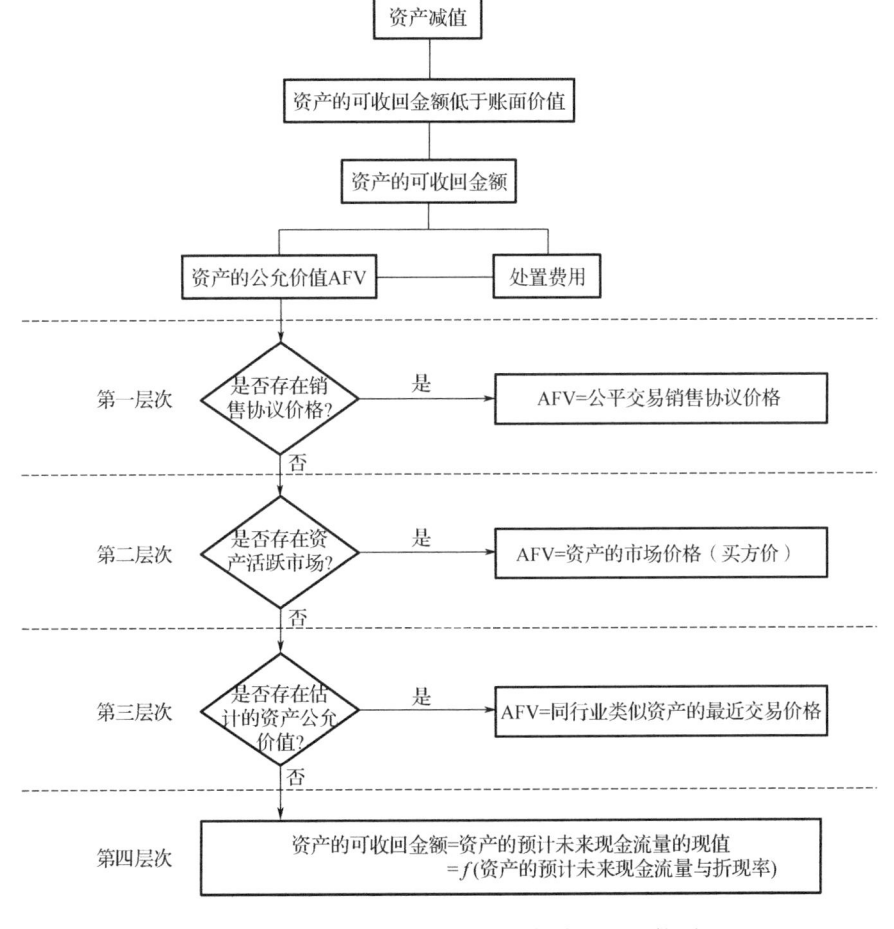

图 7-5 资产减值中的资产公允价值计量决策图

大数据下公允价值会计数据挖掘与智能决策研究

需要明企业管理层递增的增长率是合理的,即可以递增的增长率为基础。汪海粟等(2008)以无形资产减值为例,基于减值迹象因素分析的概率测度模型,提出其应用步骤:① 找出影响未来收益增长的各种因素,确定各种因素变化对未来收益增长的影响权重,并分析其变动程度及其概率;② 分析各种影响因素变化组合及其概率,并计算不同因素变化组合下的未来收益增长率;③ 计算各种可能的未来收益增长率下的无形资产价值并注明其概率;④ 根据减值测度公式确定不同概率水平下的减值额度,通过累计概率的计算确定减值额度落在某一区间的概率。

但是,在实务中,对增长概率进行直接量化往往是比较困难的。这时,系统可以利用智能推理,通过减值迹象的可能性(概率大小)推断,对各种状态下的相互比较,采用多种人机对话方式来帮助决策者确定增长概率。当然,对于资产减值公允价值第三层次估计的相关因素,知识库中早应储存,而且以隶属关系相互关联以便智能推理进行对象传递。如果企业以往具有类似的决策事例,则系统可以调出以供决策者参考。

系统整个推理机制的运作体现为会计专家与决策者的正面交流。决策者在会计专家的帮助下确定概率系数之后,系统即可结合有关资产减值估计信息进行决策计算,同时将概率系数信息存入信息库中供以后概率估计决策时使用。对于估计决策计算结果,系统同样给予相应分析与解释。如果决策者需要重新考虑估计因素,那么系统可以循环至估计问题处理的初始状态,重新开始方法的选择和增长概率的确认,从而做出新的符合要求的会计决策。

(3)非结构化会计专家决策及其在公允价值会计舞弊识别中的应用。非结构化决策问题是指那些制定决策前难以准确识别决策过程的各个方面,以及决策过程形式表现多样且交错、反复的一类问题。这类问题一般无固定的决策规则和模型可依(许永斌、林涛,1998),如会计舞弊或造假的识别判断问题属于非结构化决策问题。

案例7-2:公允价值会计舞弊智能识别决策系统。

该系统是非结构化会计专家决策在公允价值会计舞弊识别中的应用。会计舞弊不仅涉及结构化的财务数据,而且更多涉及非结构化的非财务数据,面向结构化和非结构化的公允价值会计舞弊风险管理决策问题,可认为是非结构化的决策问题。其应用流程为:① 问题提出,即是否借助公允价值计量的可靠性问题或估计性实施会计舞弊。② 问题确认,由于会计舞弊动机、机会和手段表现的多样性和复杂性,且属于定性问题,因而舞弊识别转入系统定性问题决策。系统激活知识库中有关公允价值舞弊动因、机会等信息内容,由决策者对舞弊动因和机会进行确认。如有差异,决策者可以调用推理机制的定义模块,自动重新定义舞弊动因和机会及风险类别。③ 信息处理。系统运用舞弊动因和风险因子库及财务指标标准库对企业舞弊风险因子识别。至此，会计舞弊风险识别决策信息产生，系统将其存入舞弊风险信息库中以供决策所需。④ 量化处理。在前三步的基础上，对两方面的非结构数据进行量化处理。一是非财务数据的量化，对企业的临时披露及新闻资讯等动态跟踪，并突破了行业术语、高度专业化等企业信息差异化问题，以此为基础可以实现从财务到非财务信息、从内部数据到外部数据的逆向加工与信息溯源，构建会计信息可靠性再判断的基础；二是专家经验的量化，基于"决策树"子模型、专家系统、回归统计分析三个方法，将专家经验变成可以量化的指标、维度及组合。最终，得出可用于企业画像的指标变量数量可达上千种，大大突破了人工识别的边界。⑤ 定性分析。系统对计算结果进行反馈，进行专家评价，转为定性问题，通过智能推理调用知识库的相关舞弊识别经验信息，一方面，借助财报可信度识别模型，从财务税务维度、行业业务维度、内部控制维度、公司治理维度、数字特征维度五个维度进行企业画像，以模型为导向筛选出对企业财务状况构成潜在威胁的变量，通过动态跟踪市场信息，可以及时发现企业财务舞弊信号。另一方面，借助财务异常识别模型。首先，下沉到四级行业构建行业图谱，定义行业可比公司与行业财务分析模型，并针对特殊行业画像；其次，从盈利能力、资产质量、现金分析三个层面，对各细分行业分别设置主成分指标、权重、阈值以搭建财务分析框架模型，并结合行业特征进行全样本分析；最后，精准定位企业所处的细分行业，对企业各财务维度及总体健康度进行打分，分为高、中、低三类。针对异常信号情况，用户友好的数据可视化形式呈现，发出警报并给予专家建议。⑥ 识别系统持续迭代，确认识别决策方案。市场是处于实时变动状态的，这就需要智能财务舞弊识别系统的持续迭代。一是数据层面的迭代，即根据实时更新市场信息，动态调整评估结果；二是模型层面的迭代，跟踪细分行业的持续变化以调整模型中的指标和阈值，并通过人工复核对可能存在的评级失真情形及时调整知识图谱。通过持续迭代和反复测试，实现舞弊识别的最优决策方案。

7.4.2 神经网络

1. 神经网络原理

神经网络是具有适应性的简单单元组成的广泛并行互联网络，它的组织能够模拟生物神经系统对真实世界级物体所做出的交互反应。神经网络中最基本的成分是神经元模型，在生物神经网络中，每个神经元接受来自其他神经元的信号，如果这些信号超过阈值，则会向其他神经元发送信号。1943年，McCulloch与Pitts将上述的模型抽象成"M-P神经元模型"，如图7-6所示。

(a)

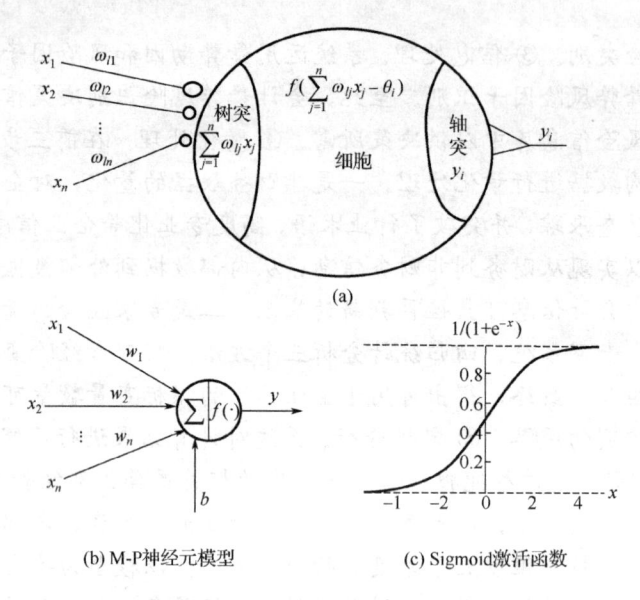

(b) M-P神经元模型　　(c) Sigmoid激活函数

图 7-6　神经网络原理图

神经元接收其他神经元传来的信号，并与阈值进行比较，并通过激活函数产生本神经元的输出。通常，理想情况下应该使用单位阶跃函数，但是单位阶跃函数不连续不光滑，所以在实际的使用中常常使用 Sigmoid 函数来代替单位阶跃函数。

$$\text{Sigmoid} = \frac{1}{1+e^{-x}}$$

神经元的学习规则是 Hebb 规则：若 i 与 j 两种神经元之间同时处于兴奋状态，则它们间的连接应加强，即 $\Delta W_{ij}=aS_iS_j$（a 大于 0）。这一规则与"条件反射"学说一致，并得到神经细胞学说的证实。

反向传播（Back Propagation，BP）模型。BP 模型是由 Rumelhart 等人在 1985 年提出的，是目前使用最多的神经网络模型之一。三层 BP 神经网络结构如图 7-7 所示。

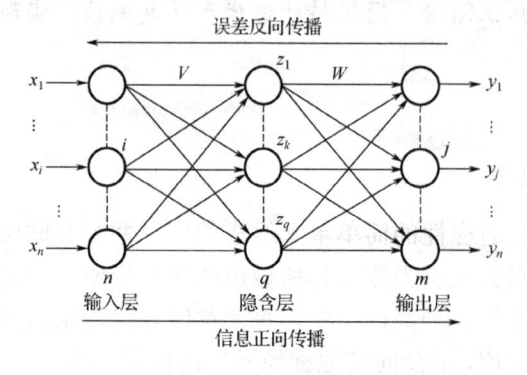

图 7-7　三层 BP 神经网络结构

2. 神经网络专家系统结构

利用神经网络原理也可以解决一般专家系统的某些类似的问题,把利用神经网络达到专家系统能力的系统称为神经网络专家系统,其与一般专家系统的共同点是两者都由知识库和推理机组成,其结构由两部分组成:开发环境(确定系统框架、学习样本、神经元学习)和运行环境(实际问题参数、输入模式的转换、推理机制、知识库和输出模式的转换)。神经网络专家系统结构如图 7-8 所示。

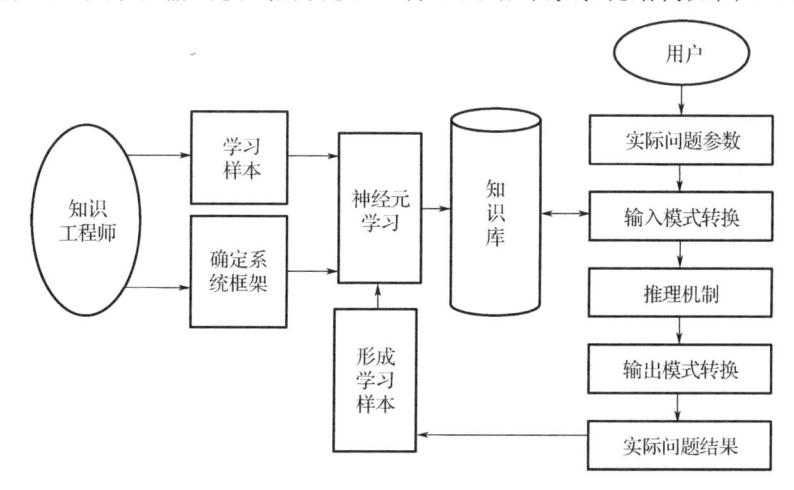

图 7-8 神经网络专家系统结构

(1)确定系统框架。① 神经元个数:神经元表示各个不同的变量和不同的值。② 神经元网络层次:一般含输入层和输出层或引入隐含层等。③ 网络单元的连接:一般采用分层全连接结构,即相邻两层都要连接。神经元的作用函数较多运用阶梯函数和 S 形函数。阈值的选择可以为定值(如 $\Theta_i=0$ 或 $\Theta_i=0.5$)或通过进行迭代计算(反向传播)。

(2)学习样本。学习样本是实际问题中已有结果的实例、公认的原理、规则或事实。学习样本分为线性样本和非线性样本两种。

(3)学习算法。对不同的网络模型采取不同的算法,但都是以 Hebb 规则为基础的。

(4)推理机。推理机是基于神经元的信息处理过程。神经元 i 的输出为 $O_i = f\left(\sum_j W_{ij} I_j - \theta_i\right)$ ($i=1,2,\cdots,n$)。

(5)知识库。主要存放各个神经元之间连接权值 W_{ij}。

(6)输入模式的转换。实际问题的输入一般以概念形式表示,而神经元的输入要求以数值形式表示,需要将物理概念转换成数值。

（7）输出模式的转换。实际问题的输出以概念形式表示。而神经元的输出是 (0,1) 的数值形式，需要将数值转换为物理概念。

3. 神经网络模型在公允价值会计中的应用——以投资性房地产公允价值估价为例（赵振洋、王若天，2018）

神经网络专家系统作为人工智能技术之一，适用于会计领域的分类、预测、估值等，也适用于投资性房地产采用公允价值计量模式的资产评估或估值。当今的房地产评估行业的人工智能的发展呈现出两种方向：一种是以构建房地产估价系统平台为代表的自上而下的"因—果"式发展思路；另一种是以搭建新人工智能房地产实际成交价预测模型为代表的自下而上的"果—因"式发展思路。人工智能的一个分支是模拟人们解决问题的认知流程，以专家系统为代表，用大量"如果—就"的规则定义，用自上而下的"因—果"思路来模拟人们对事物的认知，也就是直接模拟人的认知判断过程来进行编程运用，本质是从大量的"如果—就"判断中得出一个最好的步骤。此种模式在房地产评估行业的应用的具体表现就是各大评估机构所搭建的各类房地产估价系统平台。如图 7-9 所示，目前的估价系统（产品）主要有估价作业系统、客户询价系统、估价业务与报告发送平台、房地产数据服务平台等几种。

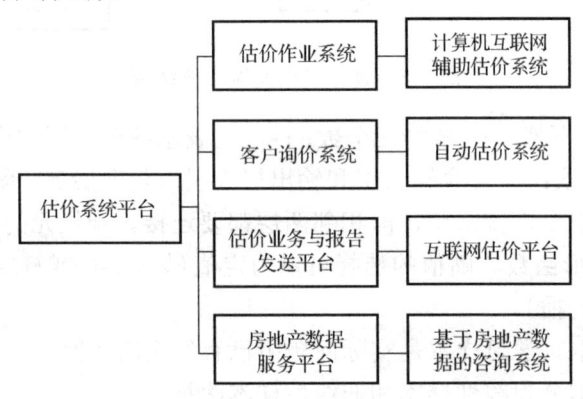

图 7-9 估价系统平台

人工智能的另一个分支则是以人工神经网络为代表的新型估值模型的产生。人工神经网络不是模拟人们思维解决问题的思路，而是直接从底层模拟大脑神经元的结构思路，它从信息处理的角度对人脑神经元网络进行抽象，建立某种简单的模型，并依照不同的连接方式构建出不同的网络。人工神经网络标志着另外一种自下而上的"果—因"思路，不需要给出既定规则，只要给出足够的数据，让其自行发现规则，发现连接，从而开辟一条全新的认知道路。

第 7 章 公允价值会计智能决策支持系统

神经网络在投资性房地产市场法中的应用。BP 神经网络作为评估智能化的一种预测手段，可以应用于传统的市场法评估实务中，这将大大减少评估实务的工作量，提高工作效率，同时保证了评估的精确度，减少评估误差。

（1）构建房地产价格因素的评估指标体系。房地产价格因素的评估指标体系一般由住宅房地产价格宏观因素和微观因素两类指标构成。其中，宏观影响因素包括政治因素、政策因素、经济因素和社会因素，在评估实务中往往将假设不变化作为估值前提。微观因素中的交易日期因素、交易情况因素、区域因素和个别因素是实务评估中操作因素指标。将区域因素和个别因素进一步细分为 23 个三级指标，并加以权重量化，作为神经网络模型的输入层因素。

① 权重的确定，可借鉴资产评估师事务所等在房地产评估实务中的房地产价格影响因素权重模型，如表 7-3 所示。

表 7-3 房地产评估实务中的房地产价格影响因素权重模型

影响因素	整体权重	分项内容	表示符号	分项权重
交易日期因素	0.25	交易日期	11	1
交易情况因素	0.25	交易情况	12	1
区域因素	0.25	商服繁华度	13	0.25
		交通便捷度	14	0.2
		医疗卫生	15	0.08
		文化教育	16	0.05
		环境质量优劣	17	0.1
		绿地覆盖度	18	0.08
		基础设施完备度	19	0.1
		公用设施完备度	110	0.09
		规划限制	111	0.05
		合计		1
个别因素	0.25	小区所处位置	112	0.12
		临街状况	113	0.15
		新旧程度	114	0.1
		楼层	115	0.08
		朝向	116	0.07
		建筑结构	117	0.13
		建筑质量	118	0.1
		住宅房型布局	119	0.09

续表

影响因素	整体权重	分项内容	表示符号	分项权重
个别因素		权利状况	120	0.06
		装修水平	121	0.02
		设备状况	122	0.05
		物业管理	123	0.03
合计	1	合计		1

根据每种影响因素的不同权重，在询问评估实务人员的意见和参考了评估工作经验的基础上，最终确定了不同影响因素在等级打分法时对应的具体等级划分内容如表 7-4 所示。

表 7-4 等级打分法各项影响因素等级划分标准

因素权重	等级	等级划分明细						
<0.05	2	差	良好	—	—	—	—
0.05~0.1	3	差	一般	良好	—	—	—
0.1~0.15	4	差	一般	良好	优	—	—
0.15~0.2	5	差	较差	良好	较优	优	—
>0.2	6	差	较差	一般	良好	较优	优

② 市场法中评估指标体系的构建。所选取的 23 个因素指标中，第 1 个为交易日期因素指标，第 2 个为交易情况因素指标，第 3~11 个为区域因素指标，第 12~23 个为个别因素指标。汇总得到各项影响因素的量化标准如表 7-5 所示。

表 7-5 影响因素量化标准的汇总

影响因素	量化标准					
交易日期（I_1）	$S\%^1$					
交易情况（I_i）	$P\%^2$					
影响因素	等级打分法					
	1	2	3	4	5	6
商服繁华度（I_3）	差	较差	一般	良好	较优	优
交通便捷度（I_4）	差	较差	一般	较优	优	优
医疗卫生（I_5）	差	一般	良好	—	—	—
文化教育（I_6）	差	良好	—	—	—	—
环境质量优劣（I_7）	差	一般	良好	—	—	—
绿地覆盖度（I_8）	差	一般	良好	—	—	—
基础设施完备度（I_9）	差	一般	良好	—	—	—
公用设施完备度（I_{10}）	差	一般	良好	—	—	—

续表

影响因素	等级打分法					
	1	2	3	4	5	6
小区所处位置（I_{12}）	差	一般	良好	优	—	—
临街状况（I_{13}）	差	一般	良好	优	—	—
楼层（I_{15}）	6层以下	7~10层	10层以上	—	—	—
朝向（I_{16}）	北	东西	南	—	—	—
建筑质量（I_{18}）	差	一般	良好	—	—	—
装修水平（I_{21}）	无装修	有装修	—	—	—	—
设备状况（I_{22}）	无配套设备	有部分设备	设备齐全	—	—	—
物业管理（I_{23}）	管理混乱	管理有序	—	—	—	—

影响因素	直接赋值法					
	1	2	3	4	5	6
规划限制（I_{11}）	有	无	—	—	—	—
新旧程度（I_{14}）	危险	严重损坏	一般损坏	基本完好	完好	—
建筑结构（I_{17}）	其他结构	砖木结构	砖混结构	钢筋混凝土结构	钢结构	—
住宅房型布局（I_{19}）	一居室	二居室	多居室	—	—	—
权利状况（I_{20}）	小产权房	经济适用房	商品房	—	—	—

（2）基于神经网络的投资性房地产评估应用。

第一步，样本选择及归一化。

① 样本选择。以房地产市场上交易最活跃也最具代表性的普通住宅为研究对象，通过分析神经网络模型对住宅型房地产价格的预测功能，来证明人工智能估价模型在房地产评估领域的适用性。选择辽宁省大连市的真实房地产交易案例。选择案例时考虑的因素主要有以下四方面：交易日期以近期为主，主要选择2017年10月的案例；样本覆盖大连市所有行政区；样本是具有区域代表性的住宅房地产；评估案例已进行实际成交，共筛选并选取出了50个样本，其中40个样本作为神经网络模型的测试样本，10个样本作为神经网络模型的检测样本。

② 构建样本数据集。根据表7.5中的影响因素量化标准，得到样本影响因素的量化结果。

③ 样本归一化。通常情况下，神经网络的输入/输出数据应介于0~1之间，由于本章所构建的模型中并不满足这样的要求，因此需要对选取的样本数据进行归一化处理。归一化方法的形式多种多样，包括最大最小法、z-Score法等，本章采用如下方法对样本进行归一化处理：

$$y = \frac{x - x_{\min}}{x_{\max} - x_{\min}}$$

式中，x 为位于[0,1]区间之外的样本数据；y 为样本数据 x 归一化的值。

同样地，在 MLP 神经网络和 RBF 神经网络的训练和测试完成后，需要对其输出结果进行反归一化处理，将预测输出的预测值由[0,1]转换为网络的实际输出值。本章采用的反归一化的处理方法为

$$x = y \times (x_{\max} - x_{\min}) + x_{\min}$$

式中，y 为位于[0,1]区间内的原样本归一化的值；x 为网络预测值反归一化的值。

第二步，建立住宅价格评估模型。

利用神经网络预测方法建立住宅价格评估模型，必须事先确定好网络输入层节点数、隐含层节点数、输出层节点数。

① 网络层数的确定。理论上已经证明，具有偏差和至少一个 S 形隐含层加上一个线性输出层的网络，能够逼近任何有理函数。增加网络层数可以降低误差，从而提高精度，但同时也会使神经网络复杂化，延长网络权值的训练时间。而实际上提高神经网络模型的精度，也可以通过增加隐含层中包含的神经元数目来获得，并且其训练效果比增加隐含层层数更便于观察及调整，因此在一般情况下，应当优先考虑单隐含层网络结构，即采用具有单隐含层的三层网络。

② 网络输入层和输出层节点数的确定。BP 神经网络的输入层和输出层的节点数一般是由网络的用途和研究工作的实际情况来决定的。输入层节点的多少与影响房住宅价格因素的个数相对应，选取并量化了 23 个影响住宅价格的因素，故输入节点数为 23。因模型是用于预测住宅房地产价格的，因此确定输出节点数为 1。

③ 隐含层节点数的确定。隐含层节点数选择是否合适是应用 BP 神经网络成功与失败的关键因素之一，如果层数太少，则学习过程可能不收敛或不能达到网络误差的要求；如果层数过多，则增加网络结构的复杂性，使网络的学习速度变慢并难以收敛。目前，最佳隐含层节点数的选择尚无理论指导，但存在以下三个经验公式

$$M = \sqrt{N + L} + \alpha$$
$$M = \log_2 N$$
$$M = \sqrt{NL}$$

式中，M 表示隐含层节点数；N 表示输入层节点数；L 表示输出层节点数；α 表示 1～10 之间的任意一个常数。

根据上述三个经验公式，得到的此次神经网络应确定的隐含层节点数为区间[4,15]内的一个常数。并且，当隐含层节点数为区间[4,15]内的一个常数时，神经

第 7 章 公允价值会计智能决策支持系统

网络都可以在 1 万次训练内收敛，经过对测试数据进行统计分析，不同隐含层节点数对应的测试平均误差及测试相关系数，如图 7-10、图 7-11 所示。

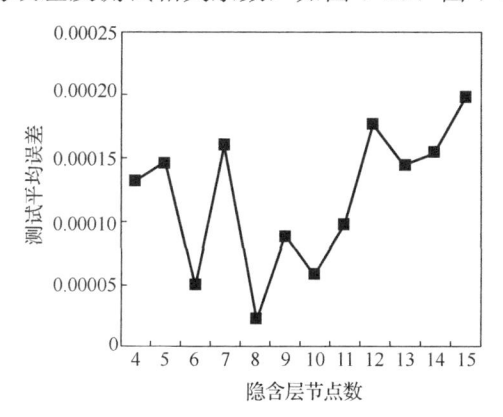

图 7-10 不同隐含层节点数对应的测试平均误差

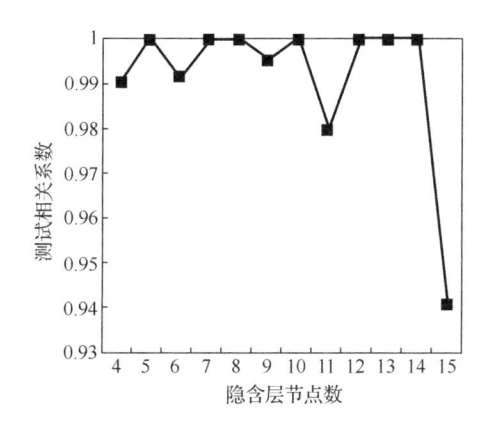

图 7-11 不同隐含层节点数对应的测试相关系数

由图 7-13、图 7-14 可知，隐含层节点数的改变会引起测试平均误差和测试相关系数的改变，二者都随隐含层节点数的增加都呈现波浪式变化。综合来看，当隐含层节点数为 8 时，测试部分样本的平均误差最小，并且所有样本误差均在设定的最大误差范围之内，同时相关系数也较大，整体效果最好。所以最后确定网络的最佳隐含层节点数为 8。

④ 最大误差指标的确定。通过对辽宁省众华资产评估公司的考察，选取其房地产评估实务中可允许的最大 10% 的估价允许误差作为本次网络模型中的最大误差指标。

第三步，训练神经网络模型。

数据输入后，利用不同的神经网络学习算法，合理确定网络的隐含层层数和神经元节点数，并为各层网络选择合理的训练函数，对网络模型进行训练。计算各层神经元之间的权值、阈值，进而利用各层间的传递函数，逐层递进运算，从而得出最终的输出结果与网络模型。

样本训练时，如果训练次数已超过最大训练次数，网络还没有训练成功，则进行回判检查，若发现某个样本误差很大，而其他样本的误差却远小于它，则应去掉该样本，继续学习，重复以上操作直到收敛。如果没有发现异常的样本，则调整网络结构及学习参数，重新训练网络，直到网络训练成功。

选择检测样本，测试已学习好的神经网络，得到样本检测误差，判断建立好的模型是否满足要求，如果不满足要求，则应回到第一步，直到满足要求。利用 MATLAB 对神经网络模型进行训练，得到的训练样本部分的预测值与房地产实际成交价值的对比，如图 7-12 所示。神经网络模型的训练精度相当高，相关系数为 0.99982。因此，训练样本的预测拟合效果较为理想。并且，如图 7-13 所示，通过对训练部分 BP 神经网络预测误差曲线的分析，可以看出神经网络预测模型的收敛速度非常快，只运行了 4 个 epochs（当一个完整的数据集通过神经网络一次并且返回了一次，这个过程称为一个 epoch）就达到了网络误差平方和期望的要求。因此，训练样本通过了误差检验，本次神经网络模型所选参数是合适的。

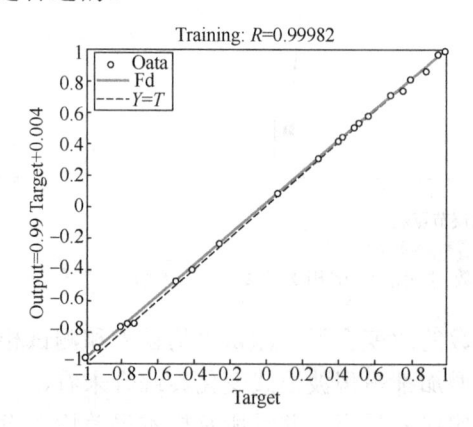

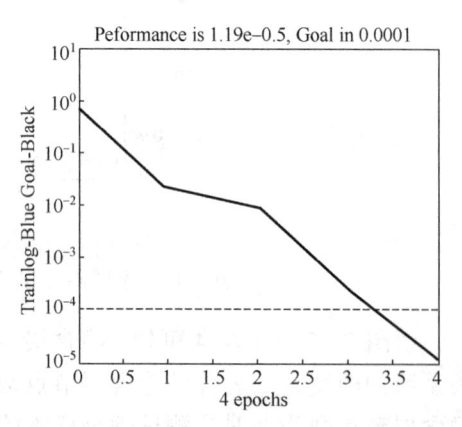

图 7-12　训练部分 BP 神经网络预测结果示意图　图 7-13　训练部分 BP 神经网络预测误差曲线

第四步，测试结果分析及评价。

建立好的模型需要对其准确性和可靠性进行验证，因此将测试样本集数据代入上述建立好的模型中，并得出预测结果。利用以上建立的神经网络模型，所得出的检测部分的住宅房地产神经网络输出值与实际成交价格进行对比分析，如图 7-14 所示。

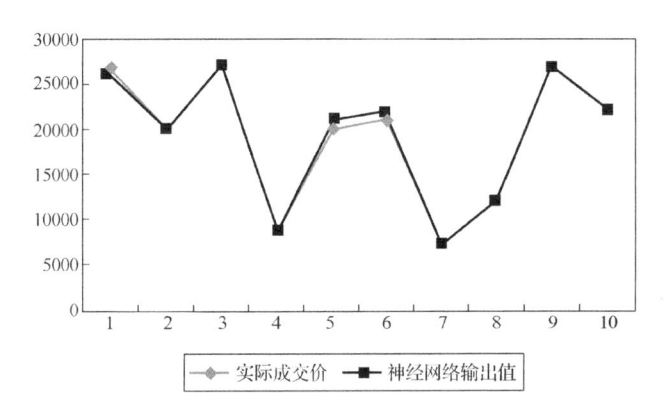

第 7 章 公允价值会计智能决策支持系统

图 7-14 检测部分 BP 神经网络输出值与实际成交价格对比分析

由 BP 神经网络模型与房地产实际成交价值的对比图可以看出，BP 神经网络模型对于房地产成交价值的预测功能较强，预测模型的相对误差和实际误差，如表 7-6 所示。

表 7-6 BP 神经网络模型预测误差分析表

检测序号	1	2	3	4	5
实际成交价/元	26600	20000	26980	8800	20100
神经网络输出值	25825	19875	27012	8967	21006
绝对误差	−775	−125	32	167	906
相对误差/%	−2.91	−0.63	0.12	1.90	4.51
检测序号	6	7	8	9	10
实际成交价/元	21234	7400	12000	26831	22246
神经网络输出值	21999	7234	12062	26830	22230
绝对误差	765	−166	62	−1	−16
相对误差/%	3.60	−2.24	0.52	0	−0.07

通过对以上所建立的模型的预测结果进行对比分析，可以证实 BP 神经网络非常适用于房地产价格预测分析。此外，基于网络的结构特点，其网络的训练时间很短，运算效率很高，网络输出的房地产评估价格与实际价格比较接近，最大误差仅为 4.51%，远远低于评估实务中设定的 10% 的最大误差标准。

为了更加准确地分析 BP 神经网络模型的预测效果，本文选用了平均相对误差（MAPE）、最小误差平方和（LSE）、方差（VAR）、标准差（SD）、均值（MEAN）、最大值（MAX）和最小值（MIN），分别从模型精确性、集中程度、偏离程度和相关性四个方面对 BP 神经网络模型预测结果进行评价。BP 神经网络模型下房地产评估价格预测的误差结果，如表 7-7 所示。

表 7-7　BP 神经网络评价指标汇总

项目	最小误差平方和	平均相对误差	方差	标准差	最大值	最小值	均值
BP 神经网络模型	34.2714	0.0165	0.0005	0.0233	4.51%	0	0.48%

从模型的精确性角度来看，BP 神经网络模型的平均相对误差（MAPE）比较小，小于设定的模型误差 10%，说明 BP 神经网络模型的精确程度比较高，比较准确地预测出了房地产预期成交价，与实际成交价较接近。

从模型的集中程度来看，BP 神经网络模型相对误差的极值区间和均值比较小，且均值小于本次模型设定误差，说明集中程度较好。

从模型的偏离程度来看，BP 神经网络模型相对误差的方差和标准差都比较小，说明其偏离均值的程度不大，相对误差在一个较小的区间内变动，各相对误差间相差不大。

从模型的相关性角度来看，BP 神经网络模型的最小误差平方和比较小，说明该模型的相关性比较高，较好地描绘出了房地产实际成交价格和各项影响因素之间的非线性关系。

因此，综合模型的精确性、模型集中程度、模型偏离程度和模型相关性四个角度，可以看出，BP 神经网络适合作为房地产评估中价格预测的工具，适用于投资性房地产公允价值会计估值。

7.5　本章小结

会计作为一个信息系统，不仅存在会计自身的决策问题，如会计政策选择决策、公允价值分层估值决策，而且为内外部决策者提供有用信息，支持决策，发展为会计信息化的高级阶段即决策支持系统。会计决策支持系统，以会计双重计量为基础，引入现代信息技术，从数据（库）支持的会计决策系统，到"数据库+模型库"支持的决策系统，再到"数据库+模型库+方法库+知识库"支持的会计智能决策系统，是会计决策有用观的技术性深化。"四库"技术的设计和人工智能技术（专家系统和神经网络等）及人机交互和问题综合传统构成会计智能决策支持系统结构的系统要素相互作用，协同运作，推动会计智能决策系统的运行。智能决策支持系统是智能技术与决策支持系统的结合，其核心是知识库和推理机。其中，人工智能技术中的专家系统适应于半结构化的公允价值估值中的收益法估值问题和资产减值估计问题等，神经网络专家系统适用于投资性房地产公允价值会计估值和预测等。

第8章 大数据下公允价值会计智能决策运行机制

"大智移云物区"新一代信息技术正在重新定义社会管理与国家战略决策、企业管理决策、组织业务流程、个人决策的过程和方式。在会计领域中,大数据的会计决策支持与人工智能技术的融合,形成大数据驱动的会计智能决策支持系统,并通过会计大数据保障机制和大数据治理机制等,促进会计智能决策的有效运行。

8.1 大数据下公允价值会计智能决策支持及其系统结构

随着信息技术的发展,会计决策支持系统的发展经历传统数据支持决策,数据库和模型库支持的决策,数据库、模型库、方法库和知识库支持的决策,网络支持的决策和"大智移云物区"下的会计智能决策支持系统。

8.1.1 "大智移云物区"下的会计决策支持

1. 网络型的会计决策支持

由于互联网的普及,网络会计、网络财务和网络审计等得以实施,网络环境下的会计决策支持所需要的决策资源、数据资源、模型资源、知识资源将作为共享资源,如财务共享中心等,以服务器的形式在网络上提供并发共享服务,形成网络型会计决策支持系统。网络环境下,计算机联网可以使得某些会计服务在服务器系统上执行,而另一些任务在客户机系统上执行,这种工作任务的划分形成客户机/服务器系统,如图8-1所示。该系统有三个主要部分:客户端应用程序、会计数据库服务器和网络。

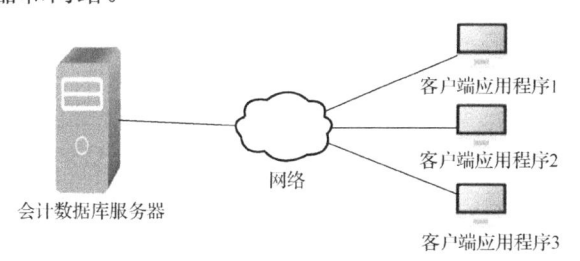

图8-1 客户机/服务器系统

当前浏览器、服务器结构是最流行的客户机/服务器结构之一。客户机/服务器网络是基于服务器的网络,共享数据全部集中存放在服务器上,客户机提供会计数据服务。会计数据既可为管理业务服务，也可为辅助决策服务。辅助决策服务的重要资源是会计模型资源。会计模型资源用会计模型库管理，并形成会计模型库服务器，对用户提供各种会计模型服务。网络型会计决策支持系统的基本结构由客户机、网络、会计数据库服务器和会计模型服务器及会计知识库服务器构成。其中会计数据库（模型）服务器是在单用户的会计数据库（模型库）系统的基础上增加网络通信、通信协议、并发控制及安全机制等服务器功能而形成的，是以定量方式辅助决策的。会计知识库服务器是在会计知识库管理系统、会计知识库和推理机的基础上，增加网络通信、通信协议、并发控制及安全机制等服务器功能而形成的，是以定性方式通过推理辅助决策的。

对于网络型会计决策支持系统的运行方式，会计决策支持系统是在调用多模型的组合与会计数据库，启动会计知识库服务器的推理基础上建立的会计决策方案，通过对不同方案的计算结果比较获得辅助决策信息。

网络型会计决策支持系统进一步引进比数据库更具有决策价值的会计数据仓库资源，在网络环境下以会计数据仓库服务器形式，通过联机分析处理与数据挖掘工具服务器，获取更深层次的辅助会计决策信息，这种基于数据仓库的网络型会计决策，是网络型综合会计决策支持系统。

2．云计算的会计决策支持

云计算是继信息技术（IT）的个人计算机和互联网技术之后的第三次技术革命。云计算 = 互联网上的资源（云）+ 分散的信息处理（计算）。云计算是通过互联网来使用的，其特征包括：① 使用模式：可随时随地接入互联网终端，即时注册、申请，即时使用；② 业务模式：自助服务，可定制，按需使用；③ 商业模式：免费或按使用付费等。云计算的典型特征是 IT 服务，也就是将传统的 IT 产品通过互联网以服务的形式交付给用户，对应传统 IT 中的"硬件"、"平台"和"（应用）软件"，云计算中有 IaaS（基础设施即服务）、PaaS（平台即服务）、SaaS（软件即服务）三种服务。云计算在会计中的应用即为云会计，其支持的云会计决策系统，即云会计决策支持系统。

开发云会计决策支持系统的两种途径为：① 在云计算的 SaaS 中，如在有解决问题的决策资源（数据、模型、知识等）时，在云计算的环境下的客户端编制决策问题的总控程序，调用 SaaS 中的决策资源，可开发网络型会计智能决策支持系统，可开发基于会计数据仓库的决策支持系统，也可开发两种决策支持系统的综合型会计决策支持系统；② 在云计算的 SaaS 中，在没有解决问题的决策资源（数据、模型、知识等）时，只能利用 PaaS 的工具（编程语言）自行开发所需的会计决策支持系统。

第 8 章　大数据下公允价值会计智能决策运行机制

云计算在公允价值估值中应用，即公允价值"云评估"或"云估值"。在公允价值分层计量中，对于第三层次公允价值估值，企业可通过传统估值技术自我估计，也可以通过付费的模式得到"云估值"服务商的服务。随着估值业务的不断扩展，"云估值"服务供应商将是评估行业的重大变革。所以，为了确定金融工具的公允价值、投资性房地产的公允价值或并购的公允价值，可借助"云估值"系统，提供辅助决策信息。

3. 大数据的会计决策支持

在大数据时代，数据积累到一定规模后形成数据资源，大数据是数据资源，其本质上是信息资产（Gartner，2011），是为决策问题提供服务的大数据集、大数据技术和大数据应用的总称（朱扬勇等，2015）。其中大数据集（海量数据+复杂类型数据）具有海量的数据规模、快速的数据流转、多样的数据类型和价值密度低四大特征。大数据技术是指大数据资源获取、存储管理、挖掘分析、可视化展现技术等。大数据技术应用于决策支持，是一种新的决策方法。

大数据的决策支持是利用即时数据的决策，不同于"知识在于学习或知识在于积累"，而是通过在互联网上搜索获取知识，即"知识在于搜索"，从大数据中得到规律，再用小数据（个体化的数据）去匹配个体，用于个体决策。在会计舞弊识别判断决策中，就是采用大数据工作模式，发现异常个体，对异常个体深入跟踪取证，支持是否会计舞弊的决断。大数据的典型特征在于复杂数据类型，有结构化数据、半结构化数据和非结构化数据与决策问题有结构化决策、半结构化决策和非结构化决策问题相对应。大数据中，非结构化数据的海量出现需要由 Hadoop 和 NoSQL 数据库来担任核心角色。Hadoop 是分布式系统，能对海量非结构化数据进行批处理，其子项目就已包括数据仓库。NoSQL 则在非结构化数据方面对传统的关系型数据库进行补充。

同时大数据强调的事务相关性或关联性，会计决策有用性对应于公允价值会计信息的价值相关性。另外，会计数据与股价相关性、会计数据与利率相关性、会计数据与薪酬相关性等可借助大数据思维进行探究。

大数据决策支持的一般方式包括：① 采用商务智能（基于数据仓库的决策支持系统）和智能决策支持系统为领导者提供决策支持。在云计算环境中，存在大量数据仓库群、数据库群和各种类型的知识资源和模型资源，利用这些资源建立各种类型的决策支持系统，以决策问题方案的形式支持领导者的决策。② 各类网站，如数字图书馆、微博、微信等为组织和个人提供网络查询或网络交互的平台，组织和个人利用网络获取所需的信息和知识，达到有效支持领导决策和个人决策的目的。③ 大数据涉及范围广、即时数据传输快，为即时决策提供了有力的支持。④ 从大数据中挖掘各类知识，能有效地利用知识辅助决策。数据挖掘技术是大数据分析的一个重要手段。⑤ 从大数据中归纳出数学模型，采用定量分析支持决策。⑥ 在大数据中寻求相互关系是分析数据的首要任务，因果关系是次要任务，大数据的关联分析是支持决策的重要手段。⑦ 在大数据的小数据中，利用关联关系，能找到支持个人决策的信息。总之，大数据能力各类人员（包括会计信息使用者）提供有效的决策支持。

对于大数据的会计决策支持，借助各类网站、数字图书馆、微博、微信等网络查询或网络交互的平台，获取所需的信息和知识，通过对"历史成本+公允价值"计量模式下形成的公允价值数据库、会计数据仓库和企业大数据仓库的数据挖掘，产生有价值的包括会计信息与投资决策、筹资决策、经营管理决策指标的关联关系的知识，支持基于会计信息的投资筹资和管理监督等决策。

8.1.2 "大智移云物区"下的会计智能决策支持系统结构

在网络环境下，综合运用云计算、人工智能技术和大数数据技术等，建立客户机/数据库服务器、数据仓库服务器、模型服务器、知识服务器、联机分析和数据挖掘服务器等综合性的会计智能决策支持系统，其结构如图8-2所示。

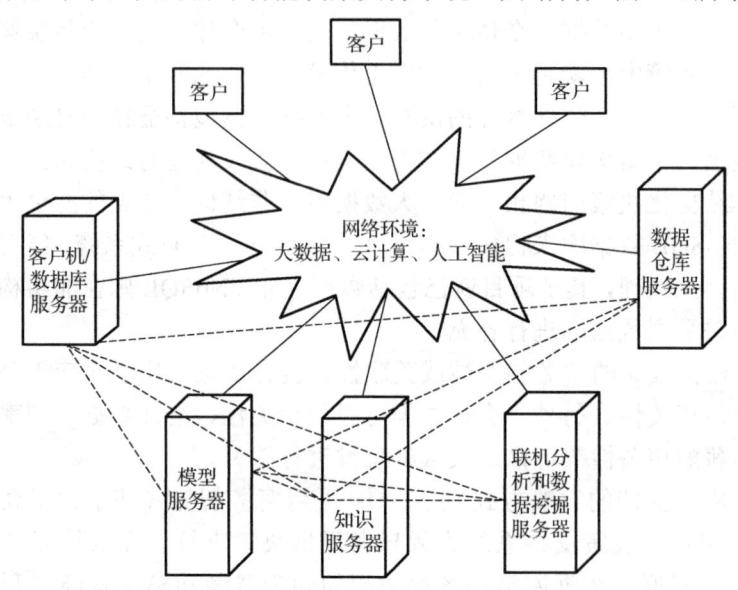

图8-2 "大智移云物区"下的会计智能决策支持系统结构

图8-2中的实线和虚线表示客户、网络、技术和服务器之间的相互作用关系。"大智移云物区"下的会计智能决策支持系统的运行方式如下。

（1）会计模型控制与调用。从模型服务器中调用各种模型资源，并根据模型调用数据库服务器中的各种数据（库），加以组合，形成模型和数据等决策资源。

（2）会计方法控制和调用。从模型服务器中调用模型，并匹配调用数据仓库服务器中的数据,在匹配调用联机分析和数据挖掘服务器中的分析挖掘技术方法,加以组合，形成方法库和知识资源。

（3）会计知识控制和启用推理机。从知识库服务器中调用知识库和启用推理机获取推理结果，加以比较或综合，形成决策支持系统结论，与客户机交互，完成决策支持过程。

8.2 大数据下公允价值会计智能决策支持系统的运行要素

大数据下会计智能决策运行机制是会计智能决策支持系统中各要素之间相互作用的过程和方式，包括运行主体、目标、内容结构、程序、方法和条件等要素，其核心部分是会计智能决策支持系统结构。会计智能决策支持系统机构是该机制的主体组成部分，支持机制的运行。具体到公允价值会计智能决策支持系统的运行机制，涉及主体、目标、内容、程序、方法和条件。主体是各类利益相关者，目标是进行大数据下公允价值信息的投资、信贷、管理、审计、监管等智能决策，内容是各机构公允价值信息等数据仓库和智能决策支持系统，程序是借助相关平台的数据处理，方法是一系列计算机算法的综合运用，条件是大数据平台的相关建设。大数据下公允价值会计智能决策运行机制如图 8-3 所示。

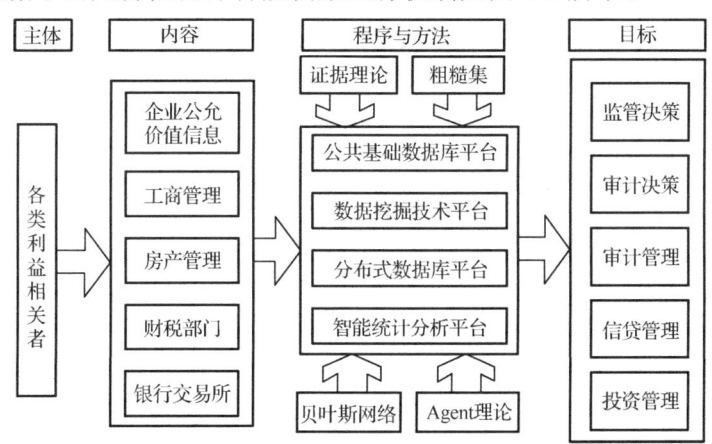

图 8-3 大数据下公允价值会计智能决策运行机制

8.2.1 大数据下公允价值会计智能决策运行的主体

大数据下公允价值会计智能决策运行机制的主体（决策主体）可以是组织或个人，包括企业治理层、董事会、监事会、管理层和相关的财务、会计人员等内部决策者，也包括外部的投资者、债权人、供应商、客户、分析师、审计师、评估师、监管层等利益相关者。会计信息决策有用性的契约观，认为现代企业是各种契约的集合，由公司股东、管理层、债权人、职工、供应商等利益主体签订的一系列契约联结而成，其规定了各方的权利与义务。各类契约的签订、执行和考核等涉及判断、选择和决策均需要会计信息的支持。

大数据下公允价值会计智能决策运行的主体是智能决策运行机制的运行者（如云决策服务商）与使用者，使用者可以购买云决策服务，可以通过公允价值会计智能决策支持系统进行自我决策。大数据背景下，要求会计智能决策运行主体的组织架构要适应"大智移云物区"新一代信息技术环境，使用者不仅要精通相关的会计、金融、企业管理等知识，还要精通相关的计算机知识和新一代信息技术等，能面对大数据时代的挑战，更好地参与智能决策的运行与使用。

8.2.2　大数据下公允价值会计智能决策支持系统运行的目标

大数据下公允价值会计智能决策支持系统运行的总体目标是：在"大智移云物区"环境下构建的会计智能决策支持系统，支持企业内外利益相关者的通用性即时决策和个体性即时决策。如大数据下的公允价值确定决策，基于大数据下公允价值信息的投资、信贷、管理、审计、监管等智能决策。在人工智能和大数据时代，会计作为信息系统的决策有用性不变，首先是一项收集、整理、加工和输出数据信息的工作，而且会计输出的信息又是投资者、债权人、管理层和政府部门做出决策的依据，而这些决策又进一步影响企事业单位乃至整个社会经济的发展。

8.2.3　大数据下公允价值会计智能决策运行的内容

大数据下公允价值会计智能决策运行的内容是解决与公允价值会计信息有关的各种决策问题。

第一，构建公允价值会计智能决策支持系统的结构，包括公允价值元数据库（来自企业、工商管理、房产管理、财税部门、银行交易所等机构的相关数据等）、会计模型库、公允价值分层计量模型库（第一层次、第二层次、第三层次）、公允价值确定的方法库（市场法、收益法、成本法等）、会计准则规则库、上市公司数据仓库、会计数据挖掘工具库、会计舞弊风险数据库、会计知识和案例库等，并与网络通信、通信协议、并发控制及安全机制等形成相应的服务器。运行决策支持系统，并评价反馈决策效果。

第二，具体实施与公允价值会计数据相关的决策，如公允价值计量决策，按分层计量存在结构化决策和半结构化决策。存在活跃市场价格的第一层次公允价值和不存在活跃市场价格但有类似资产价格的第二层次的公允价值，这两层计量决策往往是结构化决策问题，可以基于公允价值源数据库和模型库实时解决。而第三层次输入值是资产或负债的不可观察输入值，需要市场法、收益法和成本法等估值技术，估计相关资产或负债的公允价值，往往存在职业判断性、不确定性和不可观察性以及复杂性等，因此，第三层次的公允价值计量问题是半结构化或非结构化决策问题，需要运用"四库"支持的智能决策系统加以解决。

第三，利用公允价值会计数据开展投资决策、债务决策、审计决策、管理决策等。确定公允价值后，按照会计确认、计量、记录程序和方法形成公允价值会计报表和列报，报表使用者据此列报信息可直接判断和决策，也可对列报数据进行多层加工、多维分析、深度挖掘等操作，支持不同的决策。

8.2.4　大数据下公允价值会计智能决策运行的程序和方法

大数据下公允价值会计智能决策运行的程序如图 8-4 所示。

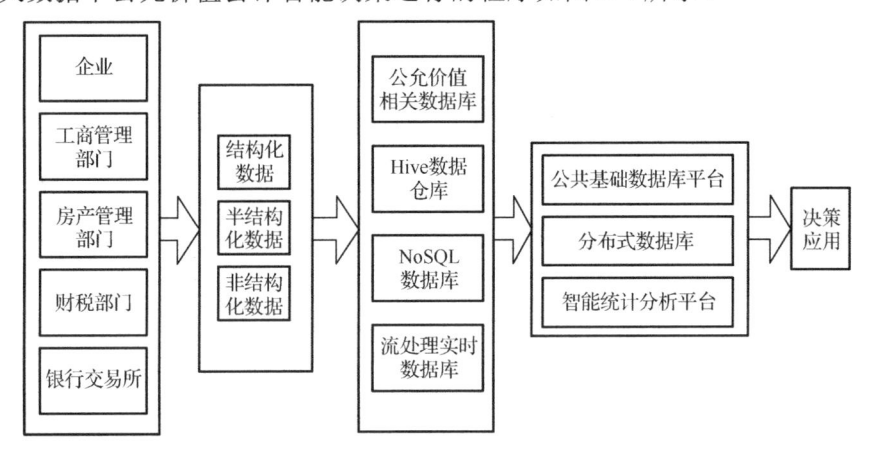

图 8-4　大数据下公允价值会计智能决策运行的程序

第一步，对相关数据信息进行采集，可以从企业、工商管理部门、房产管理部门、财税部门及银行交易所等相关信息来源地采集结构化、半结构化和非结构化数据。

第二步，集成相关数据库，将数据存储于公允价值相关数据库、Hive 数据仓库、NoSQL 数据库、流处理实时数据库中。

第三步，在相关的知识库中挖掘与之相关的数据信息，可以借助公共基础数据库平台、分布式数据库、智能统计分析平台。

最后进行数据的比对和智能决策应用，同时输出初步成果，专家进行成果的观察，输入相关的意见，再次进行成果的比对，输出支持需要决策的成果。

在上述运行程序中，借助相关的"大智移云物区"新一代信息技术，相关的算法及实证研究设定的相关模型，比对历史数据，参考以往经验和案例，进行全方位的智能决策。

大数据下公允价值会计决策问题的求解通常采用 MapReduce 的模式，即将公允价会计决策问题按照一定的机制分解为若干个子问题，如公允价值计量决策、公允价值会计报告决策、披露决策，以及基于公允价值信息的投资决策、监管决策等。然后，将这些子问题的求解过程分别放在不同的云系统中执行，如云估值子系统、云端核算子系统、云报告子系统等，再将各自求解的结果进行集结，通过对子问题之间的协同等求解实现复杂决策问题的求解。现有的相关方法包括贝叶斯网络、Agent 理论、证据理论、粗糙集、模糊逻辑、概率推理等。

8.2.5 大数据下公允价值会计智能决策运行的条件

1. 市场条件

大数据下公允价值会计智能决策运行的首要条件是市场环境。首先，建立完善活跃的市场，并通过不同市场（金融市场、房地产市场、产品市场、生物资产和碳交易市场等）来源渠道自动采集元数据，形成元数据库，结合公允价值准则要求，形成公允价值数据库。其次，建立相关的案例库。最后，构建云估值等云计算服务平台或云服务市场。云估值就是借助云估值技术，按需付费的一种商业模式，也是一种新型 IT 服务市场。云估值要按照市场的标准运作。云估值依托于云计算，而云计算以虚拟化技术为基础，以网络为载体，提供基础架构、平台、软件等服务形式。其中，最主要的服务模式是 IaaS（基础设施服务）、PaaS（平台服务）、SaaS（软件服务）（Iyer and Henderson，2010），为用户提供超级云计算平台。

2. 技术条件

云计算是以虚拟化技术为基础，以网络为载体提供基础架构、平台、软件等的服务形式。大数据背景下，数据的类型包括所有数字、图表、录音、视频等所有类型的信息，还包括各类媒体报道、监管记录等。这些数据的采集分析离不开大数据云平台的构建。各种数据资料通常存储在企业的 ERP 和数据仓库系统中。这些数据本身不是大数据，只有它们实时被记录、补充时被完善才是大数据的模式。公允价值信息平台的建设需要与各企业进行数据接口的连接，采集实时的信息，打造大数据下的基础数据库。

数据挖掘技术是大数据分析的重要手段之一，是从大型数据库中提取出相关信息，并对其进行分析，该技术能辅助决策。大数据公允价值信息的相关决策需要数据挖掘技术的支持。常用的数据挖掘技术有孤立点检测、关联规则发现、序列模式挖掘、分类和预测、聚类分析、演化分析、离群点挖掘、异常点检测等。大数据下的数据挖掘流程是：首先，采集数据库中的各种数据；其次，进行数据预处理，包括数字格式转换、数字清洗与提炼；再次，用合适的数据挖掘技术对数据进行提取、处理，发现隐藏知识；最后，进行数据的统计分析报告。

大数据挖掘技术还不够完善，缺少相应的制度支撑，数据保护、隐私和网络安全都是需要重视的技术条件。同时还要重视关键技术的研发和架构，加快软件平台的开发，将资源转化为价值。除此之外，前文中的智能技术、数据仓库技术、联机分析处理技术和可视化技术、互联网技术等新一代信息技术和会计技术的结合等，构成大数据下公允价值会计智能决策运行的技术体系。

3．法规和制度条件

大数据下公允价值会计智能决策的运行需要有一定的法规和制度的规范。一是建立围绕大数据相关的法律体系。建立系统的隐私权保护法是完善法律制度的保证；探索建立大数据所有权；重视信息安全问题；建立大数据技术的相关标准，这些都是规范制度条件的要求。二是完善相关的财务会计管理机制，完善对大数据环境下的会计信息化的标准、制度和办法等。三是企业内部要建立大数据相关的信息安全措施等。

4．人员素质条件

在大数据时代，会计人员面对的不仅是单纯的公允价值会计信息，更多的是海量的业务信息，如何收集信息、分析信息，并将有用的信息资源，辅助决策支持，创造企业价值，是对会计人员提出的素质要求。

大数据时代需要的是复合型人才，能够对数学、统计学、审计学、会计学等多方面知识综合掌握的人才，将新一代信息技术与会计相结合，运用大数据和智能思维应对相关的会计挑战。在大数据和人工智能时代，更需要提高会计人员的职业价值观和伦理道德素养、职业判断能力和管理创新能力，以及大数据技术平台、数据可视化、机器学习、人工智能、财务云、财务共享、云会计、大数据会计等知识的学习和应用的能力。

8.3 大数据下公允价值会计智能决策支持的数据治理机制

数据是决策的基础，是智能决策的基础"原料"，数据质量直接决定决策的成败，而数据治理是确保数据质量的基础机制。大数据下的会计数据治理或称会计大数据治理是支撑会计数据挖掘和智能决策有效运行的重要机制。

会计数据治理是数据治理的重要组成部分，IBM 数据治理委员会把数据治理界定为针对数据管理的质量控制规范，它将严密性和纪律性植入企业的数据管理、利用、优化和保护过程中。数据治理是通过治理主体，以数据资产管理的决策权分配和职责分工为治理核心，实施数据的决策、执行和监督制衡，实现在管理数据资产的过程中，做出正确的基于数据的决策，以实现数据资产价值的最大化的目的。

从框架来看，周振国（2020）认为"数据治理框架是为了实现数据治理的总体战略和目标，将数据治理领域所蕴含的基本概念（如原则、组织架构、过程和规则等），利用概念间关系组织起来的一种逻辑结构"。大数据治理是数据治理发展的一个新阶段。张绍华等（2015）认为"大数据治理是对组织的大数据管理和利用进行评估、指导和监督的体系框架，它通过制定战略方针、建立组织架构、明确责任分工等，实现大数据的风险可控、安全合规、绩效提升和价值创造，并提供不断创新的大数据服务"。

公允价值会计大数据治理由公允价值会计大数据决策机制、执行机制和监督机制三个部分构成，其具体框架如图 8-5 所示。

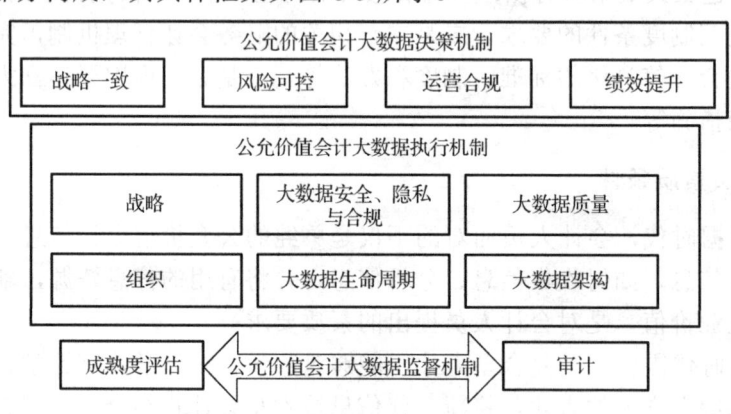

图 8-5 公允价值会计大数据治理机制的具体框架

8.3.1 公允价值会计大数据治理决策机制

在会计大数据治理领域中，决策机制就是建立与会计大数据应用相关的规则和程序、评价机制和追究制度，并建立会计大数据治理相关的组织结构，确定会计大数据应用相关的决策权力机构及其对应的决策内容和范围。这种决策机制致力于会计大数据治理的"价值创造和管控风险"总目标的实现（郑大庆等，2017）。具体而言，合理确保与组织整体战略的一致；降低决策风险，实现风险可控；大数据运行全周期中合法合规；按照重要性等进行会计数据资源的合理配置，满足战略、管控和运营的需要，最终实现组织绩效提升。

8.3.2 公允价值会计大数据治理的执行机制

公允价值会计大数据治理的执行机制包括大数据战略、大数据组织、大数据质量、大数据生命周期、大数据安全隐私与合规及大数据架构等领域。

1. 大数据战略、组织与质量

大数据战略的落地要以大数据的服务价值创造和管控风险为最终目标，依据大数据战略规划、制定战略方案，分解战略目标。培养大数据战略思维，评估会计大数据治理能力，监督落实相关战略。会计大数据治理需要由大数据利益相关者（大数据产生者、收集者、处理者、应用者、监督者）和大数据专家等组成的大数据治理委员会等组织实施治理，确保包括会计大数据治理的组织保障（郑大庆等，2017）。大数据治理离不开大数据质量管理。整个大数据质量管理的流程要有合规性和绩效性，具体的流程可以以质量保障机制为依托来进行扩展。

2. 大数据生命周期、安全隐私与合规

大数据生命周期管理是组织在明确会计大数据战略的基础上，确定会计大数据应用机遇与价值发现、大数据采集和预处理、大数据存储、大数据整合、大数据分析和挖掘、大数据呈现与应用、大数据归档与销毁等流程（郑大庆等，2017），并根据数据和应用的状况，对流程进行持续优化。大数据生命周期管理的治理活动重点关注如何在成本可控的情况下，有效管理、科学实施包括公允价值会计在内的大数据挖掘和决策，实现价值创造。重视公允价值会计大数据采集的策略、规范、实效，以及采集过程中的信息安全、隐私与合规要求。通过制定相关策略，确保大数据资产在使用过程中具有适当的认证、授权、访问和审计等控制措施。

3. 大数据架构

大数据架构包括大数据基础资源层、大数据管理与分析层和大数据应用与服务层。大数据基础资源层主要包括相关的数据库基础；大数据管理与分析层主要包含元数据、数据仓库、主数据和大数据分析等核心部分；大数据应用与

服务层研究数据接口和可视化技术及其应用。会计大数据治理的执行离不开环境、组织和利益相关者的支持。具体执行主要体现在数据采集中，在公允价值数据的日常采集中，要重视信息系统的维护，对采集的数据进行复核，关注数据质量问题，将发现的数据质量问题及时反馈到数据质量管理机制中，并进行跟踪治理。

8.3.3 公允价值会计大数据治理的监督机制

监督机制就是对大数据管理工作的评估（Evaluate）、指导（Direct）和监控（Monitor）（郑大庆等，2017）。大数据治理的监督机制旨在评估大数据应用的战略选择，为大数据应用提供方向，监控大数据应用工作的结果，并进行有效沟通。监督机制就是有效解决如何监督的问题，促成大数据治理目标的达成。公允价值会计大数据治理监督主要通过成熟度评估和审计监督机制。

1．成熟度评估

大数据治理成熟度模型可以帮助我们了解大数据治理的现状和水平，识别大数据治理的改进路径。大数据治理成熟度模型可以评估大数据隐私保护状况，提出全面系统的改进方案；评估会计大数据的准确性，制定大数据质量标准；评估大数据的可获取性，最大限度地获取有价值的数据，为组织的战略决策提供依据；帮助评估大数据的归档和保存、大数据的监管，保障大数据的连贯性，建立大数据标准和大数据共享机制。

2．审计监督机制

审计师通过对大数据治理进行监督、风险分析和评价，给出审计意见，有助于对大数据治理的流程和相关工作进行改进。大数据治理审计的对象涉及大数据治理的整个生命周期，能全面评价、组织大数据治理的情况，从而提高相关的风险控制能力，满足社会和行业监管的需要。

大数据治理的监督与反馈是一项重要的工作。智能决策系统需要定期进行评估与整改，对系统的数据质量、数据分布、数据生命周期、数据服务时效等状况开展全面评估，从问题率、解决率、解决时效等方面建立评价指标。利用评价指标来监督相关情况的运行，经常将输出的结果进行比对，全面支持智能决策结果。

8.4　大数据下公允价值会计智能决策支持的保障机制

大数据下公允价值会计智能决策支持的最基本的保障之一是公允价值（会计）数据质量和模型的科学性等。公允价值数据质量保障包括数据本身的质量和数据过程的质量的保障。前者是数据质量本身应有的属性，包括数据必须真实反映的实际情况，以及数据的准确性和完备性。数据的过程质量是数据在运用和存储过程中产生的数据质量问题，保证数据被准确无误地使用，且以可靠、安全的方式存储在适当的介质上，保证数据传输过程中的高效率和高质量。公允价值数据来源广泛，途径多样，其元数据的真实性与准确性直接决定公允价值数据库和公允价值会计数据库的质量。如果元数据或数据库质量保障机制不健全，那么公允价值数据库支持的会计智能决策系统无法发挥其应有的功效。

大数据背景下，若保障公允价值数据质量，不仅要利用新一代信息技术保证数据收集、加工的完备、准确和及时，而且要加强外部监督。公允价值大数据质量保障机制的总体框架如图 8-6 所示。

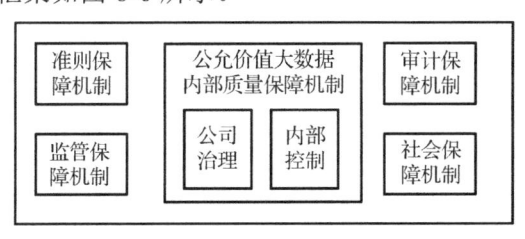

图 8-6 公允价值大数据质量保障机制的总体框架

8.4.1 公允价值大数据内部的质量保障机制

公允价值大数据质量包括公允价值源数据的质量、公允价值计量的数据质量及公允价值会计报告和披露的数据质量。公允价值大数据的内部质量保障机制就是通过企业内部治理机制和内部控制机制的完善实施，合理保障公司各类数据（结构化或非结构化）的准确性和可靠性。良好的公司治理是公允价值数据生成的基本要求。

内部控制为企业经营管理合法合规、资产安全、财务报告及相关信息真实完整提供合理保证。公允价值大数据的可靠性也需要内部控制来进行相关的风险防范。企业要加强相关大数据基础设施的内部控制，以及财务会计相关方面的内部控制，以此来进行相关的内部质量保障控制。公允价值内部控制具体可以落实到内部控制五要素的相关层面。具体为内部控制环境、风险评估、控制活动、信息与沟通和内部监督。

（1）内部控制环境是公允价值大数据质量保障的基础，公允价值大数据的形成过程和结果以企业内部治理结构、机构设置及权责分配、内部审计、人力资源政策、企业文化等为前提。大数据环境也驱动公允价值形成基础的企业内部治理结构和组织架构及权责配置等的重构，公允价值本身提倡公允真实和诚信等的企业文化，在大数据环境下得到实时体现公允价值的会计核算和报告，从而保障公允价值会计信息质量的改善或提升。

（2）风险评估是公允价值大数据质量保障的关键技术。大数据下公允价值会计面临新的或特别风险，企业开展风险评估技术，及时识别、系统分析与公允价值数据质量要求相悖的内外部风险，形成风险清单库和公允价值会计舞弊风险库。对这些风险库实时管理应对，极大程度地保障公允价值大数据的质量。

（3）控制活动是根据公允价值风险评估结果采用相应的一般或自动化式的控制措施，将公允价值风险控制在可承受度之内，需要通过授权审批、不相容职务分开、会计系统控制等活动，对公允价值会计数据形成过程，尤其是将公允价值数据源头采集的市场价格进行自动化控制，对第三层次的公允价值估计假设、模型等加以测试评价控制等。从信息系统角度，公允价值数据输入阶段需要公司治理和一般控制；公允价值信息形成阶段需要会计准则的合规控制和估值的职业道德控制；公允价值信息输出阶段需要内部审计评价和决策相关者效用评价等，从而合理保障公允价值系统数据的相关性、可靠性和决策有用性。

（4）信息与沟通是及时、准确地收集传递与公允价值内部控制相关的信息，并确保公允价信息的有效沟通（吴可夫，2010）。会计智能决策支持系统中基础性工作是数据的反复采集、输入、加工处理和输出信息的过程，同时也是数据库与模型库、知识库、方法库相互组合调用、协同产生决策结果与人机交互沟通的过程，因此信息与沟通是确保公允价值数据质量的有效措施。

（5）内部监督包括日常监督和专项监督。大数据环境下，日常监督可以涉及公允价值数据库维护、公允价值计量和披露的相关授权审批，公允价值计量方法的运用和计量结果的检验、相关内部控制规范与公允价值计量和披露之间的衔接，以及内部审计机构的信息技术一般控制审计、信息技术应用控制审计和公司层面信息技术控制审计监督等。专项监督涉及企业在调整发展战略时公允价值估价前提和假设的相应调整、对同一项目计量公允价值所运用估价方法的变更、相关会计人员变动后对公允价值计量和披露一致性的检验等（吴可夫，2010）。

8.4.2　公允价值大数据的外部质量保障机制

在公允价值大数据的质量保障机制中，内部质量保障是基础，在外部质量保障中，准则保障机制、审计保障机制、监管保障机制、社会保障机制等发挥着重要作用。

1. 准则保障机制

准则保障机制是在公允价值大数据的产生、输入、处理和输出及应用的全过程中,要遵守会计准则,用准则来保障数据质量的机制,具体就是强化《CSA39——公允价值计量》的有效实施机制。以便规范企业公允价值计量和披露,提高会计信息质量。大数据下公允价值准则除了财务会计准则方面,还涉及大数据技术方面的相关准则。数据的质量要遵守大数据技术的相关标准,只有遵循数据输出过程中的标准路径,数据的可靠性与安全性才会得到较好的保障。

2. 审计保障机制

审计保障机制是外部独立的第三方对数据和系统的可靠性、安全性等进行审计监督评价和鉴证,能提高数据和信息的可信性。大数据背景下审计范围广泛,不仅包括传统财务审计,还包括数据审计、信息系统审计等,合理确保数据的可靠、信息的安全等。对公允价值等会计估计的审计是公允价值会计信息质量的重要屏障,主要涉及公允价值计量的适当性和公允价值披露的充分性。审计师运用审计准则,针对公允价值会计数据的形成过程、环境及估计假设等进行审计取证和审计判断,合理保证公允价值会计数据、模型和系统的可信性及披露实务充分性等。

3. 监管保障机制

监管保障机制主要是政府的行政监管机制,如财政部门、税务、人民银行、证券监管、保险监管、审计机关等政府部门,按照相关法律规定对公允价值信息进行相关的专业监管和问责。大数据背景下,政府及相关机构更要严格把控数据的质量与规范性。同时,监督保障机制还要重视法律规范的建设,加强相关立法监督,严格控制大数据下公允价值信息质量。

4. 社会保障机制

社会保障机制主要是社会上的相关媒体报道与社会上相关的道德保障机制。大数据背景下更重视社会道德和价值观,讲求诚信和数据可信,网络社交等媒体报道促进公允价值等信息的透明性,有利于保障相关数据的质量。

8.5 大数据下公允价值会计智能决策支持的应用——信贷/审计决策

8.5.1 大数据下公允价值会计数据挖掘在信贷决策中的运用

8.5.1.1 公允价值在信贷决策中的作用

信贷决策是银行基于客户(或借款人)的偿债能力、盈利状况等向客户贷款的决策。公允价值作为计量工具可以影响银行本身，也可以影响银行的判断，从而导致在银行信贷过程中的顺周期性。在公允价值计量下，企业会随着经济繁荣和衰退所引起的市场价格波动，通过计提贷款减值损失等会计处理，从而影响投资损益，进一步影响银行资本充足率、信贷和投资能力，存在着顺周期效应（黄世忠，2009）。信贷顺周期性可能源于金融加速器机制、银行及监管部门的不审慎行为（Lown，2000；Bernanke，1999；Syron，1991；Bangia，2002）。公允价值影响商业银行的信贷决策，也影响相关企业（顾瑞鹏，2011；王海英，2009）。

企业采用公允价值计量模式后，贷款单位在签订债务契约前，应该考虑公允价值变动收益、计入所有者权益的公允价值变动损益对企业的偿债能力、营运能力、盈利能力、成长性等财务状况的影响，以使债务契约更合理、公平，使债权人利益免受侵害。因此，随着银行金融大数据和企业等客户的会计大数据的形成，运用数据挖掘等技术对影响信贷决策的相关数据进行挖掘，辅助信贷决策。

8.5.1.2 信贷决策的具体流程

信贷决策的目标一般是基于客户的财务指标，按一定的利率贷放给客户一定的贷款，并约定按一定期限进行贷款回收，以此获得收益。信贷决策的具体流程可以分为十个步骤，如表8-1所示。

表 8-1　信贷决策的具体流程

步骤	流程	要点
1	信贷关系建立与贷款申请	客户进行贷款申请，与银行建立信贷关系
2	对贷款人信用等级评估	银行收集贷款企业的相关数据指标，进行信用评级，这是大数据挖掘运用的主要领域
3	贷前调查与项目评估	对企业进行全面深入的分析对比调查，对项目的可行性进行相关的评估分析，为贷款事宜打下基础
4	贷款初审及项目审批	银行对贷款项目进行相关审查并审批
5	签订贷款合同与贷款发放	表明贷款项目成立
6	贷后检查与贷款项目管理	贷款项目签订后还要进行后续关注，以降低贷款违约风险，保证贷款的回收
7	贷款回收与贷款展期	贷款时间结束后进行贷款回收，无法回收的项目考虑是否可以展期
8	不良贷款监管与资产保全	对不良贷款进行监管，尽可能保证资产
9	贷款利息回收	—
10	信贷资产风险监控	在整个信贷流程中进行相关的信贷风险监控，具体包括贷前审查不严、过度授信、贷款挪用、欺诈、违反规程、内外勾结、向关系人发放、操作失误、监控不严等

8.5.1.3 大数据下公允价值会计数据挖掘在信贷决策中的具体应用

大数据下公允价值会计数据挖掘在信贷决策中的运用其实也涉及以上的十个具体步骤，其主要运用在对贷款人信用等级评估和贷前调查与项目评估上。因为在银行信贷决策中，银行的信贷人员需要了解贷款客户基本状况和业务往来记录，最重要的是应当对借款客户偿还贷款的诚意有一个明确的了解，但是仅有偿还贷款的诚意是不够的，贷款是靠现金而不是靠诚意来偿还的，因此要进行充分的信贷评估和贷前调查。信贷人员只有通过全面的数据挖掘与分析，才能评估贷款企业的财务状况和经营业绩，进而做出贷与不贷、贷多少的判断。

银行需要挖掘贷款企业财务报表中涉及公允价值会计的信息，了解利润中的相关虚实，评估公允价值指标对企业财务状况和经营业绩的固定指标的影响，如公允价值计量引起的反映企业偿债能力、盈利能力等指标的变化。同时，可以依据财务报表和相关披露中相关的财务指标，依据盈余管理的相关模型分析数据的真实性。除此之外，相关的行业信息，以及宏观经济、政治信息、法律信息及企业的非财务信息等都要进行相关的数据挖掘与筛选，以对企业进行全面的评估。

大数据在贷款监管和信贷资产风险监控中也有着较大的作用，数据云平台的打造可以更便捷地进行相关数据的整合，贷款监管将更有迹可循，信贷资产风险监控也将有更充分的证据支持，具体流程如图8-7所示。

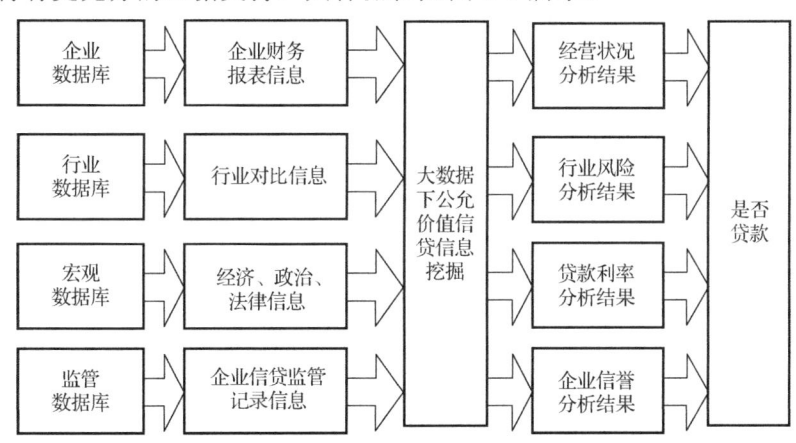

图 8-7 大数据下公允价值会计数据挖掘在信贷决策中的具体流程

整合相关的数据库，连接相关的云计算平台，进行数据挖掘。具体可以从企业数据库中挖掘企业财务报表信息，分析企业的经营状况和财务形势；从相关行业数据库中挖掘可以进行相关比对的行业信息，探究行业风险；从宏观数据库中挖掘相关的法律、政治、经济信息，进行贷款利率的探究；还能从监管数据库中挖掘相关的企业信贷监管记录信息，了解企业信誉，更好地进行信贷监管和管控。

另外，银行可以利用实证的方式对历史数据进行挖掘分析，通过相关企业的对比，确定相关公允价值信息的相关性和可靠性，进行企业真实资本的推测。再从系统中调出相关企业和银行的信用标准，进行对比分析，同时确定银行相关的信贷决策，并智能展开决策。

8.5.2　大数据下公允价值会计数据挖掘在审计决策中的运用

8.5.2.1　大数据下数据挖掘技术与审计决策

大数据背景下，审计流程中的审计决策包括审计业务的承接、审计收费的确定、审计计划的制定、审计实质性程序的实施、审计报告的出具。通过对被审计单位的内外部审计证据数据实施数据挖掘，开发审计决策支持系统，从而实现智能审计决策，可以减轻注册会计师的工作量，使审计结果更精准。

1. 审计师业务承接与变更决策

审计师在考虑是否进行业务承接时需要了解被审计单位的相关情况，研究被审计单位的环境，与前任注册会计师进行沟通，对其他相关人员进行咨询。这样可以较为全面地评估被审计单位的业务水平和诚信道德，使审计的开展更为顺利。在标准的审计流程中，审计业务承接时的考量必不可少，但是当被审计单位为了自身利益提供虚假信息时，审计师不一定能及时发现。同时审计信息收集的滞后性，也可能导致审计业务的错误承接。大数据下的审计可以减少此类现象的发生。

数据挖掘技术使得连续审计技术成为可能。数据挖掘技术与实时审计、计算机辅助审计、联网审计、非现场审计等方式高度融合，实现审计人员和被审计单位电子数据的及时连接与交互，克服了当前审计的滞后性。在这种环境下，被审计单位所有的业务行为都被记录。相关的审计数据库记录了以往的审计结果、相关的审计资料。拟承接的审计师将获得有关进入该企业的云审计平台的权限，该平台提供相关的经过监管机构明确证实关于审计环境、职业道德的相关资料，政府机构、前任审计师实时进行证实，由此提供的资料更及时、可靠，注册会计师可以更好地了解被审计单位，由此决定是否接受业务委托及进行审计师变更决策。

2. 审计定价决策

审计收费的影响因素有很多，包括公司规模、事务所规模、财务指标、审计意见等。公允价值更是一些企业重要的影响因素。审计师在确定审计费用时，需要一定的时间成本来收集审计证据，确定审计收费。同时可能因为盈余管理的存在，出现一些异常审计收费，大数据下可以减少异常审计收费，节约审计定价的成本。

审计数据挖掘技术的应用使得审计师可以通过网络、移动通信、数据库等获得数据，可以降低审计人员的时间成本和审计证据收集成本。同时审计数据库记录着历年审计费用，结合审计定价实证研究的方法，挖掘影响审计定价的相关数据，测算相关数据之间的关系，可以确定审计定价的合理性，减少审计购买行为。大数据下的审计收费将受到信息技术的较大影响，信息系统的性能提高审计定价中信息技术的成本，降低定价决策错误的机会成本，提高定价决策的效率。

3. 审计风险评估与计划决策

注册会计师审计需要制定恰当的审计计划来实现资源的合理利用，提高审计效率。数据挖掘的实时性使得审计的范围变得更宽，审计报告的时隔变得更短，进一步地，审计计划的制定更具有实时性，更注重结果的分析与运用，实时监控、调整，以更实际地贯穿审计全过程。随着更为完备的审计数据库的建立，将给审计计划的制定提供更为清晰完整的思路，提高效率。

审计风险评估和应对是审计流程中的重点。大数据下的信息更为充足，风险评估中可以结合一系列计算机技术，进行数据挖掘式审计，更好地发现风险异常点，获取有效的审计证据。数据挖掘技术辅助实质性分析程序，将会有更具体的审计效果。大数据下的审计环境更加复杂，审计风险评估除了审计流程中的风险，还涉及计算机中的相关风险。审计人员的计算机素质需要提高，学习 COBIT 5.0 标准，对信息安全进行控制，审计流程中也要进行计算机安全审计，关注数据存储的安全性和完整性。

4. 审计证据决策

在大数据背景下，审计证据的获取将变得更为容易。例如，函证程序的运用不再需要信件及个体亲自的现场往来，系统的联网、云审计平台的构建将使得计算机技术上的函证有其可靠性。全面开放的数据资源使审计证据的数量增多，但是审计的质量不会降低，反而因为大数据的时效性减小了误差，增强了可信度。数据挖掘技术的运用，可以更迅速地提取相关的审计证据，降低人工成本。所有的审计证据将受到多方监督，不一致的审计证据可以通过联网查出，审计证据将更具可靠性。同时一系列交叉复核的审计证据可以依靠计算机技术完成，大大节约人工成本，并且审计证据的充分性与适当性将得到保证。审计证据决策的智能化可以大大提高审计效率。

5. 审计报告决策

审计报告决策即四种审计意见决策，是指注册会计师对出具无保留审计意见、保留意见、否定意见、无法表示意见的审计报告进行决策。大数据环境下审计报告决策的对象不变，但是支持决策的信息将会以极快的速度增多，信息的增多可以提高审计质量，增强审计报告的有效性。

智能决策系统能根据一条条罗列的事项，通过算法实现一些基本事项的判断，得出较为基础的审计意见。此后，注册会计师只需要利用职业判断，结合非智能的审计证据，提出自己再次判断验证的审计意见，由此得出的审计意见既有可靠事实的支撑，又有职业技能的支撑，更为可靠、快捷，并且提高效率。

全面审计可以提供与企业内部更为相关、全面的审计报告，因为有大量数据的支撑，所以只要进行适当的数据挖掘分析，就能得到与内部管理相关的数据资料，这些资料可以进行智能分析，自动生成管理会计报表，将更好地支持管理会计，促进全面预算管理的展开，继而为下期的工作提出有利的建议。大数据下的研究、分析更准确，管理层可以借鉴，并以此展开企业管理，使多方受益。

大数据的实时性将使得实时审计报告决策成为可能。数据库数据实时更新，审计师掌握数据挖掘技术后，可以借助计算机的辅助功能，快速编制审计报告和所附的财务报表，因为财务信息的可靠性，财务报告和审计报告的可靠性也能加以保证，审计效率提高，实时的审计报告将为各利益相关者的决策带来巨大的影响。实时的审计报告减少了审计报告滞后现象，呈现的信息将更具相关性，信息含量更高。

8.5.2.2 大数据下审计师决策支持系统运行模式

（1）大数据下审计师决策支持系统研发的目标是提供审计师业务承接与变更决策、审计风险评估与计划决策、审计证据决策、审计定价决策和审计报告决策。审计的具体原则是依风险导向审计原理，实行大数据下的注册会计师审计。在整个审计实施过程中，要注重审计平台的搭建和审计数据挖掘技术的运用，按照数据挖掘、数据清洗和数据转换的方法对数据进行处理，进而展开决策。大数据下公允价值会计数据挖掘在审计决策中的运用流程如图 8-8 所示。

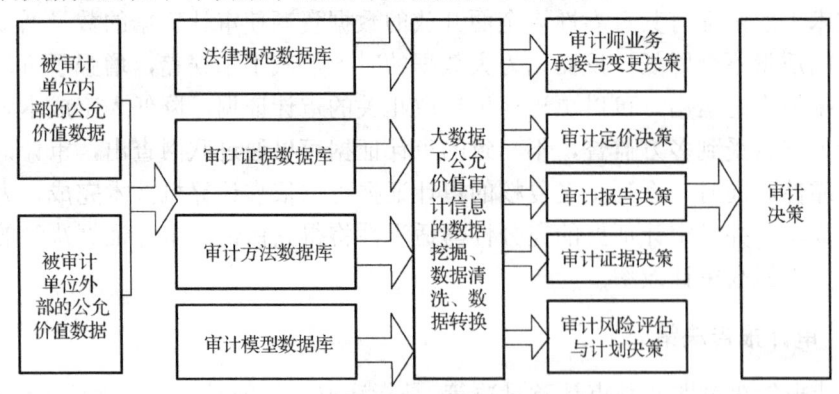

图 8-8 大数据下公允价值会计数据挖掘在审计决策中的运用流程

第 8 章　大数据下公允价值会计智能决策运行机制

（2）审计决策离不开计算机技术的支持，离不开我国大数据战略中云审计平台的建设。因为该系统首先要整合全行业的数据资源，并且内部存储有较为全面的风险预警模型。可以建立包含我国居民收入、消费、固定资产投资、财政收支等方面的数据，以及此类数据随时间变化的风险数据库；建立关于审计对象历年经营信息的审计对象数据库，涵盖各种审计方法的审计方法库，各种审计证据信息分析的审计证据库等，这些都是审计信息支持数据库。各个数据库的资源整合使得数据挖掘的信息源充足。

具体部署四大数据库，即法律规范数据库、审计方法数据库、审计证据数据库和审计模型数据库。各种法律规范数据库包括内控规范指南数据库，涵盖各行各业各种程序中的内部控制规范数据，各种审计、会计及经济法规的数据库可以为审计提供法律依据和规范指引。建设审计证据数据库，包括审计证据收集的方法、审计证据分析的方法、审计程序展开的方法、相关审计提示的方法，以及审计风险因素识别的方法，整合成支持的知识库平台。同时审计风险的应对、风险的控制等可以综合成审计方法库。各种审计案例、审计模型共同打造审计模型数据库。同时被审计单位的信息也要导入整个云审计平台，数据挖掘可以通过私有云技术展开。

（3）在数据平台建设的基础上，系统对被审计单位的数据依次进行采集、预处理、分析。可先通过数据挖掘分类技术对财务报表与数据库中采集的历年数据和行业数据进行横向对比，再通过时间序列模式模拟分析本年的财务报表和数据，评估被审计单位，基于能否发现异常的判断智能地展开审计师业务承接及审计师变更决策。

（4）确定承接业务后，挖掘被审计单位内控系统的程序设计数据，结合非财务数据及多种数据挖掘技术，找出存在错报或风险的关键点，智能展开风险评估决策与审计计划策略制定。对审计环境的整体有个总体把握，找出存在错报或风险的关键点，对接下来审计工作的难易程度有一定的心理准备，针对不同的难易程度展开各种审计程序，进行细节测试和实质性程序。

（5）审计定价决策依据审计工作的难易程度展开，通过企业规模、事务所规模和相关财务指标数据的挖掘制定。审计证据的采集需要更为全面地进行数据挖掘，对确定的风险较高领域，采用更为复杂的数据挖掘技术进行分析，确定具体出问题的数据。如交叉复核技术，聚类和关联规则分析，可以替代人工进行智能决策，同时与关联方的系统联网，依据权限用智能替代人工，可以省去譬如人工去银行询证的一些步骤。

（6）依靠数据挖掘技术进行审计证据决策后，再进行审计报告决策，依据能否获得审计证据和财务报表中是否存在重大错报及其广泛性，系统自动分析出对应的审计报告类型，进行审计报告决策。在整个审计系统智能决策中，人员的作用将会大大减弱，因为系统提供了足够多的便利，但所有的程序都会留下记录、存档，并继续导入数据库，为下次审计提供基础与指导，有利于整个审计循环、高效地运行。

（7）审计师数据挖掘与智能决策系统需要软件人员的硬件支持，需要进行系统开发，了解五大决策需求，利用Hadoop、HPCC等导入业务支持数据库。大数据下的安全审计和系统维护是必需的，软件人员要与注册会计师协作，参与注册会计师审计使用反馈，并集合审计结果数据，进行改进升级和长久维护。

大数据对审计的影响不仅表现在审计行业战略规划上，而且表现在审计执业流程的变革上。随着大数据、云计算、互联网技术的发展，实时审计或智能审计决策将逐渐成为现实。大数据下审计市场数据挖掘技术的应用降低了审计业务承接和审计师变更决策中的风险，挖掘影响审计定价的相关数据减少了异常审计收费，节约了审计定价的成本；并且随着更为完备的审计数据库的建立，将给审计计划决策的制定提供更为清晰完整的思路，谋划能高效获取充分性与适当性审计证据的策略，实现审计证据决策的智能化和审计报告决策的实时化。为此，构建以审计市场内外部大数据为基础的智能审计决策支持系统和大数据审计平台，实施大数据挖掘技术获取充分适当的审计证据等，为审计师智能决策提供模式支撑，将极大地提高审计效率和效果，更好地服务社会公众。

8.6 本章小结

大数据下公允价值会计智能决策支持包括网络型会计决策支持、云计算会计决策支持、大数据会计决策支持等，由此形成的"大智移云物区"下会计智能决策支持系统的基本结构是由客户机/服务器组成的。根据系统目标，各系统运行要素是指：主体、内容、方法、条件等相互作用构成运行机制，并且得到大数据内部和外部质量控制与大数据治理机制的保障，在确保大数据的质量下，促使大数据下会计智能决策支持系统的有效运行，服务于内外部决策，如信贷决策和审计师的智能决策。

第9章 公允价值会计智能决策支持系统研发与应用

公允价值会计数据支持智能决策需要研发会计智能决策支持系统。本章探究公允价值会计智能决策支持系统的构成和开发的主要步骤。基于数据仓库原理和技术，研究会计数据仓库是会计智能决策支持系统的关键部件，其主要功能包括会计数据获取、数据存储和决策分析。会计数据仓库的设计是会计数据挖掘和智能决策的基础，其开发设计遵从一般的开发程序与方法，如结构性的开发、生存周期法、原型法和螺旋式周期性开发方法。公允价值估值系统是公允价值会计智能决策支持系统中的基础子系统，据此，进一步研究公允价值估值系统的设计与应用。

9.1 公允价值会计智能决策支持系统开发——生命周期法

公允价值会计智能决策支持系统由公允价值会计的一系列决策子系统构成，包括公允价值计量决策子系统、公允价值会计记录决策子系统、公允价值会计报表编制决策子系统、公允价值会计报表审计决策子系统、公允价值会计分析子系统、公允价值会计信息决策应用子系统等。因此，系统的开发首先遵循决策支持系统开发的一般流程（陈文伟，2017），如图9-1所示，具体为决策目标—系统分析—系统初步设计—系统详细设计—程序设计—集成—测试维护等，同时要考虑公允价值会计的特征。

1. 公允价值会计智能决策支持系统的分析

针对公允价值会计的实际决策问题，确定决策目标。例如，公允价值会计的核心问题是如何确定公允价值的金额，即计量决策问题。决策目标包括公允价值可计量的金额，时间限制在计量日、管理层对公允价值计量负责任，公允价值金额确定后服务于记录和报告等。明确了决策目标才能有效地开发决策支持系统来达到目标。

在系统分析中需要对行业和单位的公允价值会计核算现状进行深入分析，发现存在的问题，如公允价值会计确定的手工效率（非实时性）问题，针对问题进行新系统的可行性论证。对公允价值会计核算新系统，提出总体设想、途径和措施。在系统分析的基础上，提出公允价值会计智能决策支持系统的分析报告。

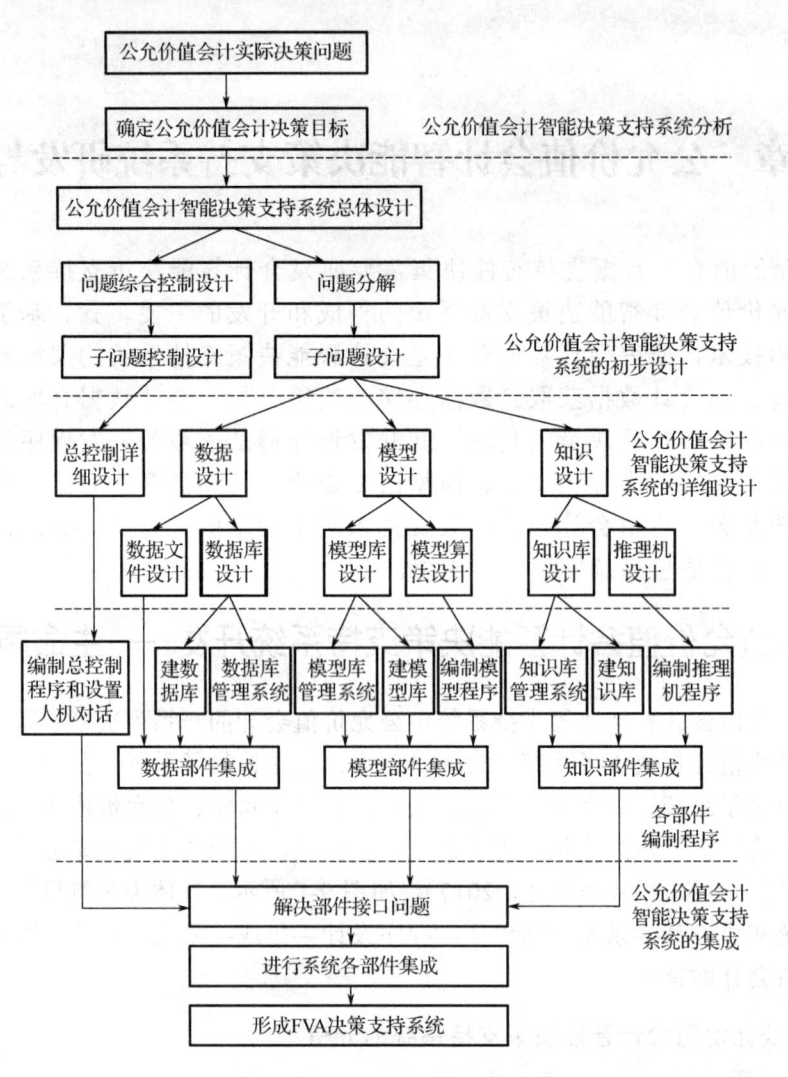

图 9-1 公允价值会计智能决策支持系统开发流程

2. 公允价值会计智能决策支持系统的初步设计

初步设计是指完成系统的总体设计，进行问题分解和问题综合，其包括模型和数据的初步设计。

模型初步设计。① 考虑是建立新模型还是选用已有模型，如金融资产公允价值的期权定价模型。② 对于选用已有成功模型，考虑是采用单模型还是多模型的组合，如公允价值分层模型、公允价值会计记录的复式记账模型等。需要根据实际问题而定，对于数量化较明确的决策问题，可采用定量的数学模型，如活跃市场中资产公允价值依据公允市价的确定。对于数量化不太明确的决策问题，如公

第 9 章　公允价值会计智能决策支持系统研发与应用

司投资性房地产计量政策选择问题、公允价值会计舞弊决断问题等，应该采用知识设计，选定知识表示形式，进行会计舞弊知识获取，建立会计舞弊知识库并完成知识库管理系统。③ 对简单决策问题，采用定量模型和定性知识推理来加以解决，如公允价值变动的会计记录，可按照借贷记账规则知识加以解决。对复杂决策问题如公允价值会计舞弊决断，需要定量模型和定性知识推理相结合，同时要设计好问题综合控制。

数据初步设计。① 要考虑数据提供辅助决策的要求，如股价是交易性金融资产的价值确定的市场数据。② 为模型计算提供所需数据，需要与模型设计一起考虑，如公允价值第三层次的计量模型采用收益法模型，要考虑将未来预期收益预测模型及其输出数据和折现率等数据作为收益法模型的输入数据等，并统筹考虑。

3. 公允价值会计智能决策支持系统的详细设计

公允价值会计各子问题的详细设计是对数据、模型、知识、问题综合的详细设计。

① 对公允价值会计数据的详细设计包括公允价值相关的专业市场数据库详细设计、公允价值会计凭证数据库和账簿数据库及公允价值会计报表数据库的详细设计等。② 公允价值会计模型的详细设计包括公允价值估值模型算法设计和公允价值层次模型库设计，由公允价值会计模型程序文件（源程序文件和目标程序文件）和公允价值会计模型说明文件组成。③ 对公允价值会计知识的详细设计，包括确定公允价值会计知识表示形式。

4. 各部件编制程序

在编制程序阶段，需对公允价值会计的四个部件进行处理。① 公允价值会计数据部件，是通过数据库管理系统进行处理的。利用会计数据库管理系统提供的语言，针对公允价值会计数据库，建立有关数据库查询、修改等数据处理程序。② 公允价值会计模型部件，是通过会计模型库管理系统对模型库中的模型字典和模型文件进行有效管理，通过设计模型库管理语言（C、Pascal 等），对模型的算法编制程序。③ 公允价值会计知识部件的处理，需要建立会计知识库、编制推理机程序和开发知识库管理系统。④ 公允价值会计综合部件的处理，编制决策支持系统总控程序是按总控详细流程图，选用具有数值计算能力、数据处理能力、模型调用能力、知识推理调用能力等的计算机语言（C、Pascal 等）来编制程序（陈文伟，2017）。

5. 公允价值会计智能决策支持系统的集成

公允价值会计智能决策支持系统的集成关键要解决四个部件的接口问题。四个部件的集成是指由总控程序的运行实现对模型部件、知识部件、数据部件和综合部件的集成，并形成决策支持系统。

9.2 公允价值会计智能决策支持系统中数据仓库的开发

9.2.1 数据仓库开发过程——一般开发方法

"大智移云物区"下数据仓库服务器和联机分析和数据挖掘服务器是会计智能决策支持系统结构中的关键技术。无论何种决策支持系统，数据都是基础，没有数据、数据库和数据仓库，数据挖掘是不可能的，并且决策是不科学的。因此数据仓库是在数据库基础上发展的数据管理的高层次工具。公允价值会计智能决策支持系统中，会计数据仓库的主要功能包括会计数据获取、数据存储和决策分析。会计数据仓库的设计是会计数据挖掘和智能决策的基础，其开发设计遵从一般的开发程序与方法，如结构性的开发、生存周期法、原型法和螺旋式周期性开发方法。

生存周期法包括计划制定阶段、需求分析阶段、系统分析与设计阶段、系统编码阶段、系统测试阶段、运行维护阶段等。快速原型法是一种对不确定问题域的软件开发方法，包括基本需求分析、基本工作模型形成、模型验证、模型修正与改进，形成新模型、判定原型完成、整理原型提供文档等。

9.2.2 会计数据仓库开发过程——螺旋式周期性开发方法

基于螺旋式周期性开发方法，会计数据仓库开发过程有分析与设计阶段（需求分析—概念设计—逻辑设计—物理设计）、数据获取阶段（数据抽取—数据转换—数据装载）、决策支持阶段（信息查询—知识探索）、维护和评估阶段（数据仓库增长—数据仓库维护—数据仓库评估）。

1. 需求分析与设计阶段

（1）需求分析。会计数据仓库的需求分析是根据用户（利益相关方：投资者、债权人、分析师、审计师、监管者等）的决策支持需求，确定决策主题域（包括公允价值会计数据对股票投资决策是否有用、金融工具公允价值的价值相关性分析、投资性房地产的公允价值相关性分析、公允价值分层计量信息价值相关性分析等），并分析主题域的商业维度（公允价值数据的时间维度、项目维度、行业维度等），如表 9-1 所示。同时分析支持决策的数据来源（公允价值数据来源于内部数据、外部市场数据等），以及向决策主题数据的转换（公允价值数据的三级估计转化、公允价值确认与记录转化等）。分析整个数据仓库的数据量大小及数据更新的频率，并确定决策分析方法等。

第 9 章 公允价值会计智能决策支持系统研发与应用

表 9-1 公允价值多维数据表

维度	粒度				
时间维度	计量日	周	月	季度	年
项目维度	交易性金融资产	可供出售的金融资产	持有到期金融资产	投资性房地产	生物资产等
行业维度	金融业	制造业	信息技术业	房地产业	农业等
层次维度	第一层次	第二层次	第三层次	结构化	非结构化等

（2）概念设计。利用需求分析的结果建立概念模型（每个决策主题与属性及主题之间的关系用 E-R 图表示），确定主题域及其内容。E-R 图能有效地将现实世界表示成信息世界，也便于向计算机的表示形式进行转化，如公允价值计量的交易事项与会计科目的 E-R 图如图 9-2 所示。公允价值将变动计入公允价值变动损益科目和其他综合收益科目或资本公积科目等。

图 9-2 公允价值计量的交易事项与会计科目的 E-R 图

（3）逻辑设计。需要分析主题域，将概念模型（E-R）转化成逻辑模型，即计算机表示的数据模型。数据仓库的数据模型一般采用星形模型。如投资性房地产分析的星形模型，如图 9-3 所示，投资性房地产分析 E-R 图，如图 9-4 所示。

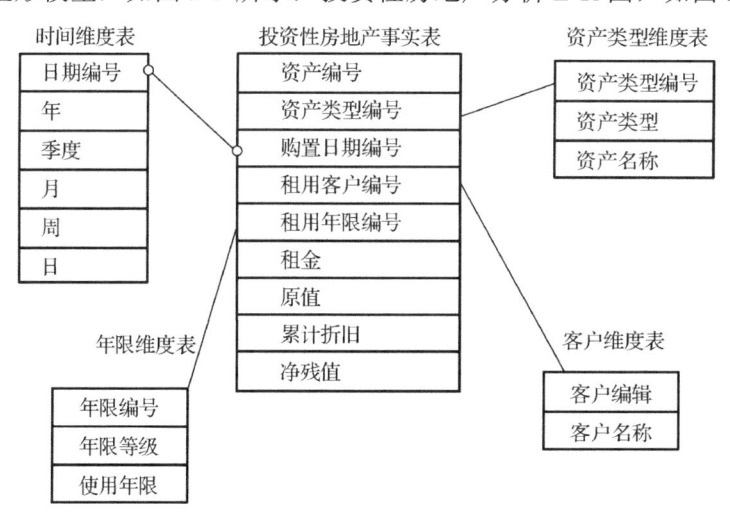

图 9-3 投资性房地产分析的星形模型

大数据下公允价值会计数据挖掘与智能决策研究

```
┌──────────────────┐      ╱╲       ┌──────────────┐
│ 投资性房地产记录表 │────<客户编号>────│  客户信息表   │
└──────────────────┘      ╲╱       └──────────────┘
```

图 9-4　投资性房地产分析 E-R 图

（4）物理设计。物理设计是对逻辑设计的数据模型确定物理存储结构和存取方法，包括投资性房地产数据库设计（对主题中的事实表和维表设计数据库存储结构和存放位置）、概括表（按月或行业代码建立）和索引。

2．数据获取阶段

公允价值数据仓库的数据来源于多个数据源，主要是企业内部数据（交易和事项）、存档的历史数据、企业的外部市场数据，如金融市场、交易所、房地产市场、农产品市场等数据。这些数据可能在不同的硬件平台上，使用不同的操作系统。利用局域网的内部数据收集、互联网外部数据收集、物联网的连接采集、ERP系统联机采集、财务共享中心数据采集、专业数据库（如国泰安、万得数据库、知网数据库、政府网站）等。

数据仓库需要将这些源数据经过抽取、转换和装载（ETL）的过程，存储到数据仓库的数据模型中。经过 ETL 过程，将源系统中的数据改造成有用的信息存储到数据仓库中。在 ETL 过程中开发数据仓库占用 70%的工作量。如企业自动生成会计凭证库，作为会计数据仓库的一部分。

3．决策支持阶段

会计数据仓库的建立目的是支持决策，包括信息查询和决策分析（知识探索），前面已述。基于数据仓库的联机分析处理（OLAP）决策分析工具，帮助用户从多角度、多层面观察数据仓库中的数据，深入了解隐藏在数据中的规律和趋势，从而有效地辅助决策。

4．维护和评估阶段

该阶段包括数据仓库扩增、数据仓库维护（适应增长性维护和正常系统维护）和数据仓库评估（包括系统性能评定、投资回报和数据质量评估）等步骤。

综上所述，四个阶段螺旋式周期性设计、运行、优化和应用，是会计数据仓库开发的过程，在此基础上进行数据挖掘，发掘有用信息，辅助支持决策。

9.3 大数据驱动的公允价值会计估值系统设计

9.3.1 引言

我国公允价值计量属性从最初引入发展至今经历了多番波折。2014年1月，财政部正式发布《企业会计准则第39号——公允价值计量》，对公允价值的定义、计量方法、层次划分及披露要求给出了明确的规定。这一准则对我国企业公允价值的使用起到了及时的指导作用，加快了公允价值计量属性在我国的进一步推广、使用，更为提高会计信息的相关性和可靠性提供了帮助。但在实际运用过程中，由于公允价值估值过程较为复杂，且受到会计人员时间、精力、专业胜任能力的限制，公允价值计量中涉及较多的主观判断因素，随着我国经济的快速发展，市场竞争日趋激烈，公司经营风险或压力驱使经营管理层试图利用公允价值会计估计进行盈余管理，利益相关者对公允价值的形成过程的疏于监督也给了公司管理层利用公允价值会计估计进行盈余管理的机会，学术界和实务界对于公允价值的争论不断。这些问题的源头均不在于公允价值本身，而在于公允价值估值方法的使用。尽管准则对公允价值估值方法进行了详述，但估值实践中仍缺乏统一的流程和具体的量化标准。尽管准则要求上市公司在财报中披露公允价值计量的相关信息，但查阅上市公司年报可以发现，公允价值估值的具体过程仍难以得知。故本节试图结合大数据和计算机系统，构建公允价值会计估值系统模型，为解决上述问题提供思路。

9.3.2 文献综述

长期以来，学者对公允价值计量属性观点不一，尤其是2008年国际金融危机爆发前后，学术界对此众说纷纭。葛家澍、窦家春（2009）在国际金融危机的背景下提出应根据形势需要暂停使用公允价值计量；尉然（2009）持有同样的观点，此外他还指出公允价值理论的假设前提难以满足、反应的利润不真实、提供的信息没有相关性等缺陷。甚至还有部分学者认为公允价值计量的引用引发了金融危机。而张金若（2010）则认为公允价值计量缓和而非加剧了经营业绩的波动，且在金融危机这一特殊时期，应当利用公允价值计量方法积极地面对客观的市场波动。

现有公允价值会计估值的相关研究主要集中于传统估值方法，葛家澍（2007）对比分析IASB和FASB对公允价值的定义和应用条件，认为公允价值是面向市场、以假象交易为对象的计量属性；陈霞（2013）认为经济学理论是公允价值估值技术的根源，并对三类基本估值技术——市场法、成本法和收益法的理论基础和应用条件进行了详细阐述；胡庭清、谢诗芬（2011）以非活跃市场环境为背景探讨公允价值计量的选择与估计方法,并提出从宏观角度提升非活跃市场环境下公允价值计量体系的建议措施;林春树(2014)以资产组为例阐释公允价值计量方法及其三个层次。此外,部分学者(如邓永勤等(2015)、翟敏锋等(2015)、李英等(2012)、林乔青(2018))则分析公允价值计量的优点、在实践中存在的问题,并提出提升会计人员素质、发展成熟的市场经济等不同角度的建议。

随着信息技术在各个领域的不断深入,逐渐有学者研究信息技术在估值方面的应用。例如,陈玉罡、刘彧(2018)阐释了信息时代下,Value Go 估值机器人的核心思想——剩余收益模型,并展示 Value Go 核心思想发现价值被低估的优质标的公司,表明大数据时代公司价值估计的新发展方向;曾晖(2014)提出通过数据挖掘技术估计多任务进度汇总权重,并支撑基于数据挖掘的工期进度控制模型,为会计估计中的难点——完工百分比法和工程项目管理中的进度控制问题提供解决方案。闫旭东(2014)探讨了土地估价中大数据技术的融入应用,包括大数据对行业数据积累、对专业估价的支撑应用及促进土地估价行业的服务创新等;丁振辉等(2016)表示可以将大数据技术应用于小微金融业务中的信用评估、借贷企业的真实流水估计、融资需求估计以及抵(质)押品的估值等。

大数据技术及其他信息技术对公允价值计量发展的驱动也成了学者们研究的新课题。例如,郝玉贵等(2017)通过实证分析证明采用大数据战略对公允价值计量具有积极支持作用;方恒阳(2016)提出信息时代通过对大数据的分析可以降低公允价值计量中的不确定性,并且可以搭建大型数据库通过对数据的综合管理提高公允价值计量的准确性;程平、王晓江(2015)认为可以利用云会计平台获取公允价值估计的相关数据,并借助大数据技术进行分析处理来准确地估计公允价值;吴军、王砚(2016)认为通过大数据技术可以解决不同国家或地区在公允价值计量上的差异问题,从而形成技术"代理"为公司提供标准、统一而专业的公允价值估值服务。

总体而言,我国现有相关研究主要集中于传统公允价值计量,少有的研究立足于信息时代的相关文献均站在宏观角度,而缺乏更进一步的落地到微观的研究。故本章着重结合大数据技术和软件系统,聚焦公允价值会计估值系统模型的设计与研究。

9.3.3 公允价值会计估值系统理论分析

1. 一般估值系统内涵与特征

依照"计算机之父"冯·诺依曼提出的计算机体系结构,计算机由控制器、运算器、存储器、输入设备、输出设备五部分组成,计算机操作系统就像一个制造业企业,从键盘、鼠标、网络接口等输入设备输入"原材料"——数据,存放

第 9 章　公允价值会计智能决策支持系统研发与应用

在"仓库"——存储器中,在"生产安排"——控制器的协调指令下将数据调入"加工车间"——运算器中进行计算,最终产出"产品"——输出设备输出的内容。计算机运行的所有系统和程序的思想都是以输入—运算处理—输出为主体结构的,估值系统也不例外。一般的估值系统以输入估值参数、计算估值、输出估值结果为架构,还包含存储估值参数、计算中间值等的数据库。

估值系统是通过编程语言在计算机操作系统上设计运行的,因此其具有流程化、程序化的特点。估值系统的设计与实现的重要步骤之一就是将估值过程、估值模型以程序流程图的形式表现出来,这也是程序设计和编写的依据。此外,估值系统的设计和应用目标是对不同标的物的某个参数或多个参数进行估计,而各个标的物的属性、特征可能是不相同的,估值系统应当具备穷举性,即考虑到不同标的物的差异性,将所有可能的估值条件和估值流程纳入设计的考虑范围,提高系统的适用性。

2. 公允价值会计估值系统目标及其设计思路

公允价值会计估值系统是以一般估值系统的设计思想与理念为基础的,专门针对会计领域公允价值的估计的特定估值系统,其设计目标是帮助会计人员对使用公允价值计量的资产或负债进行估值。会计人员、财务人员使用公允价值会计估值系统的初衷是为了减少工作量,削减公允价值会计估值过程中的主观估计部分,提高公允价值会计估计的准确性,增强会计信息的可靠性。因此,公允价值估值系统的设计应当以传统的公允价值估值模型为基础,结合计算机技术、大数据技术,着重考虑估值过程的科学性、合理性及严谨性,以此弥补传统估计方法低效、估值参数获取难、数据依据量小而易错等不足。

公允价值会计估值系统的设计思路与一般信息系统的需求分析、功能分析以及技术可行性分析类似。需求分析与功能分析往往是密不可分的,用户的需求通常就是系统的功能设计基础。结合公允价值会计估值系统的目标,其首要需求和应有的功能为依照现有的数据及可以从网络或其他公开渠道获取的信息,对待估值资产或负债进行估值;其次,公允价值会计估值系统的使用者包括财务人员、审计方、监管机构等,为提高会计信息的可靠性及为审计过程提供依据,公允价值会计估值系统的过程数据及估值过程应当进行适当期限的存储和调用;最后,公允价值会计估值系统的广泛推广离不开友好的用户体验。针对公允价值会计估值系统的技术可行性,传统的估值方法为其主程序设计提供了思路,再结合目前已广泛应用的大数据技术,以可观测的全数据集解决传统估值方法中人工数据收集、匹配和输入值主观判断调整等问题,公允价值会计估值系统的技术实现较为可行。

9.3.4 公允价值会计估值系统的模型构造

1. 公允价值会计估值系统的模型框架

大数据下公允价值会计估值模型的构建是以传统公允价值计量和估值方法为基础的，继承传统信息操作系统数据输入、数据处理、数据输出的总架构，增加大数据存储、处理技术的运用。公允价值会计估值系统的模型框架如图9-5所示。

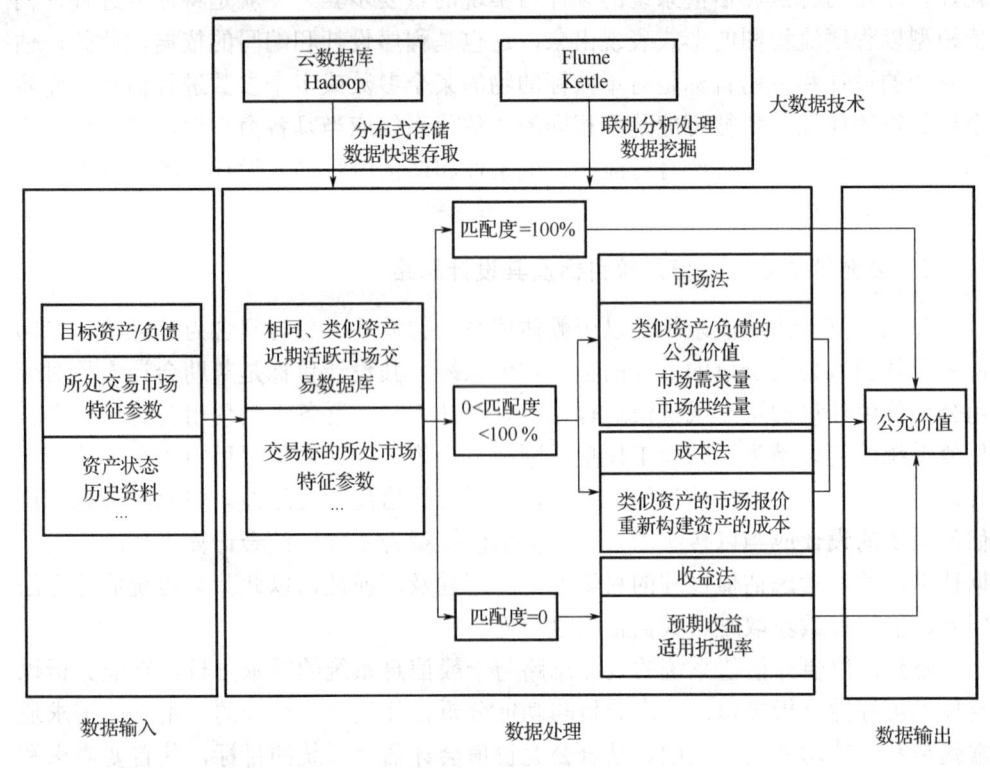

图 9-5 公允价值会计估值系统的模型框架

在拟估计目标资产或负债的公允价值时，首先从客户端输入该资产或负债的名称及编号、特征参数，包括属性、历史资料、地理位置等，不同标的物的特征参数包含的内容不同。例如，当标的物为股票时，其特征参数主要为股票代码。系统将一项资产或负债的名称和属性数据作为一个实体并将其存入数据库，并以该实体名称在云数据库中进行检索进入子数据库。在子数据库中，所有实体均包含相同的属性描述，故可以进行属性的逐条匹配，分别计算标的物和子数据库中每个实体之间的匹配度，按照匹配度从大到小的顺序进行排列。

然后根据匹配结果分情况进行处理，若存在与目标资产或负债匹配度为100%

第 9 章　公允价值会计智能决策支持系统研发与应用

的实体型,则视为存在相同资产或负债,将该资产或负债在计量日获得的、活跃市场上的报价不经调整直接输出为目标资产或负债的公允价值,此时的公允价值计量属于第一层次。若不存在相同资产或负债,但有与目标资产或负债的匹配度小于100%且大于零的实体,则视作相似资产或负债,此时需要使用市场法、收益法或市场法与收益法的加权结果来估计公允价值。估值时还需额外获取其他相关输入值,根据输入值的层次不同,此时公允价值计量属于第二层次或第三层次;若没有与目标资产或负债的匹配度大于零的相似资产或负债,则只能选用成本法进行估计。同样根据输入值的层次不同,判断该公允价值计量属于第二层次或第三层次。

2. 公允价值会计估值系统的关键节点

(1) 拟估值的资产或负债的实体。公允价值会计估值系统运作的初始触发点是输入系统中的拟估值的资产或负债的特征数据,该数据将被作为一个整体写入资产负债数据库表单中成为数据库的实体单元。为了提高公允价值会计估值结果的准确性,为后续公允价值会计估值提供更详细的参考资料,需要将各类实体所包含的属性格式化。根据我国上市公司年报披露,目前以公允价值计量的主要资产或负债包括交易性金融资产、可供出售金融资产、以公允价值计量的投资性房地产、可供出售金融负债等,其本质主要包含股票、债券、基金、房产等市场价格。此处以股票、债券和房产举例说明实体的概念模型。当拟估值的金融资产的实际标的物为股票时,由于区别不同股票价格的是该股票的发行方,故股票这一实体型的属性为股票代码;而债券定价影响因素包含债券发行方信用等级、债券年限、票面利率、票面价格等,故债券实体型的属性应包含上述内容;标的物为房产的金融资产最为特殊,由于房产是不能移动的实物资产,故该实体型应包含的属性特征有地理位置、面积、剩余可使用年限等。

(2) 市场数据的获取与匹配。在拟估计目标资产或负债的公允价值时,从云数据库获取实时信息作为参考匹配,寻找相同或相似资产或负债。云数据库是一个由数据存储服务供应商搭建的虚拟平台,用户可以按照所需服务类型付费来获得使用权。如葛家澍教授(2010)所说,"市场决定价格,而活跃的市场则决定公允价格,这是经济学最基本的原理",第一层次和第二层次的公允价值估计的基础是获得相同或相似资产或负债的市场信息,搭建云数据库平台将所有市场信息汇总起来,并依靠平台服务提供商的专业技术进行分类规整、深度挖掘,不仅节约了企业各自为估计公允价值自行搭建数据库的费用,还提高了市场信息的透明度,也有助于提高公允价值的准确性。公允价值是一种动态的计量属性,基于现在或计量日时点。可以说，立足现实是公允价值与历史成本计量属性的主要区别。因此，云数据库的数据更新和完善依赖于平台服务提供商的大数据技术，实现实时更新维护。此外，部分关于公允价值确定的市场需求与供给量的信息、交易信息存在于网页新闻、交易双方公告等非结构化数据中，数据挖掘和处理工具能为公允价值估计提供更多的参考依据。

云数据库中有多个子库，如股票数据库、债券数据库、房产数据库等，首先按照拟估值资产的类型检索进入子数据库中，再将拟估值资产的实体数据与子数据库中的所有资产进行遍历匹配，按照匹配度从大到小的顺序生成匹配结果表单，这样就找到了市场中相同或相似的资产负债及其公允价值。需要注意的是，企业会计准则中对公允价值的定义是"市场参与者在计量日发生的有序交易中，出售一项资产所能收到或者转移一项负债所需支付的价格"，因此，云数据库中各项表明公允价值的资产或负债实体数据应当包含交易方式，即有序交易、清算等被迫交易或关联方交易等。此外，匹配度的计算需要依据不同资产或负债的特征赋予不同属性和不同权重。

（3）公允价值估值系统中的市场法。市场法分为两种类型：一种是指将活跃市场上相同资产或负债的报价不经调整，直接参考作为拟估值资产或负债的公允价值。这类市场法估计出的公允价值较为准确、客观，其输出的估值结果属于第一层次。另一种是在不存在相同资产或负债的情况下，参考相似资产或负债的报价并结合可观察参数或不可观察参数进行调整得出拟估计的公允价值。例如，拟估计投资性房地产的公允价值，若通过查找匹配到除面积外其余属性均完全相等的相似房产，则可将相似房产的单位报价乘以目标房产的面积，计算得出其公允价值。又如，同一拟估值不存在相同资产的房产，匹配查找到与其除地理位置外其余属性均相同的相似资产，地理位置对房产价格的影响难以直接计量，因此可以参考云数据库获取到的相同地区此类资产的市场供给量与需求量，对相似资产的公允价值进行调整，计算出拟估计的公允价值。在这种情况下，市场供给量和需求量的获取依赖云数据库平台服务提供商的大数据技术将不同平台、渠道发布的供求信息结构化为云数据库中的参考信息，这种参考数据是不可观察的，因此估计的公允价值属于第三层次。

（4）公允价值估值系统中的成本法。成本法中较为简便、客观的一种方法是物价指数法，是指通过价格变动指数将历史成本资料调整为计量日的重置成本，使用前提是"在用"的有形资产的估值，如房屋、建筑物、自用生产设备等。

以生产设备的估值为例，首先，估算实体性贬值对历史成本进行调整，即由

第 9 章 公允价值会计智能决策支持系统研发与应用

于使用和自然力作用形成的贬值。此类贬值的估算可以参考固定资产的折旧方法，如按年限平均法、工作量法或加速折旧法，计算出累计折旧扣减该生产设备的历史成本。当程序流程运行至这一方法函数时，调用生产设备实体的历史资料，代入公式计算。计算机系统的应用使得这一计算过程更加快速、准确。

其次，估算功能性贬值，即由于技术进步引起的资产功能相对落后而造成的资产价值损耗。当因技术进步市场上出现功耗小、单位时间产量大的可替代产品时，原有资产的落后程度会在市场上以价格下降的形式表现出来。为减小管理人员的主观估计对公允价值估值准确性的影响，可以活跃市场上交易的相同功耗、相同产量的生产设备价格较上一计量日的下跌百分比调减待估值资产的历史成本。这一步骤无须再次遍历云数据库中的同类资产与目标资产进行两两间属性匹配来寻找参照物，而可直接调用前述匹配结果表单，将匹配度较高的相似资产作为参照物进行功能性贬值。

最后，影响公允价值的还有资产的经济性贬值，即由于外部环境变化引起资产闲置、收益下降等而造成的资产减值的损失。此类贬值主要体现在生产设备所产出产品的市场需求量减少或价格下跌，因此经济性贬值的估计也应从设备产出产品带来的营业收入出发，例如，以该生产设备产出产品的销售收入下降率计算该资产的经济性贬值。经济性贬值估计数据的来源同样是该资产的实体数据，通过在程序中设计固定的算法，代入数据即可方便地运算。估算出实体性贬值、功能性贬值和经济性贬值后，将其加总调整待估值资产的历史成本，即为成本法下估计的公允价值。

（5）公允价值估值系统中的收益法。当查找匹配后没有发现相同或相似的资产或负债时，才能通过收益法进行估值。收益法包括适用于无形资产、金融工具等的现值法和适用于股票、债券、货币等的衍生金融资产的期权定价模型，其中，使用现值法的前提是能合理估计资产或负债的未来现金流量和确定使用的折现率，期权定价模型则需要预先确定期权初始合理价格、期权交割价格、所交易金融资产现价、连续复利计无风险利率、年化方差等，这些参数的获取部分来自网络平台的实际数据，而更多地需要资产评估师等专家的评定，因此需要利用数据爬取技术或者通过与专家平台的对接获取专家对其进行合理估计的参数结果，再依照程序设置好的公式——现金流量折现模型和期权定价模型进行计算，这类公允价值的估值属于准确度最低的第三层次。尽管公允价值估值模型中的部分收益法不能完全由现有数据生成结果，但仍需依赖专家的估计，其优势在于可以直接获取专家的评估结果，而避免管理层为实现自身利益对其进行调整，而且借助计算机技术搭建模型完成计算，只需保证模型设置准确和计算机系统的一般控制完善，将避免出现人工计算的失误。

3. 公允价值估值系统中的大数据技术支持

大数据技术对上述公允价值估值模型构造的支持主要体现在以下方面。

（1）大数据采集。公允价值估计工作的首个难点是获取市场信息，并找到与标的物相同或相似的资产或负债，公允价值估值模型正是借助云数据库平台服务提供商的大数据采集数据，用爬虫技术、网络接口等采集相关的市场信息。例如，一些存在于贴吧、微博等公共社交平台的房屋建筑物的供求信息等，需要利用大数据技术将其采集汇总。

（2）大数据处理。由于我国目前尚未形成统一、有序的金融资产交易平台，仅有的交易网站之间也存在不兼容、数据格式没有标准化的问题，因此采集到的市场信息来源各异且数据质量不一。为了使公允价值估值系统能达到流程化、标准化，需要将收集到的数据集通过 Flume、Kettle 等 ETL（数据抽取、转换、监控）工具将复杂的数据转化为单一的便于处理和分析的结构化数据，即一个个实体集。

（3）大数据存储。目前，公允价值计量已经成为与历史成本计量并驾齐驱的会计计量方式，急需形成统一、共享的公允价值会计数据库，使得财务信息更加透明。根据我国企业会计准则，涉及公允价值计量的核算项目包括相关资产减值准备的计提、金融资产、以公允价值计量的投资性房地产、非货币性资产交换、政府补助、债务重组、非流动资产处置、非同一控制下企业合并等。其背后生产的相关信息量巨大，Hadoop 等分布式文件存储系统的低廉硬件、高吞吐量、高容错性等重要特征恰为公允价值估值数据存储提供了方便。此外，大数据存储的高速读取也为目标物与市场信息的遍历匹配提供了支撑。

（4）数据可视化。公允价值计量的发展过程持续受到争议，因为其主观估计特征给了上市公司盈余管理的机会。公允价值会计估值系统减小了上市公司管理层对公允价值的操纵空间，但也将估值过程封闭在了系统源码的黑箱中，加大了审计人员的工作难度。大数据可视化技术为解决这一问题提供了思路，将公允价值会计估值过程中的关键参数及过程结果通过美化的界面展示出来，例如，待估值资产或负债的参数特征、匹配到的相同或相似资产或负债的实体数据、匹配度估值中使用到的权重分配等。这样一方面便于被审计单位对公允价值信息进行复核，另一方面为外部审计人员的工作提供了审计证据。

9.4 公允价值估值系统应用——以 ZX 公司投资性房地产为例

1. ZX 公司投资性房地产公允价值计量简介

ZX 公司是全球领先的综合通信解决方案提供商，在香港和深圳两地上市。公司自 2012 年起连续持有投资性房地产，且从 2014 年开始按照《企业会计准则

第 9 章　公允价值会计智能决策支持系统研发与应用

第 39 号——公允价值计量》的要求在财务报告中披露公允价值。ZX 公司 2017 年财务报告披露，2017 年 12 月 31 日，资产负债表中投资性房地产为以经营租赁方式出租给关联方的商业用房地产，公允价值计量使用的输入值为第三层次的不可观察输入值。

2. ZX 公司投资性房地产公允价值估值过程

首先，ZX 公司会计人员根据投资性房地产公允价值核算目标，将公司持有的各项待估值投资性房地产的属性录入估值系统中，包括地理位置、建筑面积、出租面积、租金水平、租赁期限、免租期、租赁项目的到期收益率等。

其次，针对各项待估值房地产，估值系统将大数据库中房产交易数据库中近期类似房地产偏离与待评估资产进行各项属性的匹配，并以历史的交易数据自学习后确定的各属性权重计算加权匹配度。其中，所有市场用户将交易信息发布在系统中，包括出售、采购及交易数据，房产交易数据库据此实时更新，如此一来，市场供求调节价格的作用会更加明显，交易双方也降低了因信息匮乏而不平等交易的可能性，为合理评估资产价值提供便利。各属性权重在资产匹配中的权重对用市场法估计公允价值是极其重要的，历史市场交易数据则是估值中最好的数据参考，因此对历史交易数据进行机器学习对各属性赋予权重。

（1）若加权匹配度等于 100%，则直接输出公平市场的自由交易价格为该房地产的公允价值。

（2）若加权匹配度小于 100%，且大于在公司特殊风险偏好下确定的偏差百分比内，待估值资产实际公平市场价格与调整后的类似资产交易价格呈显著正相关时的最低匹配度，则以加权匹配度最高的资产价格为基础进行调整，例如，类似资产与待估值资产处于相同地段，单位面积价值相似，建筑面积分别为 S_1、S，则 $P=S \times P_1/S_1$；获得同类资产在活跃程度较低市场的价格 P_1，交易时间为可接受的近期，则调整以反映该价格进行交易日期以来，经济状况的任何变更。此时，可能将调整过程及结果转至专家系统，结合人工控制完成估值。

（3）若加权匹配度明显小于可采用市场法调整时的最低匹配度，则执行收益法或成本法程序。根据数据匹配结果选择估值方法，降低了管理层绕过控制制度在估值方法选择中过度加入主观成分的可能性，并且增强数据基础的可靠性。

基于我国会计准则中对采用公允价值模式计量投资性房地产的前提——有确凿证据表明投资性房地产的公允价值能够持续可靠取得，其隐含条件是限制采用除市场法外的其他估值方法来确定公允价值，但对于有租约的投资性房地产，采用收益法以租约期限内可量化的现金流量折现，或采用市场法参考有租约的类似房地产的现金流量折现结果更为适当。因此，依据 ZX 公司在资产负债表日已签订租约条款，租金为每月 45.5～594 元/m²，租金增长（年息）为 1%～3%，长期空置率为 5%，折现率为 6%～7%，依据收益法下投资性房地产公允价值股价模型，在公允价值估值系统中设置正则表达式，投资性房地产公允价值＝ $\sum_{t=1}^{n}\left[\frac{A(1+g)^t}{(1+i)^t}+\frac{C(1+g)^t}{(1+i)^t}\right]\times(1-V)$，其中，$A$ 为期初租金收入；g 为租金增长率，可以用当年通货膨胀率替代；i 为折现率；t 为出租期限；C 为初始投资成本；V 为长期空置率。对各项已出租投资性房地产的租金收入和未出租投资性房地产的同类资产市场租金进行折现计算，即可根据该投资性房地产实体属性数据计量其公允价值。

最后，根据系统输出的公允价值估值结果计量投资性房地产，或将其过程和结果转至专家系统，做进一步人工控制、复核和调整。

基于上述规则步骤，运行和测试 ZX 公司投资性房地产公允价值估值过程，与传统的人工估值相比，大数据驱动的公允价值估值效率和计量的可靠性明显提高。随着房地产市场价格大数据平台的运行、大数据技术的深入应用，投资性房地产公允价值估值将更为高效和可靠，为决策者提供更为相关和可靠的决策信息。

9.5 本章小结

会计智能决策支持系统由模型部件、知识部件、数据部件、综合部件四大部分构成。会计智能决策支持系统开发的主要步骤为：系统分析—初步设计—详细设计—编制程序—集成。会计数据仓库是会计智能决策支持系统的关键部件，其主要功能包括会计数据获取、数据存储和决策分析。会计数据仓库的设计是会计数据挖掘和智能决策的基础，其开发设计遵从一般的开发程序与方法，如结构性的开发、生存周期法、原型法和螺旋式周期性开发方法。基于螺旋式周期性开发方法，会计数据仓库开发过程为：分析与设计阶段（需求分析—概念设计—逻辑设计—物理设计）、数据获取阶段（数据抽取—数据转换—数据装载）、决策支持阶段（信息查询—知识探索）、维护评估阶段（数据仓库增长—数据仓库维护—数据仓库评估）。

公允价值估值系统的设计是公允价值会计智能决策支持系统中的基础子系统，构建公允价值估值系统模型的目的在于解决会计计量的价值估计问题，因此其模型的基础来自会计方法库中的市场法、成本法和收益法；大数据环境下公允价值估值系统解决会计计量的价值估计问题，不同于以往依赖的人工计算和主观估计，其创新之处在于结合计算机软件工程和大数据技术等信息技术，用计算机

第 9 章 公允价值会计智能决策支持系统研发与应用

程序代替手工计算,用大数据分析代替主观估计。但是我们构建的公允价值估值系统的模型和应用,尚需通过系统的具体编程与运行加以验证。

附表 9-1 是公允价值计量的舞弊风险数据库。

附表 9-1 公允价值计量的舞弊风险数据库

序号	风险描述
2.1	以其他已知的交易为基础确定公允价值,但所参照的交易并非有序交易
2.2	为了高估公允价值的估计值,错误地表述一项资产的最大适用程度或最佳使用状态
3.1	根据对市场中可获取的交易价格或其他参数区间范围的考虑,不恰当地得出有关资产公允价值的结论
3.2	利用五种技术中的任何一种,得到一份有偏差的估值报告,以支持财务报表中使用的舞弊性公允价值计量
4.1	在到期前出售了特定类型的债务性证券,但是,未将其他债务性证券从持有至到期类型重分类为其他类型
4.2	对市场是否活跃,或者对用于比较目的的已知市场交易是否有序或无序做出虚假表述,导致采用不恰当的价值、估值方法或输入变量以操纵公允价值计量
4.3	将本应作为非暂时性减值处理的公允价值降低,不恰当地视为暂时性减值
5.1	通过比例合并法核算或按比例确认由各出资人共同持有的各项资产,高估合营企业的资产价值或低估负债,导致合营企业各参与方财务报表上的资产被相应高估
5.2	通过权益法会计核算,高估合营企业的资产价值或低估负债,导致合营企业中合伙人财务报表上资产的高估
5.3	对本应按成本或采用权益法核算的非控制性所有者权益选择适用公允价值会计处理,并错误地应用估值方法,高估投资的账面金额
6.1	为了不确认或确认最低金额的坏账或减值,高估贷款与应收款项的预期未来现金流量
6.2	为了确认最低金额的贷款减值,高估抵押物公允价值的估计值
7.1	当资产的确认标准未得到满足时,将内部开发无形资产所发生的成本资本化
7.2	宣称无形资产的公允价值已发生增长,并错误地将这部分增长记录为利得(仅为 IFRS 下的风险)
7.3	将具有有限使用寿命的无形资产置于一个不具有现实意义的较长期使用寿命期内摊销(包括当新信息表明应对评估做出修订时,仍不缩短这一使用寿命)
7.4	高估有限使用寿命之无形资产的估计残值,由此降低每年应借记为摊销费用的金额
7.5	为了以不扣减摊销的金额基础记录一项无形资产,正如对分类为有限使用寿命无形资产所做的要求,不恰当地声称该项资产的使用寿命不确定
7.6	未能恰当地测试或确认与商誉或其他具有不确定使用寿命的无形资产相关的减值情况
8.1	将资产并购不恰当地作为企业合并核算,导致购买价格的舞弊性分配
8.2	通常采取向无须计提折旧或进行摊销的资产或者具有更长使用寿命的资产做过多分配的形式,不恰当地分配企业合并中的购买价格
8.3	将企业合并中购买价格的一部分不恰当地分配至不满足单独确认条件的无形资产
8.4	为了操纵在盈利中确认利得或损失的时间安排或金额,不恰当地计算分部购入的主体中在企业合并前所持有的非控制性权益的公允价值
9.1	不确认某项资产上已经发生的减值

续表

序号	风险描述
9.2	确认一项减值损失,但是通过不恰当的使用计量技术,低估损失的程度
9.3	不恰当地转回以前期间确认的减值损失(仅 IFRS 下适用)
10.1	在重估模式下,记录房地产与设备公允价值的虚假增长(仅 IFRS 下适用)
10.2	在重估模式下,通过将房地产与设备的价值增加不恰当地计入当期损益的方式,错误地划分这部分利得的类型(仅 IFRS 下适用)
10.3	不确认房地产与设备项目上的减值损失
11.1	通过错误的表述合同条款,不恰当地摊销债务性义务
11.2	对于选用公允价值选择权的债务性义务,不恰当地计算其公允价值
12.1	对于与客户忠诚项目相关的未来奖励信用的赎回,不确认为一项负债
12.2	低估与客户忠诚项目下奖励信用相关的执行率,由此低估负债
12.3	低估与回扣(退款)项目相关的客户未来购买数量,此类项目授予客户在购买数量增加时享受更高的回扣(退款)率,由此低估负债(美国 GAAP)
12.4	收入在多类产品发送安排中出售的多项商品或服务之间进行不恰当的分配
13.1	为了从财务报表上漏记一项负债,错误地声称不存在资产退回义务
13.2	为了避免确认一项负债,错误地声称做出资产退回义务的合理估计是不可能的
13.3	未能披露确实存在但不能可靠估计的资产退回义务
13.4	通过不正确的内部估计,或者采用不恰当的外部估计,低估将被要求用于结算资产退回义务的成本
13.5	通过操纵计算过程中所使用的一个或多个因素,如折现率、预计结算日或通货膨胀率,错误地计算资产退回义务的现值
14.1	担保人未能以担保合同为基础,确认一项负债
14.2	当担保人在财务报表中初始确认某项担保时,低估该项担保负债的金额
14.3	在担保期间内,不恰当地摊销与担保人相关的负债,导致该负债以加速的方式减少并高估收入
15.1	为了将损失报告为一项其他全面收益而非当期损益,不恰当地将现金流量套期与某些外币套期界定为有效套期
15.2	错误地阐述衍生品的公允价值,通常表现为高估作为资产核算的衍生品,低估作为负债核算的衍生品
15.3	未能单独确认满足与主合同相分离标准的嵌入衍生品,尤其是代表负债的衍生品
16.1	计划发起人不将资金供给不足的固定福利计划确认为一项负债
16.2	不恰当地确定固定福利计划资产的公允价值,使该计划表现为资金供给盈余或降低其资金供给不足状态的程度
16.3	准备或取得一份虚假的关于计划福利义务的保险精算分析,掩饰或低估固定福利计划的资金供给不足状态,或者高估其资金供给盈余的状态
17.1	当损失性质或有事项的确认标准已经得到满足时,不确认一项负债(或资产减值)
17.2	对于发生可能性大于非常小的未确认的损失性质或有事项,不在附注中做出披露
17.3	当利得性质的或有事项尚未满足确认标准时,便将其确认为一项资产
17.4	低估未损失性质的或有事项所确认的负债金额

第 9 章 公允价值会计智能决策支持系统研发与应用

续表

序号	风险描述
17.5	利用不恰当的现值技术，低估或有负债
17.6	高估已确认的利得性质或有事项的公允价值
18.1	将本应划分为负债的股份基础交易，错误地划分为权益增加
18.2	故意错误地表述股份基础交易中公司自身权益性工具的公允价值，导致负债或权益的低估或高估
18.3	错误地表述股份基础交易中所收取的商品或服务的公允价值，导致负债或权益的低估或高估
18.4	错误地估计员工的服务期限，该期限对于满足股份基础补偿所要求的可行权业绩条件是必要的
19.1	为了确认交易中的利得，高估非货币性交易中所放弃资产的公允价值
19.2	当非货币性交易事实上缺乏商业实质且不能以公允价值计量时，采用公允价值进行记录
19.3	当公允价值的确认标准未得到满足时，却按照公允价值确认广告性以物与物交易
19.4	为了避免以公允价值记录广告性以物与物交易，当公允价值确认标准已经得到满足时，错误地声称标准并未满足
20.1	高估从捐赠人处收取的作为捐赠物的非货币性资产的公允价值，由此高估非营利组织在后续使用该项资产所提供服务时的费用
20.2	高估或低估捐赠人免费提供给非营利组织使用的租用场所的公允价值
20.3	在已对信托届满时可以接受信托中剩余资产的慈善机构做出指定的条件下，错误地阐述不可撤销的剩余资金慈善信托中所持资产的公允价值
20.4	非营利组织对尚未满足确认标准的捐赠服务进行确认，或者有意不确认已满足确认标准的捐赠服务
20.5	不恰当地估计非营利组织财务报表中所确认的捐赠服务的价值
21.1	在财务报表附注中遗漏强制要求做出的披露
21.2	从财务报表附注的披露中遗漏强制要求提供的信息
21.3	在财务报表附注中披露不准确的信息

第10章　大数据下公允价值计量价值相关性

大数据下公允价值会计数据与决策的实证研究，首先考察大数据下公允价值分层计量价值相关性和信息风险性。本章以2010—2015年披露公允价值分层计量信息的中国金融业上市公司为样本，通过面板数据随机模型实证分析，研究发现中国金融业上市公司的公允价值计量资产与负债整体具有价值相关性，但相比美国金融业上市公司有一定差距。研究还表明若上市公司重视大数据战略，则可以显著提高其资产公允价值第一层次的价值相关性，效果随着计量层次的降低而下降，同时也显著提高了其负债公允价值的第一、第二层次的价值相关性，增强效果没有显著差异。

10.1 引　　言

传统的历史成本会计报告模式，通常表现为提供的历史数据是可靠、可验证的，但对未来决策的相关性较弱，而现代会计引入公允价值计量会计模式，旨在提高会计信息的决策有用性。公允价值信息可以为决策有用性财务报告目标服务，因此，应当坚持和发展公允价值计量要求与规则（于永生，2009）。而这一理念也反映在各国会计准则中，例如，美国财务会计准则委员会（FASB）与国际会计准则（IASB）发布的准则中，超过三分之一的准则涉及公允价值。在我国会计准则体系中多条准则直接或间接地运用了公允价值计量属性，公允价值计量的重要性可见一斑。而在公允价值分层计量方面，FASB最早于2006年9月发布的第157号财务会计准则《公允价值计量》（SFAS No.157）中首次提出了公允价值分层计量的概念及披露要求，对采用公允价值计量的相关资产或负债，上市公司应根据公允价值估值过程中输入值的可靠程度划分三个层次并予以披露，其基本理念是层次划分可为评价计量结果的可靠程度提供权威依据，同时以充分的披露来弥补潜在的计量缺陷，以此最大限度地均衡相关性和可靠性质量特征，受到国际会计界的普遍欢迎（蒋燕辉）。2011年5月，IASB在发布的第13号准则《公允价值计量》（IFRS No.13）中也借鉴了SFAS No.157的做法。我国财政部在2006年2月发布的新企业会计准则体系中引入了公允价值计量模式，公允价值计量分为三个层次。

然而，在2008年美国次贷危机、国际金融危机及其之后的欧洲债主权债务危机中暴露了与公允价值相关的会计核算和风险披露等会计问题，这引起了学术界、实务界乃至政界对公允价值计量的激烈争论,甚至金融界一度将金融危机归因于公允价值计量存在的缺陷,这使得公允价值的使用受到极大质疑,部分学者认为应当审慎看待公允价值会计的推广。而同在2008年,《自然》杂志推出了名为大数据的封面专栏,使得大数据成为2009年互联网技术行业中的热门词汇;其后由麦肯锡(McKinsey)公司最早应用,并于2011年出具发布了关于大数据的报告,该报告对大数据的影响、关键的技术和应用的领域等都进行了分析,与其他行业相比,大数据对金融业更具潜在价值,金融业在大数据价值潜力指数中排名第一(Manyika J et al., 2011),随之其他行业也开始关注;随着2012年年底《大数据时代》一书的出版,大数据为各个行业群体熟知并成为热门词汇,同时开展针对大数据的相应研究。

大数据技术的应用带来的信息技术变革也为公允价值的使用提供了新的方法与思路,一方面可以弥补由于我国市场不完善带来的部分金融工具活跃市场不足,提高公允价值的实际操作性,同时在一定程度上提高了其公允价值计量的可靠性以及价值相关性。例如,通过大数据技术的数据挖掘能更好地反映金融工具、投资性房地产等资产项目的真实价值。在学术界也出现大量讨论大数据应用影响的文献,但是讨论大数据与公允价值关系的文献较少,且多为规范、案例类研究,而能直接给予证明的实证类文章较少。

本章的主要贡献是采用规范与实证结合的方式,实证检验了重视大数据的金融类企业的分层计量的公允价值资产与负债具有较高的价值相关性,同时丰富了公允价值分层计量的价值相关性研究文献;为会计准则制定者提供增强公允价值使用的新思路、新方法;为使用公允价值的公司提供提高公允价值与股价相关性的方法;以实证方式证明大数据确实影响了公允价值计量的使用,为大数据的推广提供支持。

10.2 理论分析与假设提出

20世纪下半叶,随着资本市场的发展完善,会计目标的决策有用观逐渐被各界所认同,成为主流观点。而在决策有用观中,围绕如何计量经济业务与交易事项,形成了信息观与计量观两种观点。

信息观的理论基础是有效市场假说和理性决策理论,信息观认为在有效市场或半强式有效市场中,由投资者承担预测公司未来业绩的责任,只有当投资者获得的信息能够改变其选择投资方案的信念与行为时,才是有用的信息,这种信息的有用程度可以通过信息公布后所导致的证券市场的价格变化程度来衡量,即信息观把决策有用性等同于信息含量。其研究思路为会计信息—股票价格,认为市场会对所有来源的信息都做出反应，主张不改变历史成本计量属性，而通过表外披露提高会计信息的有效性。为此，信息观认同历史成本计量属性，并通过充分披露附注及其他补充信息的形式来加深投资者对信息的理解，提高以历史成本为基础的财务报告的决策有用性，而财务报告应专注于为此提供有用的信息。

随着对完全有效市场的质疑及行为金融学发展，产生了决策有用的计量观，其认为在不以牺牲可靠性为代价的情况下，会计从业人员应将现值融入财务报表中，从而确认他们在帮助投资者预测公司业绩和价值时应承担更多的义务，估值模型引入公允价值计量属性，其决策有用性机制为会计信息—估值模型—内在价值—股票价格。基于奥尔森（Ohlson）的净剩余理论所构建的公允价值计量相关所有者权益和盈利信息与股价关系模型，实证表明：市场在不完全有效的情况下，计量观将比信息观提供更多的信息，更加有助于财务报告发挥决策有用性。

会计准则制定机构希望财务报告信息能够最大限度地反映企业的真实价值，使财务信息使用者可对持有的证券较为准确地定价，促使资本市场以更高效率发挥定价和资源配置功能。而公允价值相比历史成本拥有更高的相关性，如果得以全面应用，则财务会计将有可能反映企业的价值，公允价值计量也是财务会计的发展趋势（葛家澍，2007）。在金融行业中，金融工具及其衍生工具作为公允价值计量使用最为广泛的项目，早已有相关公允价值相关性研究，例如，Barth 等（1994）发现银行和保险公司投资证券的公允价值具有价值相关性；Petroni 和 Wahlen（1995）发现股票和国债的公允价值具有价值相关性，而市政债券和企业债券的公允价值不具有价值相关性，表明了在活跃市场中进行交易的证券其价值能更可靠地被投资者认知；邓传洲（2005）通过对 1997—2004 年我国 B 股样本进行分析，发现按照公允价值计量的投资利得或损失具有较弱的增量解释能力，并且投资的公允价值调整没有显示出价值相关性。

2010 年 12 月，财政部在印发的《关于执行企业会计准则的上市公司和非上市企业做好 2010 年年报工作的通知》（财会〔2010〕25 号）中，要求"企业在披露金融工具公允价值相关信息时，应当披露各个层次公允价值的金额、公允价值所属层次间的重大变动等相关信息"。公允价值计量结果所属的层次取决于对公允价值计量整体具有重要意义的最低层次的输入值，进而按照规定的标准，披露公允价值计量所使用的估值技术、输入值、估值流程等信息，整个过程向财务信息使用者清晰地展示了企业如何获得公允价值计量结果。这使得投资者者能较为完整地了解企业公允价值分层计量信息并做出决策，最终反映在财务报表公布日股价中。而 Goh 等（2014）发现投资者对按第一层次公允价值计量的净资产估值比按第二层次公允价值计量的净资产的估值高，但对按第二、第三层次公允价值

第 10 章 大数据下公允价值计量价值相关性

计量的净资产的估值没有显著差异；与此不同，Song 等（2010）以 2008 年美国银行业季报为样本，发现按第一、第二层次计量的公允价值信息的价值相关性没有显著差异，且均大于第三层次；毛志宏、刘宝莹等（2011）发现对于资产项目，按第一层次计量的具有价值相关性，而按第二、第三层次计量的不具有价值相关性，对于负债项目，按第一、第二层次披露的相关性大于第三层次；邓永勤（2014）以 2007—2013 年披露公允价值层次信息的中国金融业上市公司为样本，发现公允价值层次信息整体上具有价值相关性；随着计量层次的降低，第一、第二、第三层次公允价值资产的价值相关性逐渐减弱，而第一、第二、第三层次公允价值负债的价值相关性没有显著差异。

大数据时代的到来不仅改变着人们的生活与工作方式、企业的运作模式，甚至还引起科学研究模式的根本性改变。我国国务院也在 2015 年 8 月 31 日发布了《促进大数据发展行动纲要》，指出："坚持创新驱动发展，加快大数据部署，深化大数据应用，已成为稳增长、促改革、调结构、惠民生和推动政府治理能力现代化的内在需要和必然选择。"说明我国也将大力发展大数据技术，大数据具有四大特征[4V：Volume（容量）、Variety（种类）、Velocity（速度）和 Value（价值）]，整个大数据的处理流程可以定义为：在合适工具的辅助下，对广泛异构的数据源进行抽取和集成，结果按照一定的标准统一存储，利用合适的数据分析技术对存储的数据进行分析，从中提取有益的知识并利用恰当的方式将结果展现给终端用户（何清，2014），其核心是数据挖掘，即从大幅增加的数据中发现被忽略的价值信息。

金融业属于信息密集型服务产业，其主要产品是金融工具及其衍生金融产品，并非实体产品，其产品表现为一系列数据的组合，伴随着交易将产生大量数据信息流；随着互联网信息技术应用，金融行业除了可通过客户资料库等传统内部渠道获得数据，还可直接通过社交媒体、网络上的客户信息获得相关数据，使得数据获取速度提升，数量大大增加，而数据价值密度却大幅降低，是不可避免的，金融行业利用大数据思想，采用数据挖掘、数据分析等手段提升效率的动力。而大数据技术的广泛应用使得金融工具及衍生金融产品的数据系统更加完善，将更专业收集所有相关的网页信息，找出客观、可见的信息，甚至出现专业数据代理商。活跃市场上报价、类似资产或负债在活跃市场上的报价将更加快捷及广泛地得以获取，其他估值方法也可以得到更多、更为可靠的数据支持，这将大大提高公允价值计量的可靠性和可操作性（黄世忠，2015）。最终，一方面提高了公允价值计量信息的相关性和如实反映性；另一方面，也在一定程度上降低公允价值估计的主观性，让公允价值计量的资产负债更为可靠，其信息含量会增加，从而提高公允价值计量的价值相关性，故提出以下假设。

假设1：重视大数据战略的公司与不重视大数据战略的公司相比较，以公允价值第一、第二、第三层次计量的资产价值其价值信息含量更高。

假设2：重视大数据战略的公司与不重视大数据战略的公司相比较，其公允价值第一、第二、第三层次计量的负债价值其价值信息含量更高。

基于第一层次与第二层次的市场活跃性，大数据的应用具有较为明显的意义。在大数据的介入下，能够综合各类行业企业信息，建立健全一套完整的、行之有效的巨型数据库。一方面，有利于行业的综合管理；另一方面，能够及时调动企业中的相关数据，若要对特定的资产进行估值，则只需要企业将该类资产的相关数据输入其中，数据库就会对其进行匹配，然后找到最匹配的资产项目。例如，从报价的选择而言，数据库就能够在短时间内找到适合这类资产的最有利的市场，然后给出精确的市场报价，有效弥补了传统操作当中的纰漏和弊端，因为不需要对类似项目进行匹配，该方式对第一层次的效果更为明显。此外，对于第三层次的计量，在以往的现值计算中，实务中往往采用资产定价模型等技术来确定折现率，其对于利率方面的选择及计算具有较强的随意性，由于相关规章条文并没有格外强调这一方面，所以可以基于大数据建立另一套数据库，辅之以相关的算法程序，使企业能够及时找到适合某一特定资产的最精确的折现率，从而统一行业标准，增强会计信息的可比性。故提出以下假设。

假设3：重视大数据战略的公司对公允价值计量的资产及其价值信息含量提升效果按第一、第二、第三层次逐渐减弱。

假设4：重视大数据战略的公司对公允价值计量的负债及其价值信息含量提升效果按第一、第二、第三层次逐渐减弱。

10.3 研究设计

1. 样本选择

按照财会〔2010〕25号的要求，上市公司在财务报告附注（金融风险管理）部分，应当在披露公允价值分类信息的基础上，对交易性金融资产、衍生金融资产、可供出售金融资产、衍生金融负债等项目采用公允价值计量所使用的输入值划分为三个层次进行披露，故本节样本选择2010—2015年A股金融上市公司，剔除未公布或未完整公布公允价值层次信息以及数据缺失信息的公司，共取得可观测样本177个。其中，股本（或实收资本）、基本每股收益、股票市价等数据来自国泰安CSMAR数据库，公允价值等披露信息来源于巨潮资讯网披露的上市公司年报信息。样本年度分布如表10-1所示。

第10章 大数据下公允价值计量价值相关性

表 10-1 样本年度分布

项目	2010 年	2011 年	2012 年	2013 年	2014 年	2015 年
货币金融服务/家	12	13	13	14	16	16
资本市场服务/家	4	4	6	10	20	20
保险业/家	2	2	3	4	4	4
其他金融/家	0	0	1	1	4	4
A 股金融上市公司总数/家	45	46	46	47	51	50
披露公司占比/%	40.00	41.30	50.00	59.57	86.27	89.80

从年度分布情况可以看出，相关文件出台，特别是 2014 年《新公允价值计量准则》（财会〔2014〕6 号）的出台，明显提高了我国上市公司公允价值信息披露的完整程度。

2. 变量定义与模型选择

在模型选择中，邓永勤（2005）选择单独评价资产负债表信息的模型，未将企业利润表信息加入，存在一定缺陷。此处借鉴 Goh B W 和 Song C J 等使用的方法，以修正的 Ohlson（1995）价格模型为基础模型用于检验不同层次公允价值资产、负债信息的价值相关性，其中本节通过描述性统计发现每股第一层次公允价值计量的负债很小，同时由于第一、第二层次公允价值都是基于可观察的数据得出的，故将 i 公司在 t 年末每股以第一、第二层次公允价值计量的负债合并计算。变量定义如表 10-2 所示。

$$P_{i,t+1} = \lambda_0 + \lambda_1 \text{FAL1}_{i,t} + \lambda_2 \text{FAL2}_{i,t} + \lambda_3 \text{FAL3}_{i,t} + \lambda_4 \text{FLL12}_{i,t} + \lambda_5 \text{FLL3}_{i,t} + \lambda_6 \text{NFVAL}_{i,t} + \lambda_7 \text{BEPS}_{i,t} + \zeta_{i,t} \quad (1)$$

表 10-2 变量定义

变量名称	变量含义	计量方法
$P_{i,t+1}$	股票价格	i 公司在 $t+1$ 年度年报公布日的股票收盘价
$\text{FAL1}_{i,t}$	按第一层次计量的资产	i 公司在 t 年年末每股以公允价值第一层次计量的资产
$\text{FAL2}_{i,t}$	按第二层次计量的资产	i 公司在 t 年年末每股以公允价值第二层次计量的资产
$\text{FAL3}_{i,t}$	按第三层次计量的资产	i 公司在 t 年年末每股以公允价值第三层次计量的资产
$\text{FLL12}_{i,t}$	按第一、第二层次计量的负债	i 公司在 t 年年末每股以公允价值第一、第二层次计量的负债
$\text{FLL3}_{i,t}$	按第三层次计量的负债	i 公司在 t 年年末每股以公允价值第三层次计量的负债
$\text{NFVAL}_{i,t}$	非公允价值计量净额	i 公司在 t 年年末每股以非公允价值计量的资产与每股以非公允价值计量的负债的差额
$\text{BEPS}_{i,t}$	基本每股收益	i 公司在 t 年年末利润表中的基本每股收益

对于上市公司而言，年度报告应当披露其市场环境、商业模式及管理层讨论与分析等。大数据的使用难以直接通过观察得出，但是大数据战略作为重要的信息化战略，应当出现在年报报告中。而每家公司重视大数据的程度不同，所采用的大数据战略也有所差异，在年度报告中提及的大数据频次也有所不同。显然在年度报告中提及大数据频次更高的公司，更为重视大数据应用及云计算等方式的使用，这些公司可以更好地利用大数据时代带来变革，可以更为适宜地进行公允价值会计计量，其信息含量较不重视大数据应用及云计算等方式使用的公司更高。借鉴 Li et al（2013）以往年报中出现"竞争"一词的次数，作为公司层次的竞争程度指标，设置虚拟变量 $BIG_{i,t}$ 作为金融企业是否重视大数据战略虚拟变量，以年份分组，将每年样本公司年报提及大数据频次平均值作为临界值，大于临界值的公司为更为注重大数据战略的公司（BIG=1），其他（包括频次低于临界值为不太注重大数据战略的与大数据时代到来以前的）为较不重视大数据战略的公司（BIG=0）。

$$BIG_{i,t} = \begin{cases} 1, & \text{当}i\text{公司在}t\text{年的年报中提及大数据频次大于}t\text{年平均值时} \\ 0, & \text{其他} \end{cases}$$

$$P_{i,t+1} = \lambda_0 + \lambda_1 FAL1_{i,t} + \lambda_2 FAL2_{i,t} + \lambda_3 FAL3_{i,t} + \lambda_4 FLL12_{i,t} + \lambda_5 FLL3_{i,t} + \lambda_6 NFVAL_{i,t} + \lambda_7 BEPS_{i,t} + \beta_1 BIG\_FAL1_{i,t} + \beta_2 BIG\_FAL2_{i,t} + \beta_3 BIG\_FAL3_{i,t} + \beta_4 BIG\_FLL12_{i,t} + \beta_5 BIG\_FLL3_{i,t} + \beta_6 BIG\_NFVAL_{i,t} + \zeta_{i,t} \tag{2}$$

将其与非公允价值计量与公允价值计量三个层次的资产负债数据相互交叉，最终形成模型。

10.4 描述性统计分析

1. 公允价值分层计量占比情况

从表 10-3 所示的 177 家金融类上市公司公允价值分层计量占比情况，可以发现公允价值计量的资产平均占公司资产总额比重（FAL/Total Assets）、公允价值计量的负债平均分别占公司负债总额比重（FLL/Total Liabilities）的 16.22%与 1.36%均较低，但是比邓永勤等统计描述 2007—2013 年金融业上市公司的占比要高（3.32%和 0.75%），说明随着时间的推移，公允价值制度不断完善，公允价值使用量也在逐渐上升。在公允价值计量的资产中，第一、第二层次计量分别占总资产比重为 5.92%、9.53%，远高于第三层次的比重 0.76%，说明在金融业上市公司中所持有的金融工具大多处于可观察范围内,且第二层次计量的资产占比最高，以公允价值计量的负债也有类似特点。

第10章 大数据下公允价值计量价值相关性

表 10-3 公允价值分层计量占比

变量	N（样本量/家）	平均值	p25（1/4 分位数）	p50（1/4 分位数）	p75（1/4 分位数）	Sd（方差）/%
FAL1/资产总额/元	177	5.92	0.06	1.19	11.29	7.29
FAL2/资产总额/元	177	9.53	4.87	6.95	13.01	7.50
FAL3/资产总额/元	177	0.76	0.00	0.03	0.73	1.95
FAL/资产总额/元	177	16.22	6.14	11.42	24.84	12.10
FLL1/负债总额/元	177	0.22	0.00	0.00	0.01	1.26
FLL2/负债总额/元	177	0.87	0.00	0.09	0.53	1.88
FLL3/负债总额/元	177	0.27	0.00	0.00	0.00	0.94
FLL/负债总额/元	177	1.36	0.01	0.24	1.62	2.40

2．大数据提及频次及其行业分布

在国内，"大数据"一词由于2012年的《大数据时代》一书为各界熟知，故而在2012年以前，报表中未出现"大数据"一词。从企业年报中大数据提及频次年度分布情况表10-4可以看出，2013—2015年呈现增长态势，其中2013—2014年增长最快，通过查询"大数据"一词的百度指数也可印证这一点。就公司年报中大数据提及频次高于平均值的企业行业分布来看，货币金融服务业（银行业）的企业数量以及占比最大，说明银行业企业最关注大数据技术，将其列入了公司发展战略中。

表 10-4 企业年报中大数据提及频次年度分布情况

项目	2012年及以前	2013年	2014年	2015年
年报提及总频次	0	37	84	102
提及大数据的企业数量	0	13	24	29
平均提及频次	0	0.79	1.65	2.08
其中提及次数高于均值的企业分布（括号中数据为占本年度及行业企业数量的比例）				
货币金融服务	0	6（42.86%）	9（56.25%）	12（75.00%）
资本市场服务	0	0（0）	4（20.00%）	2（10.00%）
保险业	0	1（25.00%）	2（50.00%）	1（25.00%）
其他金融	0	0	0	0
合计	0	7	15	15

3．各变量描述性统计

从表10-5中可以看出，样本公司平均值为14.52，FAL1、FAL2、FAL3平均值分别为2.48、6.75、0.70，FLL12、FLL3平均值为0.39、0.13，BEPS平均值为0.99。

表10-5中的数据说明A股金融类上市公司披露的以公允价值计量的金融工具主要集中在第二层次。

表 10-5 各变量描述性统计

变量	样本量/家	平均值	标准差	最小差	最大差
$P_{i,t+1}$	175	14.52	11.30	2.42	78.24
$FAL1_{i,t}$	177	2.48	4.44	0	30.71
$FAL2_{i,t}$	177	6.75	8.30	0	66.62
$FAL3_{i,t}$	177	0.70	2.77	0	22.52
$FLL12_{i,t}$	177	0.39	0.71	0	5.14
$FLL3_{i,t}$	177	0.13	0.47	0	3.33
$NFVAL_{i,t}$	177	−1.84	9.33	−54.55	40.33
$BEPS_{i,t}$	177	0.99	0.69	0.06	3.56

10.5 回归结果分析以及稳健性检验

1. 回归结果分析

通过对面板数据进行混合模型和固定效应模型选择的 F 检验，$F(43,124) = 2.27$，Prob $> F = 0.0002$，说明选取数据存在显著个体效应。再进行 Hausman 检验，Prob$>$chi$^2 = 0.78$，故选择随机模型，同时控制行业变量与年度变量。

从模型回归结果可以看出，在公允价值计量的资产和负债与股价相关性方面，公允价值第一、第二层次计量的资产与股价呈正相关（其中第一、第二、第三层次显著异于零），且第一层次回归系数显著大于第二、第三层次回归系数（Test of FAL1=FAL2 与 Test of FAL1=FAL3 的卡方检验在 5%置信水平上显著），说明公允价值计量资产相关性随着计量层次的降低而减弱，与邓永勤、毛志宏等实证结果相符。但相比 Song C J 等以 2008 年美国银行业季报为样本的最终回归结果（以公允价值计量的资产与负债皆显著异于零，具有显著的相关性），我国公允价值会计信息的价值相关性相对较弱，这说明我国股票持有者的投资决策与公允价值会计信息相关性比美国较弱，这预示着我国股票持有者并没有美国股票持有者那样重视关注公允价值会计信息。而按照制度经济学有关制度变迁的解释，某一社会知识的存量在相当程度上决定了制度变迁的方式与内容，我国市场完善活跃及制度规范程度与欧美国家有较大差距，相比美国等国家在公允价值相关知识普及与认同上较为欠缺。而张敏等（2011）通过问卷调查发现公允价值相关知识在企业会计人员中的普及度比较高，但是了解程度不深，也反映了这一现象。

在 BIG 与公允价值分层计量的资产信息交叉项中，BIG_FAL1 与股价呈显著正相关（Z 统计量为 2.47），而 BIG_FAL2 与 BIG_FAL3 与股价的关系不显著，说明金融业上市公司重视大数据战略显著增强其公允价值第一层次计量资产的价值相关性，但没有显著增强第二、第三层次计量，部分支持假设1；BIG_FAL1、BIG_FAL2、BIG_FAL3 的回归系数分别为 1.10、–0.09、–0.72，BIG_FAL2、BIG_FAL3 系数为负可能是因为在大数据技术下金融业上市公司第二、第三层次计量的资产中有着良好可靠性的优质金融工具转化为了第一层次计量，剩余公允价值计量资产可靠性较弱，相比于以前其信息含量反而降低。在 BIG 与公允价值分层计量的负债信息交叉项中，BIG_FLL12 回归系数为–3.96，统计量 T 为–2.13，与股价呈显著负相关关系，而 BIG_FLL3 回归系数为–0.44，回归系数不显著异于零，说明金融业上市公司重视大数据技术手段，显著增强了公允价值第一、第二层次计量负债的价值相关性，未显著增强第三层次计量负债的价值相关性，部分支持假设。模型回归结果与系数比较检验如表 10-6 所示。

表 10-6 模型回归结果与系数比较检验

变量	因变量=年报公布日的股票收盘价		因变量=年报公布日后连续 15 天的股票平均收盘价	
	模型（1）系数	模型（2）系数	模型（1）系数	模型（2）系数
FAL1	1.82***	1.38***	1.73***	1.32***
	7.38	4.18	6.9	3.82
FAL2	0.82***	0.66***	0.84***	0.67**
	4.31	2.52	4.34	2.54
FAL3	0.83**	0.97**	0.89**	1.13**
	2.2	1.96	2.33	2.17
FLL12	–1.92***	–0.99	–1.89**	–0.93
	(–2.17)	(–0.66)	(–2.12)	(–0.59)
FLL3	–2.06	–1.99	–1.95	–1.99
	(–1.37)	(–0.80)	(–1.29)	(–0.79)
NFVAL	0.78***	0.59**	0.77***	0.59***
	4.44	2.65	4.34	2.66
BEPS	–2.55*	–3.06*	–2.62*	–3.44*
	(–1.78)	(–1.66)	(–1.71)	(–1.70)
BIG_FAL1		1.1**		1.07**
		2.47		2.48

续表

变量	因变量=年报公布日的股票收盘价		因变量=年报公布日后连续15天的股票平均收盘价	
	模型（1）系数	模型（2）系数	模型（1）系数	模型（2）系数
BIG_FAL2		−0.09		−0.08
		(−0.47)		(−0.43)
BIG_FAL3		−0.72		−0.87
		(−0.96)		(−1.18)
BIG_FLL12		−3.96*		−2.55*
		(−2.13)		(−2.19)
BIG_FLL3		−2.87		−2.72
		(−0.88)		(−0.86)
年度变量/行业变量	控制	控制	控制	控制
_cons	9.74***	12.37***	9.76***	12.49***
	6.09	7.02	5.99	6.39
Num	175	175	175	175
Wald chi2	81.91***	86.90***	81.91***	86.9***
P-value	0	0	0	0

注：***、**和*分别表示在1%、5%和10%水平上显著（双尾检验）。

变量系数比较结果如表10-7所示

表10-7 变量系数比较结果

系数比较	模型（1）		模型（2）	
	chi2	P	chi2	P
FAL1=FAL2 的测试	14.77	0***	4.46	0.03**
FAL2=FAL3 的测试	0.56	0.68	0.53	0.47
FAL1=FAL3 的测试	4.13	0.04**	0.50	0.48
FLL12=FLL3 的测试	0.01	0.93	0.70	0.40
BIG_FAL1=BIG_FAL2 的测试			5.91	0.02**
BIG_FAL2=BIG_FAL3 的测试			0.94	0.33
BIG_FAL1=BIG_FAL3 的测试			4.09	0.04**
BIG_FLL12 = BIG_FLL3 的测试			0.96	0.33

注：***、**和*分别表示在1%、5%和10%水平上显著（双尾检验）。

在系数比较结果中，BIG_FAL1= BIG_FAL2 与 BIG_FAL1= BIG_FAL3 的卡

方检验 P 值分别为 0.03、0.04，BIG_FAL1 系数与 BIG_FAL2、BIG_FAL3 系数有着显著差异，公允价值第一层次计量的资产价值相关性大于第二、第三层次，支持假设 3；BIG_FLL12 = BIG_FLL3 的卡方检验中值为 0.96，BIG_FLL12 系数与 BIG_FLL3 系数没有显著差异，说明重视大数据战略对公允价值第一、第二、第三层次计量的负债影响没有显著差异，不支持假设 4，原因可能是投资者对于第三层次计量的负债关注度不强，对企业是否重视大数据战略这一信息没有显著反应，BIG_FLL3 系数难以反映重视大数据战略影响下第三层次计量的负债信息含量，与 BIG_FLL12 做比较，检验没有通过。

2．稳健性检验

本节以金融业上市公司 i+1 年的 i 年年报公布日后连续 15 天股价的平均值为被解释变量，重新进行检验，其中 Hausman 检验结果 P 值为 0.73，选择随机模型，最后回归结果未发生显著变化，本章结论不变。

10.6 本 章 小 结

大数据时代的到来根本性地改变了科学研究模式，在会计领域中，大数据的使用对于公允价值计量也有一定的影响。而对于公允价值分层计量的价值相关性有也一定影响，本节以 2010—2015 年金融类上市公司为样本，以实证的方法，分析了金融企业重视大数据对于公允价值分层计量价值相关性的影响，最后得出以下结论。

（1）我国金融业公允价值的资产与负债整体有着价值相关性，但相比美国有一定距离，说明投资者对于公允价值会计信息并没有美国投资者那样重视，同时说明我国相比美国等国家在公允价值相关知识普及与认同上较为欠缺。

（2）我国金融业上市公司重视大数据战略将显著提高投资者决策时对其资产公允价值计量第一层次赋予的权重，且该提高效果随着公允价值计量层次降低而下降；我国金融业上市公司重视大数据战略的同时显著提高了其负债公允价值计量第一、第二层次赋予的权重。

本章结论表明了大数据可以在一定程度上提高公允价值会计信息的价值相关性，探索了大数据应用价值，同时丰富了公允价值分层计量的价值相关性研究，同时研究结果有以下政策意义：① 以实证方式切实证实了大数据对公允价值计量使用具有积极作用，为大数据战略推广提供有力支持；② 对于我国会计准则制定者而言，大数据战略可以作为加快推动公允价值计量使用与增强公允价值会计信息含量的方式和手段，可以使我国在公允价值计量使用与推广上实现弯道超车，更快达到国际领先水平。

第 11 章 大数据下公允价值计量的债务契约有用性

公允价值和历史成本双重计量政策的运用，带来单一历史成本计量的会计指标或变量衡量基础的变化，信贷决策中债务契约的签订和履行离不开相关会计指标或数据的支持。本章以《CSA 39 号公允价值会计准则》为背景，考察 2014—2017 年我国上市公司实施公允价值计量准则及其对债务契约的经济后果性。实证研究发现：一是上市公司使用公允价值计量属性显著提高了企业债务契约的有效性，具体表现为整体的债务率、长短期债务率均与公允价值变动损益率呈正相关关系；二是在大数据环境下，与非 IT 公司相比，IT 行业上市公司采用公允价值计量对总体债务率和长短债务率的正向影响的程度和显著性更强，即 IT 公司的公允价值计量对债务契约具有更强的决策有用性。以上结论在使用两种不同的邹至庄模型稳定性检验（Chow's Test）及稳健性检验之后结论依然成立。结果表明，对于企业，尤其是 IT 公司的公允价值计量对债务契约具有更强的决策有用性，体现了公允价值会计准则的经济后果性意义。

11.1 引 言

债务契约的有效性是指借贷双方为了达成借贷资本的一致目的，双方共同努力以达到一个类似于"帕累托"最优性的解，使债务成本与代理监督成本之和最小化，促进债权人愿意借贷给债务人。对于银企借贷关系中，信息不对称性是制约借贷契约有效性的关键因素。而会计信息因其能够缓解信息不对称现象（饶艳超、胡奕明，2005），有利于降低各种代理相关成本（孙铮、李增泉、王景斌，2006），所以在提升债务契约有效性的重要性不言而喻（陆正飞、祝继高、孙便霞，2008）。公允价值作为一种会计计量属性，其产生的公允价值变动损益信息计入利润表中，直接影响企业的经营成果。但是由于我国资本市场还不完善，监管等还不到位，并且会计准则赋予了企业自主选择会计计量属性的权利，使得企业在进行选择会计计量属性时也留有余地。不过公允价值计量属性本身充满争议，争论在经济危机前后达到顶峰（黄世忠，2009），但是早有学者认为其原因不在于公允价值，而是在于其使用者及其应用领域（张敏等，2011），公允价值应用于债务契约中，表现为通过公允价值计量的引入，提高了会计信息质量，从而影响上市公司中有关偿债能力等指标的公允和透明，其结果是公允价值在一定程度上削弱了借贷双方的寻租行为，促使借贷双方达成更优的债务契约。这一表象随着信息技术的发展，在行业的上市公司债务契约中得以体现。

　　IT 企业的特征在于其业务和财务的信息化，前者表现为生产经营中的信息化和主营信息化的产品，如互联网公司等信息技术行业公司。这些公司相较于一些传统的制造业、服务业等企业，更加以积极的姿态去拥抱信息化技术。除此之外，社会上的认可也是对 IT 公司的声誉溢出，2018 年我国上市公司市值 500 强中的前两名，被 IT 上市公司所包揽，前十强中除了金融业企业，有三家 IT 企业；在 2018 年薪酬最高行业中，第一位与第六位均为与 IT 有关的行业。IT 公司的声誉溢出效应是否会让金融参与者更加青睐？这些信息化技术会对会计信息质量产生怎么样的影响？可否显著地增强债务契约的有效性？同时，在当今经济变化的背景下，互联网技术的发展、大数据战略的普及不断拓展原有局域网的范围，使信息容量、信息传播速度等有了质的飞跃，大大提高了信息化水平。不同地区的信息化环境水平在一定程度上会影响企业向外界传递信息数量及质量。对于银行等债权人而言，由于信贷市场上的信息不对称限制了他们利用公允价值信息来与企业达成有效的贷款契约，因此公允价值信息在不同的信息化环境对于银行贷款契约的影响的研究，学界更多地偏向实务，理论研究较为缺乏。

　　本章立足于上市公司使用公允价值计量属性与债务契约之间的关系研究，辅以考察信息技术的调节作用，可能贡献在于：① 先前的文献大部分从公司治理、外部角度等来考察债务契约的有效性影响因素，鲜有从会计的公允价值计量属性来考察，检验公允价值的使用是否提高了企业的债务融资能力。对此，本章发现公允价值计量信息显著地提高了债务契约的有效性，上市公司的总体债务率和长短期负债率与公允价值变动损益率呈正相关关系。② 进一步研究了信息化技术对两者之间的调节作用，实证结果发现，信息板块的上市公司的公允价值变动损益与债务契约有效性更加呈显著正相关关系，结果表明信息技术在两者之间起到了显著的调节作用，进一步丰富了公允价值计量的债务契约理论。

11.2　理论分析与假设提出

1. 公允价值如何提高债务契约有效性

　　产权经济学派提出契约的构成产生于相关制度的安排，是制度内生化了的结果，使其达到契约成本最小化。债权人在进行贷出决策时，会尽可能全方位地了解债务人的情况，降低债务监督成本与代理成本。在影响债务契约的因素上，众多学者已经给出部分答案（李增泉等，2008；郭泽光等，2015；王烨等，2018；

大数据下公允价值会计数据挖掘与智能决策研究

姚立杰等，2018）。在这些因素中，偿债能力作为债权人评价的重要指标，由相关会计信息汇总加工计算得到，债权人能够利用会计信息进行债务违约风险的评估（黎来芳、张伟华、陆琪睿，2018），且因为贷款人与贷款客户之间的信息不对称造成债权人对会计信息的强烈依赖（刘慧凤、杨扬，2012），因此对与债务人签订的契约中施加种种约束性条款（孙铮、李增泉、王景斌，2006），无形地提高了资金成本，所以会计信息在提高债务契约有效性上发挥着重要作用。

公允价值作为一种重要的会计计量属性，对于会计信息质量的提升大有裨益（翟敏锋，2015）。公允价值一方面反映了金融（衍生）资产、负债的流动性，实时价格，随时暴露其风险性，这样在契约双方中有利于风险管控。另一方面公允价值定义本身就暗含"公平交易"，而在公平公开交易的前提下达成的契约进行签订和履约的效率是比较高的（刘浩、孙铮，2008）。当然，现有的研究也指出公允价值虽然在理论上提高了债务契约的有用性，但是由于其计量属性的特性，公允价值计量属性与会计稳健性相对立，银行等可能会错估企业的真实价值、偿债能力与风险水平，所以导致债务契约的有效性降低（罗楠、刘斌，2012）。但不可否认的是，众多学者已经认为公允价值变动损益相较于其他损益，公允价值在相当程度上提高了债务契约的有用性（刘慧凤、杨扬，2012），在某种程度上又与会计稳健性相统一。但是，Demaria 和 Dufour（2007）、Quagli 和 Avallone（2010）却得到了相反的结论，没有显著影响。

根据有效资本市场假设，如果市场参与者均知晓内部消息，那么市场价格已经充分反映信息价值（朱丹、刘星、李世新，2012）。公允价值是否具有决策有用性，对于信息使用者能否提供有用的帮助，国内外学者已经得出相似的结论：公允价值信息有助于信息使用者进行经济决策（葛家澍，2007；王雷、李冰心，2018）。首先，公允价值会计准则（CAS 39）指出公允价值是一种基于有序市场中市场参与者愿意认可的所支付的价格（黄静如、黄世忠，2013）。也就是暗含着公允价值随时反映市场参与者的意志，其价格不是由特定主体决定的，而是由市场参与者共同左右的。其次，公允价值是充分反映变化的市场价格，随着价格的波动而波动，标的物价格上涨，公允价值也上涨；标的物价格下降，公允价值也下降，这也是盯市会计（Mark-to-Market Accounting）反映市场涨跌的过程。最后，产生背离成本的价格波动作为公允价值变动损益计入利润表中。公允价值已经把价格变动风险包含进去，交易双方对于价格风险已经充分知晓。但是由于公允价值要随时跟随经济波动而变化，即使企业循规蹈矩的遵守企业会计准则，也可能会"夸大"财务报表的经济波动，"产生严重的顺周期效应"（胡奕明、刘奕均，2012；楼润平、薛声家，2011），不同程度地扭曲了企业的真实价值与风险特征。如果借贷双方在达成契约之前明白公允价值这种"特殊性"，实际上为了达成完美的契

第 11 章　大数据下公允价值计量的债务契约有用性

约，双方可能采取一系列的措施，如债权人在借贷协议中设置种种限制性条款，保证资金的偿还。而债务人很有可能加强风险管控，更加谨慎地使用公允价值，这样债务契约的有效性即长短期债务率由此得到提高，促进达成完美契约。由此我们提出如下假设。

假设 1：上市公司公允价值变动损益率与总体债务率、短期债务率和长期债务率成正相关关系。

2. 信息技术和 IT 公司对公允价值债务契约性的影响

（1）财务信息技术。我国财政部于 2009 年发布《财政部关于全面推进我国会计信息化工作的指导意见》之后，ERP 软件在大中型上市公司得以普及应用，学者们对于企业使用 ERP 的经济后果进行了多方面的研究，认为上市公司采用 ERP 软件会显著提升公司盈利绩效、降低企业相关成本等（饶艳超，2005；王立彦、张继东，2007；赵泉午、黄志忠，2008；叶康涛、孙苇杭，2019）。但是也有学者指出，虽然 ERP 使用效果良好，但是对于其内部控制环境和资金的持续投入等都有较高的要求，所以对于中小企业甚至是非上市公司都很难采用。相反，他们仍然采用的是基础的会计信息软件。叶康涛和孙苇杭（2019）的实证了即使是简单的会计软件，也促进了企业的生产率。综上所述，无论是综合的会计信息系统（ERP）还是最普通的会计核算软件的使用对企业都产生了良好的经济效果。现实中新一代信息技术相关的会计软件不断涌现，如新兴的 XBRL（可拓展商业语言）技术、财务云、财务共享中心、财务机器人等，这些信息化软件不仅有助于提高会计核算的效率、质量和管理水平，而且加快了财务与业务实质性融合，大大地提高管理层的决策效果、企业效率和预测的准确度。

（2）业务信息化和信息技术公司。除了财务领域，随着信息技术的发展以及"互联网+"时代的到来，大数据、互联网经济、移动支付、人工智能等不单单存在于理论上，已经实际应用于企业日常运转中。即使是不专门从事信息技术的产业也会或多或少地运用这些信息技术进行分析决策，如在债务契约中，银行等债权人使用智能软件硬件为其服务，实时收集客户或债务人及其所在行业的大数据，通过大数据挖掘技术评估客户风险。而作为债务人如传统制造企业也会引入智能机器人来进行流水线的加工生产等。这种债务契约双方的信息化应用，是影响债务契约有效性的新的因素。尤其是，对于那些从事 IT 行业的企业来讲，也更加清楚信息技术对于他们的价值。所以相较于非信息技术公司，IT 公司对于在各个领域接受信息化的意愿也更加强烈。对于 IT 行业，其独有的特征就是研发投入大，无形资产占比大，他们愿意把资金投入软件系统开发上面，研发创新是他们生存的重要的途径（邓川、高雅琴、杨文莺，2017）。一方面，IT 公司对于自己熟知的领域进行研发投入是必然，这是它们赖以生存的根本，如互联网公司会投入系统软件的开发，其费用列报于上市公司财务报表中的无形资产项目或附注中；另一方面，IT公司也可能是研发生产财务领域的软件公司，如用友、金蝶等，同时也是这些软件的使用者。总之，IT公司比资本市场中的其他公司更能体会到业务信息化所带来的价值提升，所以也会积极地引入财务信息软件去提高他们的会计信息质量。

（3）公允价值、信息技术与债务契约。信息技术的引入提升了会计信息质量，那么公允价值作为会计信息的一部分，也会收益许多。一方面，公允价值估值部分的准确性将会得到极大的提高，因为按照公允价值会计准则（CAS 39）规定，企业需要对以公允价值计量的金融资产、负债进行强制分层，并且要有一定的划分依据。第一层次输入值是有序市场中相同资产或负债的公开报价，即未经过调整的价格。市场参与者（交易双方）都能够从公开市场中获取，此时价格是透明的，如股价，不存在价格歧视风险，而且此时交易双方均按照各自的意愿进行交易。由于公开市场报价是随时变动的，不随双方的意志改变而改变，只随着市场的波动而波动。企业采用信息化软件，可以把金融（衍生）商品的定价机制直接与市场报价相联系，只要汇率、利率等市场因素发生变化，那么金融（衍生）商品的价格也就随时变动，更能捕捉市场价格变动，促进外部信息及时地传递到企业内部当中，相较于没有采取信息技术的公司，采取了信息技术的企业提高了获取信息的速度。第二层次是类似的资产、负债在金融市场的公开报价，包括间隔期间可观察的利率、收益率曲线、隐含波动率和信用利率等。从第二层次开始，会计准则就赋予了企业可选择的权利。如果企业要对相关资产与负债的特征进行调整，找到市场中与之最相似的报价，那么企业也可以利用信息技术进行处理，提高调整的速度与准确度。对于第三层次的金融工具，其公允价值源自不可观察的输入值，是无法在市场中取得的，采用一定的估值技术进行估计。对于估计技术，要按照金融资产或者负债的特征、企业自身的情况，选择合适的估计技术。这样估计出来的公允价值实际上很难说是"公允"的，因为这是企业自身所做出的判断，很有可能根据某些目的特意地去选择估计技术，严重违背了公允价值相关概念。然而，企业引入信息技术之后，可以让计算机根据相应的市场环境和模型等，进行相对精确的估值，让金融资产或者负债尽可能地接近真实的价格。综上所述，企业在使用公允价值计量属性时引入信息技术，能够提高估值的可信度、可靠度、精确度（方恒阳，2014；郝玉贵等，2018），并且能够提高公允价值的价值相关性（郝玉贵、贺广宜、李昀泽，2018）。

随着公允价值准则运用变得越来越规范，之前的研究已经证明公允价值产生的损益相较于其他收益更能提升债务契约的有效性(赵泉午、黄志忠、卜祥智,2008),那么在引入信息技术之后,公允价值的价值相关性和决策有用性将会得到进一步的提高,债权人与债务人之间的借贷协议会变得越来越有效率,两者的信息不对称问题得到改善,进而提升债务契约的有效履行,降低债务契约的代理成本和执行成本。据此提出如下假设。

假设 2:与非 IT 公司相比,IT 公司公允价值变动损益率与总体债务率、短期债务率、长期债务率的正相关性更强。

3. 大数据等新信息环境下公允价值计量对贷款契约的影响

贷款契约中存在信息不对称问题,传统的缓解技术和方法是借助传统的财务信息平台,分析挖掘债务人的内外部信息,尤其是盈利能力和偿债能力信息。而信息化环境通过搭建网络平台来汇集海量数据、进行信息共享,大大缓解了信贷决策中债权人与债务人之间的信息不对称问题。其中,影响信息化环境的具体因素体现为互联网、大数据等技术的发展程度,它们对于信息传播和应用有着巨大的影响。位于信息化环境水平高的地区会披露更多的信息,互联网及大数据发展程度较高的环境会大幅提高企业对外披露信息的丰富度。何贤杰等(2016)研究发现,上市公司会通过互联网发布关于公司经营管理等各个方面的信息,并且在互联网上发布的信息中有 84%是未经正式公告发布的信息,互联网已经成了上市公司发布内部信息的重要渠道。郝玉贵等(2017)认为大数据技术能够迅速地帮助企业在平台上收集更多数据信息,尤其是企业采用公允价值计量。同时,企业也会利用大数据平台及时披露更多相关的会计信息,向外部利益相关者传递更多信号,降低双方的信息不对称程度。因此,当企业若处于信息化环境更高的地区时,债权人能够更容易获得企业的关于公允价值的更多相关信息;在债权人与企业之间的信息不对称程度降低后,债权人可以利用公允价值变动损益的会计信息更为准确地评估企业的风险,那么债权人就可能会为企业提供更为有利的债务契约条款。基于此提出如下假设。

假设 3:在新一代信息化水平较高的环境下,公允价值变动损益与总体贷款规模及长短期贷款更显著相关。

11.3 研究设计

1. 变量定义与模型选择

依据罗楠和刘斌(2012)的研究设计,在评价公允价值与债务契约有效性关系时,我们选择上市公司财务报表中公允价值变动损益为衡量公允价值使用情况的依据，并且考虑到债权人可能会参考利润结构，所以把公允价值变动损益除以利润总额作为核心解释变量。我们用资产负债率、短期借款除以总资产、长期借款再除以总资产作为被解释变量，来衡量债务契约的有效性程度。其他控制变量参考罗楠和刘斌（2012）、刘慧凤和杨扬（2012）的设计，选取资产周转率、公司规模、流动比率等作为控制变量。

构建如下模型来检验假设1与假设2：

$$\text{Loan}_{i,t} = \beta_0 + \beta_1 \text{FV-Rate}_{i,t} + \Sigma \beta_k \text{control}_{i,t} + \zeta_{i,t} \quad (1)$$

$$\text{Loan}_{i,t} = \beta_0 + \beta_1 \text{FV}_{i,t} + \beta_2 \text{FV}_{i,t} \cdot \text{IT}_{i,t} + \Sigma \beta_k \text{control}_{i,t} + \zeta_{i,t} \quad (2)$$

对于模型（1），当β_1显著为正值时，说明公允价值计量显著地提高了债务契约的有效性，即公允价值变动损益与总体债务率、短期和长期债务率成正相关关系；如果β_1为负值，说明公允价值计量显著地降低了债务契约的有效性，即公允价值变动损益与总体债务率、短期和长期债务率成负相关关系。模型（2）中的交乘项$\text{FV}_{i,t} \cdot \text{IT}_{i,t}$用于考察变量$\text{IT}_{i,t}$的调节作用。变量定义如表11-1所示。

表11-1 变量定义

变量名	变量符号	变量含义	变量计算
被解释变量	DEBT	总体债务率	i公司在t期的资产负债率
	DEBT-short	短期债务率	i公司在t期的短期借款/总资产
	DEBT-long	长期债务率	i公司在t期的长期借款/总资产
解释变量	FV-Rate	公允价值变动损益率	i公司在t期的公允价值变动损益/利润总额
控制变量	$\text{IT}_{i,t}$	IT公司	i公司在t期的IT公司为1；否则为0
	FCF	自由现金流量率	i公司在t期的经营产生的净现金流量/期初总资产
	SIZE	公司规模	i公司在t期的期末总资产的自然对数
	TURNTA	总资产周转率	i公司在t期的营业收入/平均资产
	ROA	总资产收益率	i公司在t期的净利润/期末总资产
	GROWTH	企业的成长能力	i公司在t期的营业收入增长率
	CASHCD	现金流动负债比率	i公司在t期的经营活动产生的现金净流量/流动负债
	CASH	现金比率	i公司在t期的现金及现金等价物期末余额/流动负债
	QUICK	速动比率	i公司在t期的(流动资产-存货)/流动负债
	CURRENT	流动比率	i公司在t期的流动资产/流动负债
	Inform_Rank	信息化环境	虚拟变量，大于信息化均值水平的变量为1；否则为0

2．样本选择

由于我国财政部发布了CSA 39，所以我们选取2014—2017年所有沪深两市A股上市公司为样本，剔除掉① ST公司；② PT公司；③ 金融业上市公司；④ 数据样本缺失不全公司，总共得到11505个样本。

第11章 大数据下公允价值计量的债务契约有用性

首先,我们利用 Resset 锐思数据库中有关信息技术板块的上市公司作为本节研究的公司,这些包括但不限于大数据、人工智能、移动互联网、云计算、物联网、区块链等,这些公司不同于利用信息化技术的企业,而是把信息化技术作为其创造利益的主要来源方式,可以作为主营业务或者其他业务等,亦可以独立地运行,直接创造企业价值。然后,我们利用这些信息技术板块公司的股票代码,在 CSMAR 国泰安数据库中搜寻其公司的财务信息。信息技术行业的公司一般是高新技术公司,已有文献表明高科技企业因为面临着市场前景不明朗、估值不准确等问题,导致高科技企业融资困难(熊家财、桂荷发,2017)[35]。本节对信息技术板块和非信息技术板块进行分组回归,并检验两者回归系数的差异性,用来说明信息技术是否对公允价值计量的债务契约相关性具有调节作用。考虑到有些上市公司很可能涉及两个及两个以上的板块,这属于重复样本,我们一并剔除,只保留不重复样本。最后确认信息技术板块 2901 个公司作为测试样本。样本数据的处理与分析是利用 Excel 2010 与 Stata 14.1 处理的。

3. 描述性统计

从表 11-2 中的面板(Panel)A 全样本中可以看到,上市公司总体债务率为 42%,整体上还是处于一个比较健康的状态。当然标准差为 0.21,最小值为 1%,最大值为 403%,已经出现资不抵债的状态,说明上市公司之间的资产负债率相差比较大,中位数为 40%,有一半的上市公司的资产负债率超过 40%,这是由行业所决定的。长期负债率与短期负债率均值分别为 9% 与 4%,说明上市公司倾向于权益性融资,这与优序融资理论不一致,这也与已有研究相符合(阎达五、耿建新、刘文鹏,2001;陆正飞、叶康涛,2004),标准差为 0.1 与 0.08,波动性较小。长期债务率和短期债务率最小值均为零,某些上市公司并没有使用债务融资。

债权人在放贷时会考虑利润结构,公允价值变动损益占利润总额的比例,均值为 2%,说明公允价值变动损益为公司利润总额贡献的 2%。标准差为 0.19,说明波动幅度较大,对于极值而言,第 25 百分位、第 50 百分位、第 75 百分位与最小值均为 0,最大值为 8.95,差异极大,其中最大值的公司很可能是靠公允价值变动损益盈利,如个别采用公允价值模式的投资性房地产的价格变动会产生大量的公允价值变动损益,导致金额远超利润总额。债权人在借贷时除了考虑利润结构,更要关注最基本的偿债指标。从三大偿债指标来看,速动比率和流动比率分别为 2 和 2.5,现金比率均值为 0.87,说明企业所持现金较多,大部分上市公司的偿债能力是比较良好的。

表 11-2 描述性统计

面板 A 全样本

变量	平均值	方差	p25 (1/4 分位数)	p50 (1/2 分位数)	p75 (3/4 分位数)	最小值	最大值
DEBT	0.42	0.21	0.25	0.40	0.57	0.01	4.03
DEBT-short	0.09	0.10	0.00	0.06	0.14	0.00	1.50
DEBT-long	0.04	0.08	0.00	0.00	0.05	0.00	0.85
FV-Rate	0.02	0.19	0.00	0.00	0.00	0.00	8.95
FCF	0.04	0.08	0.00	0.04	0.08	−0.89	0.88
SIZE	22.13	1.33	21.22	21.98	22.88	14.94	28.51
TURNTA	0.64	0.54	0.35	0.53	0.78	0.00	12.37
ROA	0.05	0.09	0.02	0.04	0.07	−0.87	7.25
GROWTH	0.54	18.17	−0.01	0.08	0.27	−0.98	1878.37
CASHCD	0.22	0.58	0.01	0.14	0.34	−25.04	13.31
CASH	0.87	1.76	0.19	0.40	0.87	0.00	70.41
QUICK	2.04	2.93	0.76	1.26	2.21	0.02	78.41
CURRENT	2.55	3.24	1.16	1.72	2.80	0.02	78.41

面板 B

变量	非 IT 板块 IT=0 样本量	平均值1	中位值1	IT 板块 IT=1 样本量	平均值2	中位值2	差异检验 均值检验	中值检验
DEBT	8606	0.43	0.41	2901	0.4	0.38	0.03***	29.911***
DEBT-short	8606	0.09	0.06	2901	0.08	0.05	0.01***	29.911***
DEBT-long	8606	0.05	0.00	2901	0.03	0.00	0.02***	93.644***
FV-Rate	8606	0.02	0.00	2901	0.02	0.00	0.00	1.393
FCF	8606	0.04	0.04	2901	0.04	0.04	0.01***	12.510***
SIZE	8606	22.15	21.99	2901	22.07	21.95	0.08***	0.381
TURNTA	8605	0.63	0.53	2900	0.68	0.54	−0.05***	0.002
ROA	8606	0.05	0.04	2901	0.05	0.04	0.00	21.754***
GROWTH	8606	0.36	0.07	2901	1.09	0.14	−0.73*	106.748***
CASHCD	8606	0.24	0.14	2901	0.18	0.12	0.05***	6.945***
CASH	8606	0.82	0.38	2901	1.02	0.48	−0.20***	60.818***
QUICK	8606	1.95	1.20	2901	2.3	1.43	−0.34***	104.102***
CURRENT	8606	2.49	1.66	2901	2.74	1.84	−0.25***	47.567***

面板 C

	非 IT 板块	比例/%	IT 板块	比例/%
运用公允价值计量	2110	24.52	743	25.61
没有运用公允价值计量	6496	75.48	2158	74.39
总计	8606	100	2901	100

第11章 大数据下公允价值计量的债务契约有用性

面板 B 是分样本统计表，表 11-2 中显示：一是非 IT 公司样本量为 8606，IT 公司样本量为 2901，IT 公司样本占全样本的 25.22%；二是 IT 公司的三大债务率变量均值均小于非 IT 公司，说明 IT 行业的上市公司举债要少于非 IT 板块。且经过均值 t 检验与中值检验后，发现两者在 1% 上显著差异。而在公允价值变动损益占利润总额的比例上，均值检验与中值检验均没有显著差异，且在面板 C 中 IT 板块中使用公允价值计量的上市公司有 743 家，占子样本的 25.61%，表明在公允价值计量属性的使用方面，IT 行业与非 IT 行业都是比较谨慎的。而在三大偿债能力上，IT 板块与非 IT 板块也有显著差异，平均值和中位显示，IT 板块的上市公司偿债能力更强，这也表明银行等债权人很有可能更加青睐 IT 公司。

表 11-3 为皮亚森（Pearson）相关系数表，该表显示公允价值变动损益占利润总额的比重与总体债务率在 1% 上呈显著正相关关系，系数为 0.07，初步支持假设 1。与此同时，影响债务率的其他正相关因素包括企业规模、资产周转率、成长能力等。而三大偿债能力流动比率、速动比率、现金比例与资产负债率显著负相关，表明当企业处于资金短缺困境时，可以利用变卖流动资产、速动资产和现金及其等价物进行补充。值得注意的是，由于流动资产包含速动资产和现金资产，因此三者之间的相关系数超过 0.5。由于三者都属于衡量偿债能力的指标，我们借鉴孙铮等（2006）在研究中同时加入流动比率、速动比率和现金比率三个控制变量，而且从后面回归结果来看也并不影响。

表 11-3 皮亚森（Pearson）相关系数表

变量	DEBT	FV-Rate	FCF	SIZE	TURNTA	ROA	GROWTH	CASHCD	CASH	QUICK	CURRENT
DEBT	1.00										
FV-Rate	0.07***	1.00									
FCF	−0.18***	−0.04***	1.00								
SIZE	0.49***	0.07***	0.02***	1.00							
TURNTA	0.10***	0.02***	0.08***	0.01	1.00						
ROA	−0.27***	−0.04***	0.22***	−0.06***	0.11***	1.00					
GROWTH	0.03***	0.01	−0.01	0.04***	0.01	0.00	1.00				
CASHCD	−0.29***	−0.03***	0.61***	−0.07***	−0.02*	0.21***	−0.01	1.00			
CASH	−0.42***	−0.03***	0.07***	−0.23***	−0.10***	0.11***	−0.01	0.25***	1.00		
QUICK	−0.51***	−0.03***	0.05***	−0.29***	−0.10***	0.14***	−0.01	0.35***	0.82***	1.00	
CURRENT	−0.51***	−0.03***	0.03***	−0.29***	−0.10***	0.13***	−0.01	0.36***	0.79***	0.98***	1.00

注：***表示1%上显著，**表示5%上显著，*表示10%上显著。

11.4 实 证 结 果

1. 多元回归分析

表 11-4 多元主回归显示，从全样本来看，无论是资产负债率、短期债务率还是长期债务率，都与公允价值变动损益所占利润总额的比例成显著正相关关系，系数分别为 0.02、0.01 和 0.01，在 1%和 5%上显著异于零，说明上市公司使用公允价值计量正向显著影响公司的债务率。一方面表明债务人的公允价值具有债务经营信息含量；另一方面表明债权人更愿意借贷给企业，促使债务契约达成，假设 1 得到验证。除此之外，在影响债务契约的因素上，公司规模、资产周转率、成长能力等与债务率成显著正相关关系。

2. IT 公司与非 IT 公司比较测试

表 11-4 的两个样本回归结果显示，无论是 IT 板块还是非 IT 板块的企业，公允价值变动损益占利润总额的比重都与债务率呈显著正相关关系，系数均异于零，假设 1 再次得到验证。而且在影响系数大小和显著程度上，IT 板块公允价值变动损益与资产负债率的系数为 0.03，且在 1%上显著，而非 IT 板块的上市公司公允价值变动损益与资产负债率的系数为 0.02，在 5%上显著，表明 IT 板块上市公司的公允价值计量对总债务率、短期债务率和长期债务率均具有的显著正向影响，并且影响程度和显著性均大于非 IT 板块的上市公司，假设 2 得到了验证。而在其他指标上，两个子样本的回归结果基本一致。值得注意的是，非 IT 板块的上市公司成长能力系数没有显著异于零，与之对比的是 IT 板块的上市公司成长能力的系数都显著异于零，且在 1%上显著，说明资本市场比较看重 IT 板块的上市公司强大的成长能力。

表 11-4 多元主回归

变量	全样本 模型(1)			子样本 模型（2）					
				非 IT 板块 IT=0			IT 板块 IT=1		
	资产负债率	短期债务	长期债务	资产负债率	短期债务	长期债务	资产负债率	短期债务	长期债务
FV_Rate	0.02***	0.01***	0.01**	0.02**	0.01**	0.01**	0.03***	0.012***	0.011***
	(0.00)	(0.01)	(0.01)	(0.03)	(0.02)	(0.02)	(0.01)	(0.38)	(0.34)
FCF	−0.39***	−0.25***	−0.08***	−0.52***	−0.27***	−0.08***	0.05	−0.20***	−0.05***
	(0.00)	(0.00)	(0.00)	(0.00)	(0.00)	(0.00)	(0.66)	(0.00)	(0.00)
SIZE	0.06***	0.00***	0.02***	0.06***	0.00***	0.02***	0.06***	0.01***	0.02***
	(0.00)	(0.00)	(0.00)	(0.00)	(0.00)	(0.00)	(0.00)	(0.00)	(0.00)

续表

	全样本 模型(1)			子样本 模型(2)					
				非IT板块 IT=0			IT板块 IT=1		
变量	资产负债率	短期债务	长期债务	资产负债率	短期债务	长期债务	资产负债率	短期债务	长期债务
TURNTA	0.03***	0.02***	−0.03***	0.03***	0.02***	−0.03***	0.06***	0.01***	−0.01***
	(0.00)	(0.00)	(0.00)	(0.00)	(0.00)	(0.00)	(0.00)	(0.01)	(0.00)
ROA	−0.40***	−0.19***	−0.05***	−0.35***	−0.18***	−0.05***	−0.72***	−0.25***	−0.08***
	(0.00)	(0.00)	(0.00)	(0.00)	(0.00)	(0.00)	(0.00)	(0.00)	(0.00)
GROWTH	0.00	0.00	0.00	0.00*	0.00	0.00	0.00***	−0.00***	0.00***
	(0.27)	(0.31)	(0.32)	(0.09)	(0.81)	(0.70)	(0.00)	(0.00)	(0.00)
CASHCD	0.00	0.01***	0.01***	0.01***	0.01***	0.02***	−0.04*	0.00	0.01*
	(0.36)	(0.00)	(0.00)	(0.01)	(0.00)	(0.00)	(0.09)	(0.79)	(0.07)
CASH	0.00	0.00	0.00***	0.00	0.00	0.00***	0.00	0.00	0.00**
	(0.49)	(0.11)	(0.00)	(0.34)	(0.87)	(0.00)	(0.66)	(0.43)	(0.03)
QUICK	−0.01***	0.01***	−0.01***	−0.01***	0.01***	−0.01***	−0.01	0.01***	−0.02***
	(0.00)	(0.00)	(0.00)	(0.00)	(0.00)	(0.00)	(0.47)	(0.00)	(0.00)
CURRENT	−0.02***	−0.02***	0.00***	−0.02***	−0.02***	0.00**	−0.01	−0.02***	0.01***
	(0.00)	(0.00)	(0.00)	(0.00)	(0.00)	(0.03)	(0.70)	(0.00)	(0.00)
_cons	−0.84***	0.01	−0.41***	−0.78***	0.06***	−0.43***	−0.91***	−0.14***	−0.30***
	(0.00)	(0.42)	(0.00)	(0.00)	(0.00)	(0.00)	(0.00)	(0.00)	(0.00)
N	11505	11505	11505	8605	8605	8605	2900	2900	2900
Adj. R-sq	0.45	0.18	0.22	0.46	0.18	0.24	0.47	0.18	0.16

注：***表示1%上显著，**表示5%上显著，*表示10%上显著。

3. 回归系数差异检验

虽然在描述性统计里经过均值 t 检验、中值检验与回归系数的显著，但是需要进一步验证：IT板块的上市公司与非IT板块的上市公司的公允价值与债务率的系数是否具有显著差异，即通过进一步考察资产负债率与公允价值系数的差异性，验证信息技术是否确实正向增强了公允价值提升债务契约有效性的效果。我们利用两种邹至庄模型稳定检验（Chow'Test）来进行验证，分别使用 F 检验和似然比检验（LR）。

首先进行 Chow'Test，以验证模型结构在加入信息技术变量后是否发生了突变。我们先使用 F 检验，经过数据处理计算后显示 $F(10,11485)=21.30$，查阅检验表发现有1%显著，说明两者系数之差显著异于零，所以模型结构在加入信息技术变量之后发生了突变。其次，利用似然比（LR）进行检验，发现LR chi2(11)=266.6，

Prob>chi2=0.000，也说明两者系数显著不同，证实了信息技术确有调节作用，最后结合表 11-4 的回归结果，发现 IT 板块的上市公司的回归系数和显著水平都高于非 IT 板块的上市公司的，进一步证实了假设 2。

4．进一步回归结果分析

为了验证假设 3，本节把用于研究样本数据受信息化环境水平高低的影响划分为信息化环境水平较高组（G1）和信息化环境水平较低组（G2），并按照模型依次对其实施相同的回归方法。通过分组检验得到的回归结果如表 11-5 所示。

表 11-5　通过分组检验得到的回归结果

变量	G1（信息化环境水平较高）			G2（信息化环境水平较低）		
	TLoan	SLoan	LLoan	TLoan	SLoan	LLoan
Fv_Rate	0.1940	−2.3031**	1.9966**	0.8571***	−0.9591***	0.9754***
	(0.57)	(−2.25)	(2.40)	(9.04)	(−4.18)	(4.91)
GROSS	−0.0717***	−0.6030***	0.4559***	−0.0227	−0.6656***	0.5308***
	(−3.14)	(−8.75)	(7.42)	(−0.78)	(−9.58)	(8.83)
ROA	−0.8100***	1.0744***	−0.8790***	−0.8228***	0.8103***	−0.7323***
	(−8.74)	(5.92)	(−5.48)	(−10.38)	(4.29)	(−4.71)
CURRENT	−0.0295***	−0.0377***	0.0350***	−0.0299***	−0.0518***	0.0436***
	(−5.86)	(−2.69)	(2.70)	(−4.90)	(−2.84)	(2.70)
CASH	0.0258***	0.0368*	−0.0350*	−0.0114	0.0426	−0.0287
	(3.90)	(1.66)	(−1.81)	(−1.07)	(1.21)	(−0.92)
AM	0.0344*	0.0401	−0.0138	0.1037***	0.0212	0.0148
	(1.76)	(0.82)	(−0.33)	(4.74)	(0.38)	(0.31)
SIZE	0.0054**	−0.0724***	0.0550***	0.0123***	−0.0980***	0.0704***
	(2.52)	(−14.22)	(12.48)	(4.66)	(−16.35)	(13.46)
CHO	0.0061	−0.0504***	0.0597***	0.0009	−0.0133	0.0182*
	(0.74)	(−2.74)	(3.32)	(0.19)	(−1.14)	(1.77)
SOE	−0.0239***	−0.0793***	0.0719***	−0.0222***	−0.0045	0.0050
	(−3.36)	(−4.46)	(4.67)	(−3.23)	(−0.26)	(0.34)
CONSTANT	0.1464***	2.5462***	−1.1685***	−0.0058	3.1009***	−1.5014***
	(2.83)	(21.33)	(−11.29)	(−0.09)	(21.32)	(−11.77)

续表

	G1（信息化环境水平较高）			G2（信息化环境水平较低）		
变量	TLoan	SLoan	LLoan	TLoan	SLoan	LLoan
N	1420	1420	1420	1451	1451	1451
Adj.-R2	0.2070	0.2339	0.2027	0.2755	0.2086	0.1730
F-stat	34.98	55.63	48.90	46.22	43.99	33.58

注：*表示 $P<0.10$，**表示 $P<0.05$，***表示 $P<0.01$。

结合上述模型分组的回归结果可发现，公允价值变动损益与银行贷款契约的相关系数的显著性水平在信息环境水平较高的组要低于在信息化环境水平较低的组。这说明在信息化环境较低的地区，银行更愿意降低贷款条件。这表明债权人认为处于信息化环境水平较高的企业往往能够依托该地区搭建的信息资源共享平台收集更多的信息来评估资产的公允价值，同时也能向外界发送更多相关信息。然而由于来自信息资源平台的信息质量不一，过多的信息常常会造成噪声，这为企业在评估资产的公允价值时创造了一定的选择空间。企业有时会借助信息噪声来虚增公允价值变动损益，粉饰企业的财务报表，从而获得银行宽松的贷款条件。同时，当企业处于信息化环境水平较高的地区时，企业能够借助资源优势加速自身信息化发展的可能性越大，而先进的信息化技术可能在企业面临对外债务融资压力时盈余管理甚至是舞弊的新工具和手段。信息化环境水平越高，对于债权人判断企业是否利用公允价值损益进行盈余管理的要求就越高。信息化方面知识的相对不足会导致债权人在复杂信息化环境对于企业的专业评估，而企业往往可能存在利用该信息化平台进行盈余管理的动机。因此债权人在信息化环境水平较高中更不容易发现预先植入贷款条约的虚假信息，更不能合理使用关于公允价值计量的相关信息来评估企业的盈利能力和偿债能力，则债权人可能会承担较大的债务风险。考虑到债权人进行信贷决策往往持有稳健的态度，则在信息化环境较低的情况下，债权人更有可能判别隐藏于公允价值变动损益的盈余管理，同时在一定程度上会抑制企业利用该会计信息进行盈余管理的动机。因而债权人在信息化环境水平较低的情况下更愿意根据公允价值变动损益所导致净利润总额的真实变化给予企业更宽松的贷款条件，比如说扩大贷款规模以及延长贷款期限。假设 3 没有通过验证。

5. 稳健性检验

（1）把被解释变量替换为短期债务和长期债务取对数。

（2）剔除亏损企业，债权人更喜欢与盈利企业签订借贷协议。

（3）剔除国有企业。根据之前学者的研究，由于我国的经济体制，国有企业在政治资源、信誉担保、政府干预等方面比非国有企业具有天然优势，银行贷款存在着所有制"歧视"。因此相较于非国有企业，国有企业取得债务的能力、成本和规模要远远大于非国有企业（江伟、李斌，2006；陈小亮，2018；李建军、周叔媛，2019）。

（4）可能存在内生性问题，即反向因果。上市公司可能存在"滥用"公允价值计量属性以获得高额贷款，进行利润的虚增等问题。因此我们用下一期的资产负债率替换被解释变量。稳健性检验结果如表11-6所示，其结果并未发生重大的变化，因此认为稳健性通过检验。

表11-6 稳健性检验结果

变量	模型（1） ln 短期债务	ln 长期债务	剔除亏损	剔除国企	t+1期资产负债率	模型（2） t+1期资产负债率
FV_Rate	0.07*	0.17*	0.03***	0.02**	0.02***	0.02**
	(0.08)	(0.05)	(0)	(0.02)	(0.01)	(0.05)
FCF	−0.93***	−2.79***	−0.28***	−0.29***	−0.41***	0.02
	(0)	(0)	(0)	(0)	(0)	(0.82)
SIZE	0.60***	1.20***	0.06***	0.06***	0.06***	0.06***
	(0)	(0)	(0)	(0)	(0)	(0)
TURNTA	0.12***	−0.66***	0.03***	0.03***	0.03***	0.05***
	(0)	(0)	(0)	(0)	(0)	(0)
ROA	−1.81***	−4.52***	−0.20***	−0.19***	−0.27***	−0.60***
	(0)	(0)	(0)	(0)	(0.00)	(0.00)
GROWTH	−0.01	0.01	0	0**	0	0.00***
	(0.13)	(0.58)	(0.21)	(0.05)	(0.31)	(0)
CASHCD	−0.23***	0.66***	−0.02***	−0.02***	−0.02***	−0.06***
	(0)	(0)	(0)	(0)	(0)	(0.01)
CASH	0.07***	0.10***	−0.01***	0.00**	0	0
	(0)	(0.04)	(0)	(0.01)	(0.79)	(0.79)
QUICK	0.05**	−0.31***	0	0.01**	−0.01***	−0.02
	(0.05)	(0)	(0.84)	(0.02)	(0.01)	(0.18)
CURRENT	−0.33***	0.07	−0.02***	−0.03***	−0.01***	0.00
	(0)	(0.11)	(0)	(0)	(0)	(0.68)
_cons	6.82***	−7.10***	−0.93***	−0.93***	−0.93***	−0.96***
	(0)	(0)	(0)	(0)	(0)	(0)
N	8848	6114	10557	6951	8148	2117
Adj.R−sq	0.60	0.55	0.49	0.45	0.40	0.41

注：***表示1%上显著，**表示5%上显著，*表示10%上显著。

第 11 章 大数据下公允价值计量的债务契约有用性

11.5 本章小结

我国经济进入新常态下，借贷市场中的债权人和债务人关系更加复杂，在债务契约签订和执行中，借贷双方均关心契约中的会计指标如负债率和盈利率，以及由于市场价格变动引起的盈利率，如公允价值变动损益率。本章以 2014—2017 年我国 A 股上市公司为样本，从公允价值计量角度考察信息技术行业公司的债务契约有效性问题。实证发现：① 公允价值变动损益率与企业债务率成显著正相关关系；② 银行在不同信息化环境水平下考虑公允价值信息对于信贷决策的影响是不同的，在较高信息化环境水平下银行往往会对公允价值信息持谨慎态度，会与企业订立严格的贷款契约条件来保障自身的利益；③ 与非 IT 公司相比，IT 公司的公允价值变动损益率对企业债务率正向影响更强和更显著。表明 IT 公司选择公允价值计量具有债务契约的信息含量。

之前的研究从宏观政策和微观层面分别进行研究，如国家政策、公司治理、政府行为等角度（卢盛峰、陈思霞，2017）。但很少有人从会计计量角度去考虑，本章的研究表明公允价值会计计量属性亦能增强债务契约的有效性。本章不同于罗楠与刘斌（2012）公允价值计量对债务契约有效性的影响研究，我们剔除经常性损益的干扰。也有别于刘慧凤和杨扬（2012），我们从不同维度来衡量债务契约，通过对 IT 公司的研究，更加印证了公允价值能够增强债务契约有效性的结论。随着我国市场经济发展，公允市场价格的完善和信息技术普及，包括公允价值会计信息的借贷契约等决策有用性将更加增强。

本章建议：① 在国家层面应进一步完善公允价值会计准则，明确各个层次的估值技术，会计师事务所也应强化公允价值计量审计质量，促进公允价值分层估计科学和透明，促进债务契约的有效签订和运行；② 企业在使用公允价值计量属性时应积极引入相关信息技术，提高公允价值数据采集效率、实时记录和分析，高质、高效地提供包括公允价值信息的会计信息，更好地服务包括债务契约相关方等决策；③ 考虑到不同信息化环境水平的影响，为了更好地发挥公允价值信息的决策相关性，减少信息平台上其他信息噪声的干扰以及抑制企业利用先进技术进行盈余管理的动机，我们应当规范信息化数据平台的运行机制，建立良好的信息沟通平台，构建更为完善的秩序。

本章不足之处：① 对于信息技术的衡量，由于是数据库本身的划分（比证监会划分的范围要大），可能存在衡量不准确的现象；② 商业信用可以用作企业进行银行贷款的另一种融资渠道，而且还有融资租赁等，本章只针对企业长短期贷款进行考察。

第 12 章 大数据下公允价值分层计量与盈余波动性

盈余波动是投资者区别公司盈余的质量,做出正确投资决策的重要因素,而公司的盈余波动受宏观经济周期、微观公司治理及会计政策选择等多因素的影响。本章考察公允价值强制分层计量准则发布对于中国金融业上市公司盈余波动性的影响,通过利用随机效应模型(REM)和固定效应模型(FEM),以 2014—2017 年披露公允价值分层计量信息的我国金融业 A 股上市公司为样本,实证研究了公允价值分层计量对金融业上市公司盈余波动性的影响及信息化水平对公允价值影响盈余波动的调节作用。研究发现:① 采用公允价值分层计量的资产与负债的价值与盈余波动性正相关,且相关程度随着公允价值层次提高而提高;② 信息化技术起到了调节作用,弱化了公允价值计量的资产与负债对盈余波动性的正向影响,但是只对部分层次的资产与负债起到显著作用;③ 进一步研究发现,相较于国有金融企业,民营金融企业在公允价值计量属性下盈余波动性更加明显。

12.1 引 言

公允价值计量一经问世,便争议不断。到 2006 年,爆发经济危机前的两年,FASB 革命性地发布了《公允价值计量准则》,编号为 SFAS No.157,此准则首次规定公允价值分为三个层次计量,其划分的依据由其输入值的最低层次所决定。这一年,中国财政部也第一次在新企业会计准则中引入了公允价值计量准则(CAS 39),并于八年后(2014 年)完善了相关准则,引入 IASB、FASB 的公允价值分层的概念,要求上市公司对公允价值分层技术进行强制披露,并且赋予了管理者更多的选择权。无论是欧美还是我国,对于引入公允价值计量都是抱着积极的态度。公允价值因其提高财务报表的决策有用性(王雷、李冰心,2018;黄霖华等,2017;朱丹等,2010;郝振平、赵小鹿,2010),各个层次不同程度地提高了会计信息的股价相关性(尹宗成、马梦醒,2016;胡奕明、刘奕均,2012),缓解了信息不对称(毛志宏,2015),能够弥补历史成本固有的缺点(葛家澍,2007),受到了理论界与实务界的正面评价。但好景不长,随着次贷危机的爆发,随后引发了经济危机,并且在很短时间内从美国本土蔓延到全球,"声讨"公允价值的声音开始不绝于耳。危机过后,不仅那些受损失的资本家,大量的欧美学者通过研究也认为公允价值计量在危机阶段会产生负反馈效应,推波助澜。国内的学者同

第 12 章　大数据下公允价值分层计量与盈余波动性

样认为对金融工具进行公允价值计量并将其公允价值变动计入当期损益，会产生极具破坏性且可能危及金融稳定的顺周期效应（张敏等，2011），盈余的波动性陡然升高，引发股价动荡，造成金融市场的不稳定性（胡奕明、刘奕均，2012）。除了公允价值计量属性本身，对于公允价值的规范使用也存在不小的问题。出于不同的目的，可能存在利用公允价值计量属性进行盈余管理、平滑盈余等行为（蔡利等，2018；李超颖等，2018；刘行健、刘昭，2014）。历经数十载的发展，目前财务报告早已变成混合计量模式，多种计量属性并存的局面，公允价值计量属性在学术研究与实务运用中有了较多的研究。而过大的盈余波动性削弱了公司的稳定性，滋生了个别投机行为，不利于保护投资者，损害金融业上市公司形象。如何减轻金融行业上市公司的盈余波动性，公允价值计量的选择是否影响盈余波动性，以及如何影响盈余波动性等问题，对于提高上市公司价值与稳定金融市场秩序具有重要意义。

信息化的一般性概念起源于 20 世纪 60 年代的日本，首先是由日本学者梅棹忠夫提出来的，而后被译成英文传播到西方，西方社会普遍使用"信息社会"和"信息化"的概念是从 20 世纪 70 年代后期才开始的。20 世纪 50 年代中期，有美国学者提出第三次工业革命就是信息革命，其代表就是计算机的飞速发展，农业与工业将会没落。与新一代信息化有关的就是人工智能、大数据、移动互联网、云计算等，这些都会对我们的社会、工作、学习与思维产生巨大的变革，极大地推动了社会生产力与效率（舍恩伯格，2013）。但是具体到资本市场，如何利用信息化浪潮带来的变革与便利，学术界与实务界仍在积极地探索中。那么再细化到上市公司财务方面，信息化水平是否确实增强其会计信息质量、会计信息价值，虽然学术界众多学者对此均有研究，但没有达成一致的共识，而且相关研究主题也较为缺乏。另外，由于信息化概念包括的内容很多，所以企业是否具有信息化背景，是否运用了信息化技术，信息化程度如何来衡量，甚至可能需要学科交叉，这对于财务研究学者也是一个巨大的弊端。

特别是在金融业，涉及大量的金融衍生工具买卖交易，这些工具的计量一部分是依靠公允价值计量属性，自然而然对盈余波动性的影响也比较大。而且金融业是信息化程度较高的行业（Manyika J et al.），那么信息化水平如何调节公允价值对于盈余波动性的影响，目前还未达成一致。

本章潜在研究贡献可能在于：第一，公允价值计量与企业盈余、利润波动之间的关系已获得相关经验研究支持（唐凯桃、杨彦婷，2016；汪静，2010），但研究期间均在 2014 年《企业会计准则第 39 号——公允价值计量》准则发布前，尚未考察新准则发布所带来的政策效应。因此本文选择 2014—2017 年中国 A 股金融业上市公司作为研究样本，实证考察公允价值分层计量对盈余波动性的影响，研究发现资产、负债公允价值分层计量价值与盈余波动性成正相关，且相关性随着层次的提高而增强。第二，通过产权性质的分组回归，研究发现资产、负债公允价值分层计量价值与盈余波动性之间的关系在民营金融企业中得到了加强。第三，进一步考察企业信息化水平对资产、负债公允价值分层计量价值与盈余波动性之间影响关系的边界条件，研究发现企业信息化水平负向调节部分层次资产、负债公允价值与盈余波动性之间的关系。研究结论认为随着公允价值分层计量准则的发布，一方面提高了信息相关度；另一方面，也存在着准则运用不规范的尴尬局面，在一定程度上引发了负面的经济后果。这也暗示若要减轻公允价值带来的负面经济后果，企业层面不仅要引进信息化技术来提高估值模型的准确性，同时，监管部门也要完善相关会计准则。

12.2 理论分析与假设提出

1. 公允价值分层计量与盈余波动性

公允价值分层计量属性是基于盯市会计（Mark-to-Market Accounting）准则框架而出现的产物。顾名思义，盯市会计就是要保持动态的调整，与历史成本法不同，价格随着市场的变化而变化，而价值不一定发生改变，也凸显出动态性与稳定性的矛盾（周中胜、窦家春，2011）。相关学者已经通过经验研究证实公允价值能够提升会计信息的价值相关性，有利于进行决策（刘永泽、孙翯，2010）。但与此同时，公允价值由于吸收了未来和预期的经济信息，而未来本来就是不确定的，客观性存疑，因此公允价值随着时间的流逝将会产生不可预料的波动，而且受主客观不确定因素的影响。曾雪云（2014）也指出，相较于历史成本法，采用公允价值计量的上市公司的盈余波动性更大。

从准则的解释中可以看出，第一层次输入值是直接可以观察的，所有的市场参与者都可以获取，如股价。而第二层次和第三层次可以理解为准则赋予企业的自主选择权，透明度不如第一层次，但是即使是第三层次也具有价值相关性（吴秋生、田峰，2018）。从公允价值计量特征可以看到，公允价值影响盈余的路径就是公允价值产生的变动将会产生公允价值变动损益并进入利润表中，进而影响盈余。公允价值计量资产价值增加会正向影响利润，价值减少会反向影响利润，而负债正好与之相反。第一层次价值将会根据公开市价的变动而变动，如股价的波动将会导致公允价值的变动。由于金融业上市公司的本质为高端服务业，因此主营业务就是买卖交易金融工具和衍生工具等非实体产品，赚取差价或者赚取佣金等。公允价值分层计量作为一种重要的计量属性之一，被企业广泛地应用在各种金融衍生工具之中。金融工具市场价格是极不稳定的、波动的、难以预测的，可能因为某些政治法律财务事件产生巨大波动,那么本年盈余的波动程度也会增大(曾雪云,2014)。如果部分层次的资产与负债基数规模较大,那么即使很小的价值波动也会产生巨大的盈余波动。

对于第二、第三层次计量的资产与负债,因为其估值不透明和企业自身行业特点,往往成为企业进行盈余管理的工具(毛志宏、徐畅,2018)。第二层次价值是企业选择类似公开市场的报价,那么企业只要理由正当,就能选择对自己有利的报价。同样的情况也类似于第三层次计量,公开直接获取的报价和类似市场的报价无法取得或者取得不切实际的情况下,企业就可以根据自己的行业特点和相关经验,聘请专家或者直接自己设计计算公式,进行计量,即不可观察值,准则把定价权下放给企业。即使经验丰富的会计师事务所,由于不熟悉行业特点或者专业限制,对于估值模型也不可能完全公正地评估模型的客观性,所以企业盈余可以根据估值技术的变化而做人为的调整,而且这种调整在现有准则之下是有操纵空间的。基于此,本章提出如下假设:

假设1:公允价值分层计量的资产的价值与上市公司盈余波动性显著正相关,且相关性将会根据层次的提高而增强。

假设2:公允价值分层计量的负债价值与上市公司盈余波动性成显著正相关,且相关性将会根据层次的提高而增强。

2. 信息化技术对于公允价值分层计量与盈余波动性关系的影响

随着信息化技术越来越多样化和被运用的领域越来越丰富,企业也适时地引进了诸如金蝶、用友、ERP、XBRL等信息软件,来提高企业的综合实力。信息化使得企业的资源调配更加快速,企业运转速度也会大幅度的提升,减少错误率。而且,信息化使得企业各个业务单元、各个部门、各个子公司/分公司连成一个紧密的整体,如目前华为、中兴通讯等知名企业的财务共享中心,与普通的企业财务管理模式不同,财务共享服务中心的优势在于其规模效应下的成本降低、财务管理水平及效率提高和企业核心竞争力提高。

(1)企业信息化水平提高了企业获取内外部信息的速度,极大地提高了估值模型的准确度。由于金融业本身的产品就是非实体工具,一旦汇率、国债、利率等变化,或者某些政策出台,就会立即反映到金融工具的价格上面。如果企业特别是金融业企业没有捕捉到这些转瞬即逝的信息,就会落后于市场上的其他竞争对手。但是企业搭建物联网平台,能够及时、迅速地获取市价的变化情况,有利于企业进行决策,所以信息化提高了企业获取内部与外部信息的绝对速度。那么相较于没有采用信息化技术的上市公司,采用信息化技术的上市公司会更加迅速地捕捉市场信息,相对速度也大大提高,延缓甚至消除信息的滞后性，又利用消除信息不对称，降低了企业获取公允价值信息的获取成本和处理成本，使公允价值会计更加符合成本效益原则。此外，通过利用信息化技术对于第二、第三层次计量的金融工具估值将会更加准确和透明，而且估值模型的市场参数可以真实地反映，提高估计质量。而且对最新估值技术的掌握与及时更新，对于企业也是不易的。企业可以利用信息化技术对多个估值模型进行分别测试，找出最佳估值模型，这样既不会高估也不会低估金融商品的价值，减少估值偏差，公允地反映其真实价值。

（2）信息化提高了获取信息的价值。纷繁复杂的信息，不仅数量上以 PB、EB 计量，质量上更是千差万别，如果利用人工鉴别，那么筛选的速度和效率都会受到制约。目前，计算机处理的速度达到每秒数十亿次，如果利用信息化技术来过滤，处理掉与企业无关的信息，会大幅节约人力、物力及时间成本，可以让决策者不受无用信息的干扰，直接和间接地提高获取信息的价值。相关学者的实证研究也证实信息化确实会提高公允价值的价值相关性（郝玉贵等，2018）。同时，利用信息化技术能够对信息进行分类汇总，或者直接利用信息化软件进行处理，回归拟合，这样这些过滤后的信息不仅可以反映过去，甚至可以预测未来，进而改变决策。

（3）信息化技术提高了公允价值计量的可靠性和可信性。对公允价值计量进行反对的其中一个声音就是可能人为利用公允价值计量属性出于不同的目的进行盈余管理，增大上市公司的盈余波动性，极大地削弱了公允价值的可信度。对于审计注册会计师和利益相关者来说，企业的估值过程可能就是一个"黑箱"，参数进去结果出来，无法了解到具体的估值过程，提高了审计风险和决策风险。但是这并不是公允价值计量属性本身的原因，而是违背了公允价值假设本身（葛家澍，2009）。而企业引入相关信息化技术，利用固定的程序来消除人为和主观的影响，使得估值过程在一开始就透明化、程序化，这样可以让公允价值尽可能地接近实际价值，提高计量的可靠度和可信度。

综上所述，我们可以看出信息化技术可以提高公允价值估值的精准度，它让金融上市公司的公允价值计量的资产与负债最大限度也最快地接近可观察的市价，特别是以第一层次计量的资产与负债，在第二、第三层次方面，也极大地提高了估值模型的准确性和可靠性。与此同时，信息化技术使得上市公司的估值过程公开化、透明化，可以使得诸如会计师事务所、注册会计师、中小股东、市场监管者等公司外部人员通过合法的手段接触到，降低了盈余被人为操控的可能。那么对于以金融商品和服务买卖为主的金融业上市公司，当这些公司对某类的金融衍生工具使用第二、第三层次进行计量时，这些估值技术与方法就可能由信息化软件来产生，储存在企业的硬盘中，即使成为管理层舞弊的对象，注册会计师在审计时也能够查到。另外，信息技术和互联网加快了财务信息的传播速度，注册会计师也利用审计信息化软件，压缩上市公司进行舞弊的操作空间。因此本章提出如下假设：

假设3：信息化技术会负向调节公允价值分层计量的资产与盈余波动性的正相关关系。

假设4：信息化技术会负向调节公允价值分层计量的负债与盈余波动性的正相关关系。

基于以上的理论分析与假设，本章构建了公允价值分层计量影响盈余波动性的路径及信息化技术调节作用的逻辑关系分析框架，如图12-1所示。

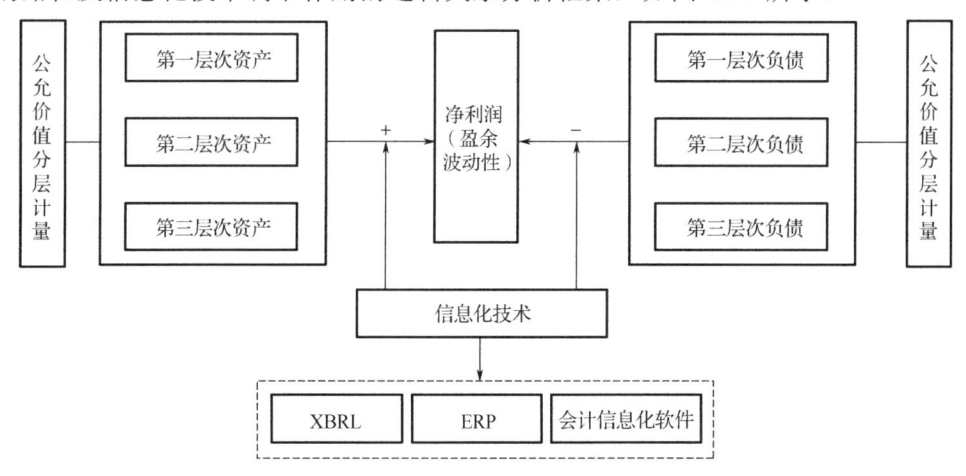

图 12-1 公允价值、盈余波动性与信息化技术逻辑关系分析框架

12.3 研 究 设 计

1. 样本选择

因为财政部在2014公布新的公允价值计量准则,规定上市公司年报必须强制披露公允价值所属计量层次及所用的估值技术,因此在2014年上市公司均是自愿披露,样本量较少,所以本节选择2014—2017年A股金融业上市公司为样本,筛选掉数据缺失或者没有披露公允价值层次的公司，也剔除ST、ST*与PT的公司，共计样本213个，形成面板数据。其中，以公允价值分层计量的资产与负债根据上市公司财务报表附注的风险管理部分进行手工收集，项目涉及以公允价值计量且其变动计入当期损益的金融资产、债权投资、其他债权投资、长期股权投资、其他权益工具等，其他数据来源于国泰安CSMAR数据库。2014—2017年进行披露的我国金融业上市公司统计如表12-1所示。

表 12-1　2014—2017 年进行披露的我国金融业上市公司统计

项目	2014 年	2015 年	2016 年	2017 年
银行业/家	16	16	25	26
证券业、期货/家	23	30	36	40
保险业/家	5	7	6	7
其他金融业/家	4	7	9	9
A 股金融业披露的公司数量/家	63	67	77	82
披露公司占比/%	76.19	89.55	98.70	100.00

从表 12-1 中可以看到，随着 2014 年新准则颁布，各年上市披露的数量逐渐增多，直至 2017 年达到全部披露的水平。而且由于证券业、期货业的行业特征，所持有的金融商品的规模是领先于金融业中其他行业的。所以相较于银行业和保险业与其他金融业，证券、期货业更需要公允价值计量属性。

2. 模型选择和变量定义

（1）盈余波动性的衡量。回顾之前的文献，除了研究的角度不同，模型设计最大的不同之处在于如何衡量盈余波动性，然后根据研究的主题而选择解释变量。不同学者选择的盈余波动性的指标也略有不同，目前有的学者利用五年总资产回报率（ROA）的标准差来衡量盈余波动性（卢闯等，2011；许慧，2010），有的学者用每股应计盈余三年的标准差（唐凯桃、杨彦婷，2016），有的学者用每股收益五年标准差（李姝，2013），有的学者用年度净利润（取自然对数）的变动值（曾雪云，2014），有的学者用利润总额与资产总额的比值（黄静如等，2014），也有的学者用扣除非经常性损益的净利润与资产总额的比值来衡量（郭飞等，2017）。目前来看，这些衡量盈余波动性的指标各有利弊，结果也不同，根据研究需要，本文选择每股总应计利润的近三年的标准差来衡量盈余波动性的水平。原因如下：① 总应计利润的计算公式为总应计利润=净利润-经营活动现金流，由于公允价值变动损益并不影响现金流，所以我们考虑把经营现金流从净利润中剔除。② 总应计利润是可操纵性利润与非操纵性利润之和，能够在一定程度上反映上市公司的盈余管理水平。综上两个原因，我们选择了每股应计利润的近三年标准差作为被解释变量，稳健性检验则用每股收益的近五年标准差作为替代变量。

研究以往的文献均把公允价值计量的资产与负债求和后作为解释变量，这样会直接忽视不同层次资产与负债的差异性，另外还有直接用公允价值变动损益来计量。针对这样的研究弊端，我们把公允价值给细分为以第一、第二、第三层次的资产与负债，用以检验不同层次资产与负债的影响程度。控制变量我们参考唐凯桃等（2016）与曾雪云（2014）模型的设计，选取企业当年的资产

第12章　大数据下公允价值分层计量与盈余波动性

负债率、企业规模和资产收益率（ROA）并加入模型中。利用以下构建的模型（1）检验假设1、假设H2。

$$SD_{i,t}=\beta_0+\beta_1 FAL1_{i,t}+\beta_2 FAL2_{i,t}+\beta_3 FAL3_{i,t}+\beta_4 FLL1_{i,t}+\beta_5 FLL2_{i,t}+\beta_6 FLL3_{i,t}+$$
$$\beta_7 SIZE_{i,t}+\beta_8 LEV_{i,t}+\beta_9 ROA_{i,t}+\xi_{i,t} \quad (1)$$

表 12-2　变量定义表

	变量	变量含义	计算方法
被解释变量	SD	盈余波动性	i 公司近三年每股应计总利润标准差
解释变量	FAL1	按第一层次计量的资产	i 公司在 t 年年末每股以公允价值第一层次计量的资产
	FAL2	按第二层次计量的资产	i 公司在 t 年年末每股以公允价值第二层次计量的资产
	FAL3	按第三层次计量的资产	i 公司在 t 年年末每股以公允价值第三层次计量的资产
	FLL1	按第一层次计量的负债	i 公司在 t 年年末每股以公允价值第一层次计量的负债
	FLL2	按第二层次计量的负债	i 公司在 t 年年末每股以公允价值第二层次计量的负债
	FLL3	按第三层次计量的负债	i 公司在 t 年年末每股以公允价值第三层次计量的负债
调节变量	INF	企业信息化水平	i 公司在 t 年年末信息化有关的资产净额对数
控制变量	ROA	企业盈利能力	i 公司在 t 年年末资产收益率
	LEV	财务杠杆	i 公司在 t 年年末资产负债率
	SIZE	资产总额	i 公司在 t 年年末资产总额取对数

表12-2为式（1）中的变量定义表。

（2）信息化技术的衡量。由于信息化技术作为企业内部战略，从外部很难获知，也更难评价，所以衡量企业信息化水平有一定的难度。但是当一个上市公司选择使用信息化技术时，必定会加大对信息化相关领域的投入，不管是企业自行研发软件，还是购买其他公司开发的信息化产品，这些信息化技术都会形成企业的无形资产，而且公司的财务报表里面必定会体现。因此我们利用CSMAR数据库中无形资产项目，再通过手工筛选无形资产中有关信息化技术的项目，当中选择诸如计算机/软件、K3金蝶软件、ERP软件、信息管理软件、会计信息化软件等期末资产净额作为衡量信息化的标准。

为了测量信息化的调节作用，本文参考温忠麟（2005）对于调节作用的研究，在模型（1）中加入企业信息化水平（INF）指标，并将其分别与公允价值计量的三个层次的资产与负债交乘，利用以下构建的模型（2）来检验假设3、假设4。

$$SD_{i,t}=\lambda_0+\lambda_1 FAL1_{i,t}+\lambda_2 FAL2_{i,t}+\lambda_3 FAL3_{i,t}+\lambda_4 FLL1_{i,t}+\lambda_5 FLL2_{i,t}+\lambda_6 FLL3_{i,t}+$$
$$\lambda_7 INF_{i,t}+\lambda_8 FAL1\_INF_{i,t}+\lambda_9 FAL2\_INF_{i,t}+\lambda_{10} FAL3\_INF_{i,t}+\lambda_{11} FLL1\_INF_{i,t}+$$
$$\lambda_{12} FLL2\_INF_{i,t}+\lambda_{13} FLL3\_INF_{i,t}+\lambda_{14} SIZE1_{i,t}+\lambda_{15} LEV_{i,t}+\lambda_{16} ROA_{i,t}+\xi_{i,t} \quad (2)$$

当交乘项 FAL1_INF、FAL2_INF、FAL3_INF 的系数显著为正时，说明信息化技术确实增强了公允价值计量的第一、第二、第三层次的资产对盈余波动性的影响;当显著为负时,说明信息化技术负向调节了公允价值对盈余波动性的影响,增强了盈余稳定性;当不显著时,说明信息化技术对于公允价值影响盈余波动性没有调节作用。而当交乘项 FLL1_INF、FLL2_INF、FLL3_INF 的系数显著为正时,说明信息化技术显著增强了公允价值计量的第一、第二、第三层次的负债对于盈余波动性的影响;当显著为负时,说明信息化技术弱化了其对盈余波动性的影响;当不显著时,则说明没有调节作用。数据处理与分析则是选用 Excel 2010 与 Stata 14.1。

3. 描述性统计分析

(1)公允价值分层统计分析。表 12-3 是金融业上市公司公布的各变量的描述性统计。我们可以看到,样本中以第二层次计量的资产、负债占比最多,与邓永勤、郝玉贵等学者研究的描述情况一致,最大的原因可能在于上市公司以第一层次计量的资产、负债估值过程公开程度较大,可能有时仅仅就是股票的收盘价,不好进行盈余管理和利润平滑,而如果第三层次计量资产、负债过多会引起审计注册会计师的怀疑,加大审计风险,甚至提高审计费用,则可能选择估计技术公开程度适中的第二层次进行计量。

表 12-3　金融业上市公司公布的各变量的描述性统计

变量	样本量	平均值	方差	最小值	最大值	p50（1/2 分位数）/%
FAL1/资产总额/元	213	9.37	10.54	0.00	51.62	5.44
FAL2/资产总额/元	213	12.64	11.41	0.00	54.71	9.01
FAL3/资产总额/元	213	3.22	7.56	0.00	62.25	0.37
FLL1/负债总额/元	213	0.42	1.59	0.00	13.80	0.00
FLL2/负债总额/元	213	1.21	2.18	0.00	12.82	0.10
FLL3/负债总额/元	213	0.21	0.89	0.00	7.53	0.00

(2)信息化程度指标情况。从表 12-4 可以看出,在绝对量上,我国金融业上市公司与信息化技术有关的无形资产总额在逐年提高,这充分说明金融行业越来越重视信息化技术,加大对信息化技术的投入力度,帮助企业飞速发展。但在相对量上,与信息化技术有关的无形资产总额占总资产的百分比却很低,最高的 2015 年占比不到 0.1%,而且在逐年波动。这体现出信息化技术的投入与企业规模扩张不成比例。

再具体到金融业细分行业,证券、期货业是金融业当中使用信息化程度最高的,可能由于证券、期货业从事大量的金融商品的交易,需要信息化技术来提高效率。其次是保险业，在 2015 年甚至达到了总资产的 0.15%，为历年最高。总体上看，金融行业已逐步重视信息化技术的重要性，这也是由行业特点决定的。

表 12-4　信息化无形资产占总资产平均比例统计

年份/年	2014	2015	2016	2017
与信息化有关的无形资产总额/元	18759834438	22823591476	29601690127	42338603864
证券、期货业/%	0.10	0.11	0.09	0.11
保险业/%	0.09	0.15	0.07	0.10
银行业/%	0.02	0.02	0.02	0.03
其他金融业/%	0.09	0.04	0.03	0.03
平均比例/%	0.07	0.08	0.05	0.06

（3）各变量描述性统计。从表 12-5 可以看出，衡量盈余波动性的标准差均值为 5.80，说明样本公司的盈余波动性显著存在。而且最小值为 0.05，最大值为 166.39，说明样本中不同公司的盈余波动性相差较大，公司管理层可能利用公允价值计量属性，通过盈余管理或者薪酬激励进行操控盈余。解释变量 FAL1、FAL2、FAL3、FLL1、FLL2、FLL3 的均值分别为 5.10、9.26、3.56、0.15、0.80、0.10，其结果与公允价值计量分层占比一致，第二层次计量的资产最多，而公允价值计量的金融负债相较于资产占比较少，这可能是由于金融业非银行业上市公司涉及金融负债的业务较少。所以样本公司披露资产较多，披露负债较少，并且披露第二层次较多，披露第一、第三层次较少。调节变量 INF 的均值为 18.20，最小值为 10.53，最大值为 23.17，相差一倍，而且标准差为 2.26，说明金融业各个上市公司的有关信息化的资产相差较大，也反映了对于信息化技术的重视程度不一。

表 12-5　变量描述性统计

变量	样本量	平均值	方差	最小值	最大值	p50（1/2 分位数）/%
SD	213	5.80	16.64	0.05	166.39	2.19
FAL1	260	5.10	16.18	0.00	186.27	1.41
FAL2	260	9.26	14.80	0.00	112.06	4.46
FAL3	260	3.56	13.63	0.00	149.99	0.11
FLL1	260	0.15	0.51	0.00	5.04	0.00
FLL2	260	0.80	2.58	0.00	30.82	0.07
FLL3	260	0.10	0.48	0.00	5.11	0.00
INF	180	18.20	2.26	10.53	23.17	18.19

续表

变量	样本量	平均值	方差	最小值	最大值	p50（1/2分位数）/%
ROA	260	0.03	0.05	−0.09	0.45	0.02
LEV	260	0.77	0.19	0.02	0.95	0.80
SIZE	260	26.13	2.45	20.28	30.89	25.79

从 Pearson 相关系数检验表（表 12-6）可以看出，公允价值三个层次计量的资产对于盈余波动性的影响在 1%上显著，且符号均为正。从一定程度上说明，公允价值分层计量的资产价值确实可以影响盈余波动性，且资产规模越大，盈余波动性越大，初步支持假设 1。对于公允价值分层计量的负债来说，FLL1 与 FLL3 符号均为负，说明负债的价值也会影响盈余波动性，且成负相关，但并不显著，也初步支持假设 2。除了解释变量，控制变量中，企业规模、资产负债率和资产收益率也会影响盈余波动性，但影响方向不完全相同。

为了检验模型设计的可靠性，我们对各变量进行多重共线性检验。其中 VIF 最大的是企业规模（SIZE）变量，在 Pearson 相关系数检验表中也能够体现，其值为 8.52，属于非解释变量且小于 10，平均 VIF 为 2.98，因此不存在严重的多重共线性现象，无须对模型进行调整。

表 12-6 Pearson 相关系数检验表

变量	SD	FAL1	FAL2	FAL3	FLL1	FLL2	FLL3	ROA	LEV	SIZE	INF
SD_TA	1										
FAL1	0.56***	1									
FAL2	0.28***	0.24***	1								
FAL3	0.69***	0.39***	0.45***	1							
FLL1	−0.02	0.11*	0.10	−0.06	1						
FLL2	0.02	−0.01	0.29***	0.18***	0.22***	1					
FLL3	−0.04	0.00	0.10	0.00	0.02	−0.03	1				
ROA	−0.11	−0.08	−0.20***	−0.09	−0.07	−0.12*	−0.06	1			
LEV	0.18***	0.12*	0.36***	0.15**	0.04	0.19***	0.09	−0.44***	1		
SIZE	0.10	0.09	0.33***	0.12*	0.07	0.27***	0.16**	−0.40***	0.79***	1	
INF	0.09	0.14**	0.29***	0.11	0.11*	0.25***	0.22***	−0.38***	0.72***	0.91***	1

注：***、**、*分别表示在 1%、5%、10%上显著，下同。

12.4 实证结果

1. 多元回归分析

本节在进行回归分析之前，先对面板数据是否具有个体效应进行 F 检验。利用 Stata 软件发现模型（1）的数据 $F(10,140)=0.80, Prob>F=0$，表明面板数据具有显著的个体效应，拒绝混合回归。然后对其进行 Hausman 检验，发现 Prob>chi2=0.6037，表明接受原假设，即不具有固定效应，用随机效应模型（REM）进行回归。在加入信息化技术变量后，对模型（2）的面板数据进行模型选择的 F 检验，发现其 $F(16,108)=5.66$，Prob>F=0，也拒绝混合回归模型。再者对其进行 Hausman 检验，发现 Prob>chi2=0，因此我们认为使用个体固定模型（FE）对模型（2）进行回归是合适的。

从回归分析表 12-7 可以看出，对于模型（1），在公允价值计量的金融资产影响盈余波动性方面，第一、第三层次计量的资产影响效果在 1% 上显著，FAL1 与 FAL3 的系数分别为 0.25 与 0.63，显著差异为 0，说明盈余波动性与公允价值计量的资产显著正相关，且第三层次的系数大于第一层次的系数，波动性的影响程度随着层次的提高而提高，假设 1 通过。第二层次计量的资产系数不显著，其原因可能在于以第一层次计量的资产规模较大，且由于是从可直接观察到的市价获取，市价波动程度较大，使得盈余的波动幅度较大；第三层次资产虽然较少，但估值技术需要企业自己去设计，能够迎合管理层的不同目的进行调节，所以造成第三层次的资产对于盈余波动性的影响也是显著的。而第二层次计量的资产规模虽然在描述性统计中显示较大，注册会计师严格执行审计准则，即使第二估值过程不如第一层次透明，也在合理范围内，但在统计意义上对盈余波动性的影响不显著。对于负债，只有第三层次计量的负债在 1% 上显著，其系数为 –0.81，显著差异为 0，表明公允价值计量的负债也会影响盈余波动性。第二层次负债系数为负，但是与第一层次负债一样系数不显著差异为 0，假设 2 部分通过。可能的原因在于：通常金融负债在非银行业上市公司中占比较低，第一层次与第二层次负债的规模对于公司盈余的影响程度较低，造成回归偏差，第三层次显著影响的原因可能与资产一致。而且金融负债在非银行业上市公司不像金融资产那么常见，且估值技术比较复杂，很容易成为上市公司进行盈余管理的工具，那么未来准则应该对此做出更严格的规范。

对于加入信息化水平调节变量后的模型（2），其交乘项 FAL1_INF 与 FLL3_INF 系数分别为 –0.13 与 –2.23，分别在 1% 与 10% 上显著，系数差异为 0 且为负，表明信息化水平对于第一层次的金融资产与第三层次负债影响盈余波动性具有显著的调节作用,均为负向调节,说明提高了盈余稳定性,回归结果部分支持假设 3 与假设 4。但是对于第二层次资产系数虽然系数符号为负,信息化水平也负向调节了第三层次资产对于盈余波动性的影响,但统计学上不显著差异为 0,可能原因在于与第二层次资产估值相关的信息化软件比较少,调节效应不强。其他三个交乘项 FAL2_INF、FAL3_INF、FLL1_INF、FLL2_INF 的系数不显著为 0,说明信息化技术只对公允价值计量部分层次资产与负债有调节作用,其主要的原因可能在于:① 不同层次的公允价值计量属性由其各自划分与估值特点所决定,各个层次之间并不完全相同;② 投资者对于上市公司的信息化技术重视程度不高,资本市场反应不强烈。

表 12-7 盈余波动性影响及信息化调节作用回归分析

模型(1)		模型(2)	
变量		变量	
FAL1	0.25*	FAL1	0.53***
	(−0.09)		(0)
FAL2	−0.15	FAL2	−0.15
	(−0.46)		(0.50)
FAL3	0.63*	FAL3	0.64*
	(−0.07)		(0.09)
FLL1	0.75	FLL1	−0.59
	(−0.47)		(0.49)
FLL2	−0.28	FLL2	−0.70
	(−0.41)		(0.37)
FLL3	−0.81*	FLL3	1.05
	(−0.07)		(0.31)
ROA	−9.14	INF	0.05
	(−0.33)		(0.97)
LEV	12.44*	FAL1_INF	−0.13***
	(−0.08)		(0.00)
SIZE	−0.27	FAL2_INF	−0.13
	(−0.53)		(0.65)
_cons	1.56	FAL3_INF	0.09
	(−0.84)		(0.90)
		FLL1_INF	2.78
			(0.29)
		FLL2_INF	0.11
			(0.89)
		FLL3_INF	−2.23*
			(0.08)
		ROA	−5.79

第12章 大数据下公允价值分层计量与盈余波动性

续表

模型（1）		模型（2）	
变量		变量	
			(0.60)
		LEV	12.75
			(0.12)
		SIZE	0.04
			(0.92)
		_cons	−6.99
			(0.38)
N	213	N	180
Adj. R-sq	0.1285	Adj. R-sq	0.1479

2. 稳健性检验

为了确保结果可靠性，本节分别对模型（1）与模型（2）进行如下检验，其结果如表12-8所示。

首先，为了避免亏损企业出于盈余管理、操纵利润、迎合薪酬激励、缓解股东压力等动机，我们剔除掉面板数据中年度亏损的企业（10个样本），对模型（1）和模型（2）再次进行回归。从表12-8中可以看到，剔除亏损企业后，除了系数发生变化，回归结果显著性与原回归结果一致，并没有发生重大变化。

其次，参照李姝（2013）的回归模型，以每股收益五年标准差作为被解释变量的替代变量，重新对模型（1）进行回归，结果发现公允价值分层计量的资产与负债均对盈余波动性产生影响，第一、第三层次资产与第三层次负债均会增大盈余波动性，与原回归结果一致。其他层次负债与资产也会影响盈余波动性，假设通过情况与原回归结果基本一致。

表12-8 稳健性检验结果

检验1：剔除亏损企业				检验2：替换被解释变量			
模型（1）		模型（2）		模型（1）		模型（2）	
变量	显著性	变量	显著性	变量	显著性	变量	显著性
FAL1	0.25*	FAL1	1.98***	FAL1	0.02***	FAL1	0.88**
	(0.09)		(0.00)		(0.00)		(0.03)
FAL2	−0.15	FAL2	−3.62	FAL2	−0.02***	FAL2	0.71**
	(0.46)		(0.15)		(0.00)		(0.05)
FAL3	0.63*	FAL3	−9.72***	FAL3	0.01**	FAL3	−0.06
	(0.07)		(0.00)		(0.05)		(0.88)
FLL1	0.74	FLL1	−1.39	FLL1	1.13***	FLL1	−0.31
	(0.48)		(0.95)		(0.00)		(0.88)

续表

检验1：剔除亏损企业				检验2：替换被解释变量			
模型（1）		模型（2）		模型（1）		模型（2）	
变量	显著性	变量	显著性	变量	显著性	变量	显著性
FLL2	−0.28	FLL2	8.56	FLL2	−0.04***	FLL2	−1.35
	(0.4)		(0.40)		(0.00)		(0.26)
FLL3	−0.82*	FLL3	−4.76	FLL3	−0.08*	FLL3	14.80***
	(0.07)		(0.11)		(0.09)		(0.00)
SIZE	−0.27	INF	−2.49*	SIZE	0.02	INF	0.01
	(0.52)		(0.05)		(0.40)		(0.32)
ROA	−8.68	FAL1_INF	−0.09***	ROA	2.28***	FAL1_INF	−0.01*
	(0.39)		(0.00)		(0.00)		(0.07)
LEV	12.60*	FAL2_INF	0.19	LEV	0.12	FAL2_INF	0.01
	(0.09)		(0.14)		(0.55)		(0.99)
_cons	1.48	FAL3_INF	0.53***	_cons	−0.24	FAL3_INF	−9.61***
	(0.85)		(0.00)		(0.47)		(0.01)
N	203	FLL1_INF	0.04	N	215	FLL1_INF	0.02
Adj.R−sq	0.1283		(0.97)	Adj.R−sq	0.1780		(0.69)
		FLL2_INF	−0.46			FLL2_INF	0.01
			(0.36)				(0.71)
		FLL3_INF	0.68**			FLL3_INF	−0.16***
			(0.02)				(0.00)
		SIZE	6.49**			SIZE	0.02
			(0.01)				(0.31)
		ROA	11.78			ROA	1.70***
			(0.70)				(0.00)
		LEV	−1.03			LEV	−0.05
			(0.94)				(0.73)
		_cons	−120.90**			_cons	−0.33**
			(0.01)				(0.32)
		N	170			N	160
		Adj.R−sq	0.1220			Adj.R−sq	0.1757

最后，本文再次用每股收益近五年期标准差作为被解释变量（即替代变量），重新对模型（2）进行回归，发现信息化对公允价值计量资产的调节作用与原结果一致，而对于负债来说，则是调节了第一层次负债。稳健性检验结果与前文基本相同，说明本文的研究结论是相对稳健的。

3．产权性质的调节作用检验

分组回归如表12-9所示。

第12章 大数据下公允价值分层计量与盈余波动性

表12-9 分组回归

变量	模型（1） 国有金融	模型（1） 民营金融	变量	模型（2） 国有金融	模型（2） 民营金融
FAL1	0.12	0.25***	FAL1	−0.68	0.35***
	(0.63)	(0.00)		(0.90)	(0.00)
FAL2	0.11	−0.36***	FAL2	12.36*	−0.46***
	(0.18)	(0.00)		(0.07)	(0.01)
FAL3	0.24***	1.29***	FAL3	2.27	1.53***
	(0.00)	(0.00)		(0.62)	(0.00)
FLL1	0.05	−0.31	FLL1	−44.24	−1.08
	(0.97)	(0.90)		(0.56)	(0.51)
FLL2	−0.35	0.73	FLL2	26.50	1.91
	(0.25)	(0.16)		(0.75)	(0.14)
FLL3	6.13	−0.37	FLL3	−4.50	1.74
	(0.76)	(0.77)		(0.37)	(0.01)
SIZE	1.87	0.09	SIZE	7.29***	0.33
	(0.10)	(0.86)		(0.01)	(0.46)
ROA	29.24	−5.94	ROA	5.62	−2.37
	(0.61)	(0.70)		(0.95)	(0.49)
LEV	−1.57	3.25	LEV	−14.38	−1.33
	(0.88)	(0.67)		(0.44)	(0.70)
_cons	−44.19*	−2.38	INF	−2.56	0.62
	(0.08)	(0.80)		(0.12)	(0.53)
N	63	150	FAL1_INF	0.04	−0.08***
Adj. R-sq	0.4390	0.7650		(0.90)	(0.00)
			FAL2_INF	−0.65*	0.23
				(0.07)	(0.26)
			FAL3_INF	−0.12	−0.86**
				(0.62)	(0.02)
			FLL1_INF	2.58	2.74
				(0.55)	(0.29)
			FLL2_INF	−1.31	−1.26
				(0.76)	(0.14)
			FLL3_INF	2.23	−1.99**
				(0.37)	(0.03)
			_cons	−125.54***	−6.10
				(0.09)	(0.55)
			N	47	123
			Adj. R-sq	0.6070	0.6284

考虑到我国特殊的背景制度，国有企业多为掌握国家经济命脉的企业，如国防军工、能源、金融等，拥有非国有企业所没有的资源与优势（薄仙慧、吴联生，

2009），盈余的持续性能够得到保证（李姝等，2017）。但是国有企业普遍存在委托—代理问题，即所有者缺位情况，制度繁杂、人员冗余，导致管理层可能存在不作为的情况（蔡贵龙等，2018），这样国有企业的盈余波动性反而会降低，提高公司的稳定性。而非国有企业的相关活动受到的限制往往很大，筹资融资成本大（唐建新、胡海燕，2015），而且受到产权人的业绩压力，所以往往更容易倾向于进行盈余管理（高燕，2008），盈余波动性就会被提高。为了考察公允价值会计准则对于国有金融企业、民营金融企业的影响程度，我们将样本按照终极控制人的性质分为国有金融企业组与民营金融企业组，对模型（1）与模型（2）分别进行回归。

从表12-9可以看到，在模型（1）中，民营金融企业的FAL1、FAL2、FAL3系数均显著，且都在5%以上，而国有金融企业仅有FAL3一项显著。说明在民营金融企业中，公允价值分层计量的资产都会显著影响企业的盈余波动性，民营金融企业管理层可能存在利用公允价值计量属性进行盈余操控的现象，且FAL1、FAL2、FAL3符号与主回归结果一致，证明主回归结果稳定。另外，相较于民营金融企业，国有金融企业的管理层对于公允价值计量属性的使用较为平稳，仅第三层次计量的资产对盈余波动性产生显著影响，体现国有金融企业管理层追求企业稳定性，盈余波动较小。而对于负债来说，可能分样本后数量太少，均没有达到最低显著性水平。同样地，能够证实国有金融企业相较于民营金融企业，可能采用应计项目进行盈余管理的程度较低，与当前学者研究成果相一致。

信息化技术对于国有金融企业、民营金融企业的调节作用亦不相同。在民营金融企业中，信息化技术对于公允价值资产与负债均有调节作用。交乘项FAL1_INF与FAL3_INF系数分别为–0.08、–0.86，系数也异于0，且分别在1%与5%上显著，说明信息化技术能够缓解了第一、第三层次公允价值计量资产对于盈余波动性的正向影响。信息化技术对第三层次计量的负债也起到了调节的作用，与主回归结果一致，负向调节了公允价值计量的负债对盈余波动性的影响。在国有控股金融企业组，信息化技术仅对第二层次计量的资产产生了负向调节作用，其他则无效果。原因可能在于国有金融企业对于信息化投入力度较少，对企业的影响程度较低。

12.5 本章小结

本章以我国金融业A股上市公司2014—2017年为样本，实证考察了公允价值分层计量和信息化技术这一调节变量分别对于盈余波动性的影响。实证结果显示第一层次计量资产与第三层次计量的资产，负债会显著增大金融业上市公司的

第12章 大数据下公允价值分层计量与盈余波动性

盈余波动性,信息化技术只负向调节了第一层次资产与第三层次负债对盈余波动性的影响。本章扩展了现有 CAS 39 发布后对公允价值分层计量后果的研究,也为信息化技术对于上市公司具有积极作用提供了证据。本章得出以下结论:① 以公允价值分层计量的资产与负债能够显著影响盈余波动性,但各层次之间的影响程度与方向并不完全一致,表明存在利用公允价值计量属性进行盈余操纵的现象;② 信息化技术起到了负向调节作用,弱化了公允价值分层计量对于盈余的影响程度,这一点在民营金融企业中尤为明显,而在国有金融企业当中调节作用不显著;③ 相较于国有控股金融企业,民营金融企业的盈余波动性更大,更擅长利用公允价值计量进行盈余操纵。暗示国有金融企业管理层追求企业稳定性,平稳度过任期;④ 公允价值计量的负债占比较低,以至于部分层次没有显著影响盈余;⑤ 金融业上市公司对于信息化技术的重视程度仍有待加深,信息化无形资产增长速度落后于企业规模增长速度.

政策建议:① 完善企业会计准则对于公允价值第二、第三层次的规范,对估值技术及估值过程给出具体的指导,鼓励上市公司提高第二、第三层次的信息透明度,缓解信息不对称;② 国家部门应该指导中国金融业乃至其他行业上市公司加强信息化水平建设,重视信息化技术,并完善相应的法律法规制度,对于采用信息化技术的金融业上市公司给予抵税免税政策,鼓励金融业上市公司与非上市公司建立并完善信息化技术;③ 对注册会计师提出信息化审计的要求,学习企业信息化使用的技术,使得风险导向性审计落到实处。

但是本章仅针对金融业上市公司研究了公允价值对盈余波动性的影响及信息化技术的调节作用,随着公允价值准则的不断推进及完善,可以延伸到其他行业进行研究;本章采取的信息化技术指标可能无法完全真实、客观、公允地反映金融业上市公司信息化技术的程度,存在测量误差,未来可能有更好的信息化技术衡量指标。

第 13 章　研究结论、建议与展望

13.1　研究主要结论

企业通过市场交易平台、业务系统、专业网站、手工等途径采集各种公允价值源数据，构建（公允价值）会计数据（仓）库，通过数据挖掘技术和人工智能技术，经会计智能决策支持系统或经大数据云计算支持的云决策服务平台，按多核算目的、多主体等处理，实时核算、确认、计量、记录和报告公允价值会计信息，实时提供财务会计、管理会计、税务会计、绩效考核、审计、监管等多口径，报告、分析、控制、审计、决策和创新多层次的数据服务（张为国、王文京，2019）。本书着重研究大数据环境下公允价值会计数据挖掘和智能决策的方法和运行机制，以便实时提供财务会计决策和审计决策的公允价值会计数据服务。

1. 公允价值会计信息决策有用性理论

公允价值会计信息决策有用性是公允价值会计的价值体现。会计信息决策的有用性包括信息观、计量观、契约观和事项观。信息观是体现会计信息的市场反应。由于有效市场的局限性、市场环境变化的不确定性和投资者的有限理性等，会计信息决策有用性信息观转向计量观。观点 1：计量观下资产负债表项目和利润表本身采用公允价值等市价计量，为投资者提供较为直接的企业价值确定信息，如奥尔森会计信息价值估值模型，极大地体现公允价值会计信息的价值相关性。但是，公允价值会计信息尤其是第三层次的信息存在可靠性风险，我们提出公允价值输入值风险、固有风险、行为风险及"顺周期"风险，在一定程度上影响公允价值会计信息整体质量。除了计量观和信息观，还有观点 2：基于现代企业契约理论和委托代理理论所形成的会计信息的契约观，揭示会计政策选择与股权契约、债权契约、供销合同、经营者报酬契约、税收契约、审计契约等的缔结和执行及监督的机制关系并得到实证检验证据，这些契约涉及企业多元产权主体或利益相关者，而公允价值是在市场公平交易中自然形成的，因此公允价值计量能够满足企业多元产权主体利益均衡的需要。观点 3：不管是信息观、计量观还是契约观，公允价值计量的有序交易市场关联性和公允价值数据的信息技术传导，都是实现公允价值会计信息实时决策的重要因素，将进一步推进会计信息决策有用性的应用和研究。观点 4：公允价值会计信息相比于历史成本会计信息的决策相关性更强，但仍然是"价值法"产生的总括通用报表数据，传递给使用者，来决定使用者的决策模式。但现实中，会计信息使用者个性决策差异，对个性化的会计数据需求愿望高于通用报表数据，因此，事项观是满足现实个性化决策有用性的重要理论。事项法理论提倡的是"会计的目标在于提供与各种可能的决策模型相关的经济事项，会计人员的任务只是提供有关事项的信息，而让使用者自己选择使用的事项"。因此，在大数据等新一代信息技术下，企业手工或自动或网络提供的会计事项，形成会计事项库，由个性决策使用者，自助提取决策所需的会计事项信息支持决策。事项会计观是公允价值会计数据挖掘和智能决策的直接理论基础。

2．大数据环境下公允价值源大数据与公允价值会计系统

本节主要从公允价值、公允价值计量与公允价值会计的关系、公允价值由小数据转向大数据的市场环境与改革动力提出了公允价值源及其大数据概念，对公允价值源大数据的分类，以及新一代信息技术与公允价值会计的关系这几个方面展开来进行论述。观点5：结合现有国内外的文献，提出5W观的公允价值界定和公允价值概念框架"7问"模型。观点6：提出了"公允价值源"，即公允价值的来源，主要来源于市场和模型估值和"公允价值源大数据"概念。观点7：将公允价值进行"市场—层次—使用者"三维立体分类。观点8：指出公允价值会计系统包括确认、计量、报告以及决策这几个环节，每个环节都可以利用新一代信息技术来提高公允价值会计信息质量与系统运行效率。公允价值会计系统中的计量环节又可进一步细分为输入、处理和输出三个环节，在信息化环境下，系统的每个环节也都需要新一代信息技术的介入支持。观点9：在大数据的背景下，云计算、互联网、人工智能等新一代信息技术相互联系，各具功能特色，公允价值会计系统高效运行需要新一代信息技术的支撑，同时，新一代信息技术各自对公允价值会计系统有不同的影响，公允价值会计系统需要整合各项新的信息技术，使其发挥协同支持作用，从而实现公允价值会计信息的实时决策目标。这些研究为之后的公允价值会计数据挖掘与智能决策机制的建立提供了充足的理论支撑和依据。

3．公允价值大数据采集、估值技术与及其框架

公允价值大数据来源于相关的主要市场或最有利的市场和估值。观点10：不同的资产或负债的公允价值数据的来源市场有金融市场、房地产市场、生物资产市场、碳交易市场等，这些市场数据构成公允价值大数据基础。相对于不同的市场及其细分市场的活跃程度不同，对于活跃市场的第一层次公允价值输入值直接采集使用，对于有类似活跃市场的第二层次公允价值输入值可借鉴并调整；对于

无活跃市场的第三层次公允价值输入值运用模型估值技术。观点11：研究发现公允价值计量分层计量准则在金融工具应用最多、投资性房地产较多、生物资产较少运用，体现了公允价值计量准则的规定和要求，但是，因公允价值计量的局限性和市场环境因素，尚未达到普及运用。观点12：无论哪个资产或负债项目，在哪个市场中采集价格相关数据，都遵循相关性和可靠性的会计信息质量特征的要求。即便是采用不同特征的估值技术，如市场法、收益法和成本法等，其基本动机就是提升可靠性，所以公允价值估值技术流程和方法的规范运用，是提高公允价值数据质量的重要因素。观点13：基于公允价值计量准则的要求，上市公司根据估值技术的适用性，管理自己估值，或第三方评估确定或云估值。观点14：尤其是在大数据环境下，借助大数据技术、Web数据抓取技术和Python等搜集信息的爬行算法，通过构建公允价值估计与模型系统或云估值服务系统，实现实时采集和估值，形成公允价值会计数据，是公允价值会计实时决策的现实选择。

4．公允价值会计数据挖掘层次、程序与技术方法

会计数据挖掘属于一种商业数据挖掘。观点15：提出"时间—空间—关联—层次"多维超立方体公允价值会计数据仓库，是数据挖掘的基础。面向会计数据库或数据仓库，采用数据挖掘程序和技术方法，发现会计知识模式，包括分类模式、聚类模式、关联模式等。观点16：公允价值会计数据挖掘表现在报表层次、分析层次、模型层次和智能决策层次等。公允价值会计数据挖掘分为明确挖掘主题（问题、目标和要求）、数据准备、数据挖掘、结果解释与评估等四个阶段。观点17：数据挖掘技术方法分为第一类关联法包括Apriori算法，第二类分类法包括人工神经网络、决策树法、粗糙集法、贝叶斯算法等。第三类聚类法包括遗传算法、层次法、划分法等，均可用于不同计量属性下的企业会计审计数据的挖掘，从而实现会计数据为有关决策者开展分类、相关性和预测等决策服务。观点18：会计数据挖掘的应用包括：公允价值会计数据的股票收益预测，如对公允价值会计舞弊的挖掘和财务危机的挖掘预警等，公允价值计量的关联交易和关联方的挖掘识别等。审计意见分类法的公司退市预测，研究方发现，不同的审计意见类型有不同的预测作用，其中无保留意见有很强的非退市预测作用，而无法表示意见有很强的退市预测作用。审计意见随着退市日的临近，作用逐渐增强。其中退市前一年有显著的预测作用，表明审计师的审计意见对上市公司的退市有预测作用，审计意见具有信息含量。

5．公允价值会计智能决策支持系统结构

观点19：会计作为一个信息系统，不仅存在管理层自身会计决策问题，如会

计政策选择决策、公允价值分层估值决策,而且为外部决策者提供决策有用信息,支持决策,会计信息化的高级阶段即决策支持系统,是会计智能决策的平台。观点20:会计决策支持系统,以会计"双重计量"为基础,引入现代信息技术,从数据(库)支持的会计决策系统,到"数据库+模型库"支持的决策系统,再向"数据库+模型库+方法库+知识库"支持的会计智能决策系统,是会计决策有用观的技术性深化。观点21:基于"四库"技术的设计和人工智能技术(专家系统和神经网络等)以及人机交互和问题综合部件,构成会计智能决策支持系统结构,其系统要素相互作用,协同运作,推动会计智能决策系统的运行。观点22:智能决策支持系统是智能技术与决策支持系统的结合,其核心是知识库和推理机。其中,人工智能技术中的专家系统适应于半结构化的公允价值估值中的收益法估值问题和资产减值估计问题等,神经网络专家系统适用于投资性房地产公允价值会计估值和预测等。

6. 大数据下公允价值会计智能决策支持系统运行机制

大数据环境下公允价值会计智能决策支持包括网络型的会计决策支持、云计算的会计决策支持、大数据的会计决策支持等。观点23:构造"大智移云物区"下的会计智能决策支持系统的基本结构由客户机和各种服务器组成。观点24:根据系统的目标,各系统运行要素包括主体、内容、方法、条件等相互作用构成运行机制,并且得到大数据内部和外部质量控制与大数据治理机制的保障,在确保大数据质量的前提下,促使大数据下会计智能决策支持系统有效运行,服务于内外部决策,如信贷决策和审计师定价决策、审计报告决策等。

7. 公允价值会计智能决策支持系统研发与应用

公允价值会计智能决策支持系统由综合部件、模型部件、知识部件、数据部件四大部分构成。观点25:会计智能决策支持系统开发遵从生命周期法,即系统分析—初步设计—详细设计—编制程序—集成。观点26:会计数据仓库是会计智能决策支持系统的关键部件,其主要功能包括会计数据获取、数据存储和决策分析。会计数据仓库的设计是会计数据挖掘和智能决策的基础,其开发设计遵从一般的开发程序与方法,如结构性的开发、生存周期法、原型法和螺旋式周期性开发方法。基于螺旋式周期性开发方法,会计数据仓库开发过程有分析与设计阶段(需求分析—概念设计—逻辑设计—物理设计)、数据获取阶段(数据抽取—数据转换—数据装载)、决策支持阶段(信息查询—知识探索)、维护评估阶段(数据仓库增长—数据仓库维护—数据仓库评估)。观点27:公允价值估值系统的设计是公允价值会计智能决策支持系统中的基础子系统，建立公允价值估值系统模型的目的在于解决会计计量的价值估计，因此其模型的基础来自会计方法库中的市场法、成本法和收益法。

观点28：大数据下公允价值估值系统解决会计计量的价值估计问题，不同于以往依赖的人工计算和主观估计，其创新之处在于结合计算机软件工程和大数据技术等信息技术，用计算机程序代替手工计算，用大数据分析代替主观估计。但是我们构建的公允价值估值系统的模型和应用，尚需进行系统的具体编程与运行，并加以验证。

8．大数据下公允价值会计数据与决策的实证研究

鉴于大数据下公允价值会计智能决策支持系统是会计信息化的高级阶段和发展趋势，直接考察会计大数据与智能决策的实证较为困难，但从大数据环境出发，将大数据等一代新信息技术作为变量引入公允价值会计数据与决策的实证研究是可能的，并且本研究实证检验了大数据等新信息技术对公允价值会计数据与投资决策、贷款决策、盈余波动性和审计决策关系有显著的影响作用。

（1）大数据战略与公允价值分层计量的价值相关性。本部分考察了金融类企业重视大数据战略对公司公允价值分层计量的价值相关性的影响。具体以2010—2015年披露公允价值分层计量信息的中国金融业上市公司为样本，通过面板数据随机模型实证分析，研究发现我国金融上市公司公允价值计量资产与负债整体具有价值相关性，但相比美国金融业有一定差距，且若公司重视大数据战略则可以显著增强其资产公允价值第一层次的价值相关性，效果随着计量层次降低而下降；同时也显著增强了其负债公允价值第一、第二层次的价值相关性，增强效果没有显著差异。

（2）大数据环境下公允价值会计计量与信贷决策。本部分以2012—2017年公允价值变动损益不为零的A股中非金融上市公司为样本，实证考察公允价值计量对银行贷款契约的影响，以及信息化环境水平的高低对于公允价值变动的会计信息与银行贷款契约之间关系的作用。通过实证研究，主要得到以下结论：① 公允价值会计信息对银行贷款契约有一定作用。在评估贷款对象是否具有贷款还款能力，确定贷款规模时可以发现公允价值会计信息是有用的。进一步区分债务期限类别，公允价值变动损益与短期贷款取得成较为显著的负相关关系，公允价值变动损益与长期贷款成显著的正相关关系。② 银行在不同信息化环境水平下，考虑公允价值信息对于信贷决策的影响是不同的，在较高信息化环境水平下银行往往会对公允价值信息持谨慎态度，与企业订立严格的贷款契约条件来保障自身的利益。③ 与非IT公司相比，IT公司的公允价值变动损益率对

企业债务率正向影响更强和更显著。表明 IT 公司选择公允价值计量具有债务契约的信息含量。

（3）大数据下公允价值分层计量与盈余波动性。本部分以 2014—2017 年披露公允价值分层计量信息的我国金融业 A 股上市公司为样本，考察公允价值强制分层准则发布对于我国金融业上市公司盈余波动性的影响，通过利用随机效应模型（REM）和固定效应模型（FEM），实证研究了公允价值分层计量对金融业上市公司盈余波动性的影响及信息化水平对公允价值影响盈余波动的调节作用。结果发现：① 采用公允价值分层计量的资产与负债的价值与盈余波动性成正相关，且相关程度随着层次提高而增强。② 信息化技术起到了调节作用，弱化了公允价值计量的资产与负债对盈余波动性的正向影响，但是能对部分层次的资产与负债起到显著作用。③ 进一步研究发现，相较于国有金融企业，民营金融企业在公允价值计量属性下盈余波动性更加明显。

13.2 研 究 建 议

（1）对学术理论界而言，除了关注会计信息观、计量观、契约观的研究，更要重视新信息技术下的事项会计理论与应用研究。

会计目标是为决策者提供有用信息。会计信息观、计量观和契约观均表明公允价值会计信息比历史成本会计信息的决策相关性更强，但是它仍然是由"价值法"产生的，通过通用会计报表的数据来决定使用者的决策模式。但现实中，会计信息使用者需要个性化的会计数据日趋最多，因此，尤其是在"大智移云物区"下，事项观是满足现实个性差异化决策的重要理论。基于信息技术与会计的融合，学术界和准则制定者应充分研究和逐步推行信息化时代的事项会计理论的应用，充分考虑"交易或事项—风险—合同或契约"，完善公允价值计量准则中的计量和披露事项，进一步完善 XBRL 的报告，据此形成的公允价值会计事项数据库，为会计数据挖掘和智能决策提供理论和标准支持。

（2）对政府部门而言，需要全面深化市场化改革，制定价格估值相关法规，规范市场行为，改善市场环境，创造公允价值适用的市场环境。

① 基于公允价值源于市场价格和估值，要实现公允价值会计信息的决策有用性，公允价格和公允估值是核心，势必要求优化市场环境，政府有所作为，要求政府要全面深化市场化改革，营造良好的营商环境，增强市场活跃性，使市场在资源配置中起决定性作用，发挥市场价格机制，形成活跃市场的公允股票价格、债券价格、房地产价格、并购价格、非货币交易价格、碳

交易价格等。同时，进一步规范资产、负债的估值或评估市场，加大评估市场法规建设和评估人员的执业质量控制，合理保障资产评估或公允价值第三层次估计的可靠性。

② 对公允价值计量所要求的活跃性的问题，政府应通过立法，改善营商环境，促进市场活跃，搭建金融市场、房地产市场等全国的统一的市场信息平台。各个公司应加强数据采集系统和会计信息化建设，并经授权，通过公司信息化系统接口，与全国市场信息平台联机采集市场公允价格数据等。

③ 从财政部门管理，一是加大财政部门对各个企业的对外会计信息集成，健全行业会计数据库、区域性会计数据库，动态完善全国性会计数据仓库，为数据挖掘和决策提供基础设施，不仅有利于财政部门、税务、审计机关和证监会等的监管，而且为形成会计或财务大数据提供了保障。二是会计主管部门或行业协会等应加强会计大数据治理机制和会计大数据质量控制机制建设。三是对于会计行业管理部门，规划会计大数据战略，加强中国会计学会等职业组织的新经济或新信息会计分会组织建设。大数据战略可以作为加快推动公允价值计量使用与增强公允价值会计信息含量的方式和手段，可以使我国在公允价值计量使用与推广方面更快与国际趋同。

④ 从政府数据管理部门管理，一是依法制定数据挖掘准则或指南，指引包括会计数据挖掘人员的数据挖掘的行为及其结果的应用，如关联、分类和聚类的程序和方法等。二是"大智移云物区"的会计决策支持系统的运行，需要对数据质量控制和治理，因此，数据管理部门应制定大数据治理管控标准和大数据治理准则。

⑤ 从监管部门管理，一是应强化上市公司提供按照通用软件编码的电子版企业财务报告数据，决策者借助电子报告数据，自行加工编排各种原始数据和确认计量后的信息支持决策。二是应培育和规范发展信息中介，加大对审计师、分析师、评估师等中介的质量监督力度。三是审计行业，制定大数据审计指南，加强数据审计和信息系统审计，大力实施大数据审计工作模式。四是应当规范信息化数据平台的运行机制，建立良好的信息沟通平台，构建更为完善的秩序。这样可以将银行与企业的信息不对称程度降到最低，使银行的信贷决策建立在更为充分以及可靠的信息基础之上。五是应监督指导中国金融业乃至其他行业上市公司加强信息化水平建设，重视信息化技术，并完善相应的法律法规制度。对于采用信息化技术的金融业上市公司给予抵税免税政策，鼓励金融业上市公司与非上市公司建立并完善信息化技术。

（3）对准则制定者而言，需完善公允价值计量等会计准则、完善会计信息化基本指引和应用指引等。

第13章 研究结论、建议与展望

① 对不存在活跃市场的公允价值计量问题,准则制定者修改完善公允价值三层估计会计准则和指南,并对不同资产和负债结合资产评估准则细化市场法、收益法和成本法的操作指南。

② 一方面制定会计大数据质量控制准则、会计大数据分析准则;另一方面大力培养"业财技一体化"的会计大数据挖掘专业人员,建立会计数据挖掘分析师职业。

③ 研究制定新信息技术会计的标准,包括大数据会计标准、云会计标准、人工智能会计标准、财务机器人标准等。

④ 公允价值计量准则的实施应考虑企业内部控制信息化进程。在公允价值计量准则实施时,除了考虑不同层次公允价值的可靠性和相关性的差异,还要考虑内部控制信息化对公允价值计量决策有用性的增强作用,特别是对于公允价值计量第三层次的增强作用。准则制定机构在相关公允价值准则时,应当将内部控制信息化相关规章制度嵌入公允价值准则。

⑤ 完善企业会计准则对于公允价值第二、第三层次的规范,对估值技术及估值过程给出具体的指导,鼓励上市企业提高第二、第三层次的信息透明度,缓解信息不对称。

(4) 对企业管理层而言,在企业信息化战略规划下,需加强企业公允价值会计数据挖掘和智能决策的方法、技术及软硬件系统的开发和设计。

① 将大数据等新一代信息技术嵌入企业管理信息系统中,改造升级会计信息系统,加大企业会计人员的大数据、云计算、人工智能、移动互联网、网联网、区块链等信息技术的学习培训,提升新时代会计师的信息化会计的能力。

② 大数据云计算环境下,企业管理层结合企业信息化发展战略,借助于大数据技术、云计算等,建立企业私有云估值系统。资产评估行业建立公有云估值系统。云估值系统与各类市场数据平台对接互联,实现估值的自动化。

③ 对公允价值数据挖掘的对象而言,企业管理层需要根据数据库原理,建立企业公允价值源数据库、会计交易和事项数据库、会计凭证数据库、会计明细账数据库、会计报表数据库等,在此基础上根据数据仓库设计原理,建立企业会计数据仓库,据此,企业可大力培养数据挖掘师,采用数据挖掘技术,辅助管理层的分类决策、关联决策和预测决策等。

④ 大型企业管理层尤其是金融企业,衍生金融工具产品多样复杂,金融工具的公允价值计量第一层次来自活跃市场价格,第三层次来自金融资产估值模型确定,因此,基于金融企业的新信息技术先进,公允价值是金融资产的唯一计量属性,金融业或大型企业自行开发设计金融大数据库、模型库、方法库和金融工具会计知识库,升级会计信息化系统,构建金融行业会计智能决策平台,辅助内部

和外部使用者决策。

⑤ 对于房地产企业，开发房地产大数据、估值模型库和房地产会计知识库及专家系统，构建房地产行业会计智能决策平台，辅助投资性房地产公允价值会计估值和预测等。

⑥ 大型（金融等）企业应加强数据分析师、知识工程师和会计师协同工作机制，构建优化会计智能决策系统，服务企业内外部决策。

⑦ 对于大型企业或大数据云计算服务行业或公司，需基于"大智移云物区"下的会计智能决策系统结构，购置运行数据（仓库）服务器、数据挖掘和联机分析服务器、模型库服务器和知识库服务器等，尽快构建云决策支持系统，提供包括公允价值会计在内的云决策服务，云决策服务系统或平台，应遵循云计算服务法规和标准，确保系统可靠、安全、高效等。

⑧ 对于金融业、房地产等行业或大型企业，需基于螺旋式生存周期法，开发会计数据仓库和会计智能决策支持系统。在大数据环境下，尽快构建公允价值估值系统，以解决公允价值估值决策等。

（5）对于会计信息使用者，需提升信息化条件下的决策能力。

① 应明确决策问题和目标，熟悉人机界面决策系统，输入信贷决策或审计师定价决策的参数，启用云决策服务系统或会计智能决策支持系统，要求会计信息使用者包括投资者、债权人和审计师等树立大数据、云计算思维和提升信息化决策能力。

② 审计师应借助大数据等新一代信息技术，及时可靠地获取资产的公允价格和风险评估，促进客户科学公允地审计定价。

③ 审计市场价格监管者也应考虑"大智移云物区"及企业数字化报道对审计价格监管决策的影响，促进监管科学高效。

13.3 研究局限和未来研究方向

（1）本书试图探究大数据环境下公允价值会计数据挖掘和智能决策的方法和运行机制，通过文献研究和规范研究，虽然得出上述研究结论和创新观点和模型，但是针对公允价值会计的研究尚显不够深刻；虽然提出了公允价值会计数据采集方法、挖掘方法和智能决策方法，但是针对公允价值会计智能决策运行机制的研究尚显不深入。

（2）本书虽然探究和构建公允价值估值系统，提出云估值服务系统的初步框架，探究和构建公允价值会计数据挖掘、智能决策支持系统和云决策服务系统的初步构想，但是尚未开发相应的实用软件，尚待进一步研究开发。

第13章 研究结论、建议与展望

（3）本研究实证检验了大数据下公允价值会计数据与投资、信贷、审计决策等的关系，得到较有益的初步证据，但是实证数据的局限和大数据等新信息技术变量衡量的难度，是未来研究关注的重点之一。

（4）未来相关研究的方向。会计大数据的理论和基本方法；会计数据库与企业大数据仓库建设；会计数据库、模型库、方法库和知识库的构建与优化，基于"四库"的会计数据挖掘和分析技术；基于"客户机/服务器"的会计智能决策支持系统；公允价值云估值系统建设；大数据下公允价值会计信息决策有用性的深入实证研究等。

参考文献

[1] Ahmed S A, E Kilic, J G Lobo. Does recognition versus disclosure matter? Evidence from value-relevance of banks recognized and disclosed derivative financial Instruments[J].The Accounting Review,2006,81(3): 567-588.

[2] Andrew J Leone,Sarah Rice. How do auditors behave during periods of markert euhporia? The case of internet IPOs[J]. Contemporary Accounting Research, 2011(3): 1-33.

[3] Anvrin D J, Weidenmier Watson M. "Big Data": a new twist to accounting[J]. Journal of Accounting Education, 2017, 38:3-8.

[4] Appelbaum D. Securing big data Provenance for auditors: the big data provenance black box as reliable evidence[J]. Journal of Emerging Technologies in Accounting, 2016, 13(1): 17-36.

[5] Ashbaugh Skaife H, Collins D W, Jr W R K, et al. The effect of SOX internal control deficiencies and their remediation on accrual quality[J]. Accounting Review, 2008, 83(1): 217-250.

[6] Ball R, Brown P. An empirical evaluation of accounting income Numbers[J]. Journal of Accounting Research, 1968, 6(2): 159-178.

[7] Barth M E, Beaver W H, Landsman W R. Value-relevance of banks' fair value disclosures under SFAS No. 107[J]. The Accounting Review, 1996, 71(4): 513-537.

[8] Barth M E, Landsman W R, Lang M H. International accounting standards and accounting quality[J]. Journal of Accounting Research, 2008,46(3): 467-498.

[9] Barth M E, Landsman W R, Wahlen J M. Fair value accounting: effects on banks' earning volatility, regulatory capital, and value of contractual cash flows[J]. Journal of Banking & Finance, 1995,19(3/4): 577-605.

[10] Barth M E. Fair value accounting: evidence from investment securities and the market valuation of banks[J]. The Accounting Review, 1994,69(1): 1-25.

[11] Barth M E, Including estimates of the future in today's financial statements[J]. Accounting Horizons,2006,20(3): 271-285.

[12] Barth M E. Fair value and financial statement volatility [M]. The Market Discipline Across Countries and Industries,2004: 323-333.

[13] Bernard V L, Merton R C Palepu, K G. Mark to Market Accounting for bank and thrifts: lessons from the danish experience [J]. Journal of Accounting Research,1995,33 (1): 1-32.

参考文献

[14] Bhojraj S, Sengupta P. The effect of corporate governance mechanisms on bond ratings and yields: the role of institutional investors and Outside Directors [J].Journal of Business, 2003 (3): 455-476.

[15] Bhushan, R, Firm Characteristics and analyst following jourmal of accounting and economics[J]. volL, 1989（11）: 255-275.

[16] Brands K K Y C. Big Data and business intelligence for management accountants[J]. Strategic Finance, 2014(No.6): 64-65.

[17] Brennan M J，Hughes P J. Stock prices and the supply of information. journal of finance[J]. 199946(5): 1665-1691.

[18] Brown-Liburd H, Vasarhelyi M A. Big data and audit evidence[J]. Journal of Emerging Technologies in Accounting, 2015, 12(1): 1-16.

[19] Brown-Liburd, Helen, Issa, et al. Behavioral Implications of big data's impact on audit judgment and decision making and future research directions[J] Accounting Horizons, 2015, 29 (2): 451-468.

[20] Cao M, Chychyla R, Stewart T. Big data analytics in financial statement audits[J]. Accounting Horizons, 2015, 29(2): 423-429.

[21] Capriotti R J R K. Big data bringing big changes to accounting[J]. Pennsylvania CPA Journal, 2014(2): 1-3.

[22] Charles J P Chen, et al. An emerging market's reaction to initial modified audit opinions: evidence from the shanghai stock exchange[J]. Contemporary Accounting Research, 2010,(3): 429-455.

[23] Christopher Scott Rodgers. Predicting corporate bankruptcy using multivariant discriminate analysis(MDA), logistic regression and operating cash flows (OCF) ratio analysis: a cash flow-based approach[D]. California :Golden Gate University, 2011.

[24] Chung S G, Lee C, Mitra S. Fair value accounting and reliability[J]. CPA Journal, 2016(7): 60-63.

[25] Coase R H. The nature of the firm[J]. Economica, 1937,4(16): 386-405.

[26] D Knyazeva. Corporate governance, analyst following, and firm behavior[J]. Working Paper, 2007.

[27] Dechow P M, Myers L A, Shakespeare C. Fair value accounting and gains from asset securitizations: a convenient earnings management tool with compensation side-benefits[J]. Journal of Accounting and Economics, 2010, 49(1–2): 2-25.

[28] Demerjian P R, Donovan J, Larson C R. Fair value accounting and debt contracting: evidence from adoption of SFAS 159[J]. Journal of Accounting Research, 2016(4): 1041-1076.

[29] Dietrich J R, Harris M S, Muller III K A. The reliability of investment property fair value estimates[J]. Journal of Accounting & Economics, 2000, 30(2): 125-158.

[30] Doyle J T, Ge W, Mcvay S. Accruals quality and internal control over financial reporting[J]. Accounting Review, 2007, 82(5): 1141-1170.

[31] Dycka, Morsea, Zingalesl. Who blows the whistle on corporate fraud?[J]. 2010, 65(6): 2213-2253.

[32] Eccher E A, Ramesh K, Thiagarajan S R. Fair value disclosures by bank holding companies[J]. Journal of Accounting & Economics, 1996,22(1-3): 79-117.

[33] Ellul A, Jotikasthira C, Lundblad C T, et al. Mark-to-market accounting and systemic risk: evidence from the insurance industry[J]. Economic Policy, 2014,29(78): 297-341.

[34] Ensen M C, Meckling W H. Theory of the firm: managerial behavior, agency costs and ownership structure[J]. Journal of Financial Economics, 1976,3(4): 305-360.

[35] EREMY B GRIFFIN. The Effects of uncertainty and disclosure on auditors' fair value[J]//Han S, Rezaee Z, Xue L, et al. The association between information technology investments and audit risk, Journal of Information Systems, 2015,30(1): 106-125.

[36] Ettredge M, Li C, Wang Q, et al. Audit committee formation at the IPO: existence and financial expertise[J]. Social Science Electronic Publishing, 2013,20(3): 39-58.

[37] FASB. Fair value measurement (Topic 820). Amendments to Achieve Common Fair Value Measurement and Disclosure Requirements in U.S.GAAP and IFRSs. www. fasb. org, 2011-05-12.

[38] FASB. Statement of financial accounting conpects No.7 using cash flow's informations and present value in accounting measurements, 2000.

[39] FASB. Statement of Financial accounting Standerds No.157 fair value measurement, 2006.

[40] Francis, Jennifer, Lafond, Ryan and Olsson. The pricing of accruals quality [J].Journal of Accounting and Economics, 2005(39): 295-327.

[41] George, et al. Big data and management[J]. Academy of Management Journal,2014(57): 46-53.

[42] Goh B W, Li D, Ng J, et al. Market pricing of banks' fair value assets reported under SFAS 157 since the 2008 financial crisis[J]. Journal of Accounting & Public Policy, 2015, 34(2): 129-145.

[43] Goncharov I, Riedl E J, Sellhorn T. Fair value and audit fees[J]. Review of Accounting Studies, 2014,19(1): 210-241.

[44] Griffin, Jeremy B.The effects of uncertainty and disclosure on Auditors' fair value materiality decisions[J]. Journal of Accounting Research, 2014, 52(5).

[45] HanJ, KamberM. Data mining: concepts and techniques[M].Morgan Kaufmann Publishers,

2001.

[46] Hen Y, Smith A L, Cao J, et al. Information technology capability, internal control effectiveness, and audit fees and delays[J]. Journal of Information systems, 2014,28(2): 149-180.

[47] Hodder L D, Hopkins P E, Wahlen J M. risk-Relevance of fair-value income measures for commercial banks[J]. Accounting Review, 2006,81(2): 337-375.

[48] Holthausen and Watts, The relevance of value-relevance literature for financial accounting standard setting [J].Journal of Accounting and Economics, 2012(9): 3-75.

[49] Hopkins M S. Big data, analytics and the path from insights to value[J]. MIT Sloan Management Review, 2011, 52(2): 21-22.

[50] Hung M, Subramanyam K. Financial statement effects of adopting international accounting standards: the case of Germany[J]. Review of Accounting Studies, 2007, 12(4): 623-657.

[51] Ia Wei Han,Micheline Kamber.Data minig concepts and techniques[M]. Morgan Kaufmann Publishers, 2000.

[52] ISO. Information technology-governance of it-governance of data part2: implications of ISO/IEC38505 -1 for data management[S]. The standards policy and strategy committee, 2018(5).

[53] Karl A and Muller E. Fair value accounting and information asymmetry:evidence from the european real estate industry[J]. 2011(7): 203-215.

[54] Kee H C, Mcinish T H, Wood R A , et al. Production of information, information asymmetry, and the bid-ask spread: empirical evidence from analysts' forecasts[J]. Journal of Banking & Finance, 1995, 19(6): 1025-1046.

[55] Khatri V, Brown C V. Designing data governance[J]. Communications of the ACM, 2010, 53(1): 148-152.

[56] Khurana Inder K, Myung-Sun Kim. Relative value relevance of historical cost vs fair value: evidence from bank holding companies[J]. Journal of Accounting and Public Policy, 2003, 22(1): 19-42.

[57] Lambert R A, Leuz C, Verrecchia R E. Accounting information, disclosure, and the cost of capital［J］.Journal of Accounting Research, 2007, 45 (2):385-420.

[58] Lambert R A, Leuz C. Information asymmetry，information precision and the cost of capital [J].Review of Finance, 2012(16): 1-29．

[59] Landsman W R. Is fAIR value accounting information relevant and reliable: evidence from capital market research, accounting and business research，special issue. 2007: 19-30.

[60] Lang M H, Lins K V, Miller D P. adrs, analysts, and accuracy: does cross listing in the U.S. improve a Firm's information environment and increase market value?[J]. Social Science

Electronic Publishing, 2003, 41(2): 317-345.

[61] Levy H B. Auditing fair value and other accounting estimates[J]. CPA Journal, 2017(2): 62-63.

[62] M V Value relevance of banks' derivatives disclosures[J]. Journal of Accounting and Economics, 1996, 1(22): 327-355.

[63] Manyika J, Chui M, Brown B, et al. Big data: The next frontier for innovation, competition, and productivity[J]. Analytics, 2011.

[64] Mary E Barth, Wayne R Landsman, Mark H Lang. International accounting standards and accounting quality[J]. 2008, 46(3): 467-498.

[65] Mcafee A, Brynjolfsson E. Big data: the management revolution［J］. Boston: Harvard Business Review, 2012(10): 3-9.

[66] Mcdonough R P, Shakespeare C M. Fair value measurement capabilities, disclosure, and the perceived reliability of fair value estimates: a discussion of Bhat and Ryan[J]. Accounting Organizations & Society, 2015, 46: 96-99.

[67] Merino J, Caballero I, Rivas B, et al. A Data quality in use model for big data[J]. Future Generation Computer Systems, 2016, 63: 123-130.

[68] Michela Arnaboldi, Cristiano Busco, Suresh Cuganesan. Accounting, accountability, social media and big data: revolution or hype?[J]. 2017, 30(4): 762-776.

[69] Moffitt K C, Vasarhelyi M A. AIS in an age of big data[J]. Journal of Information Systems, 2013,27(2):S468.

[70] Mohrma M B. The use of fixed GAAP provisions in debt contracts [J].Accounting Horizons, 1996(10): 78-91.

[71] Moonitz M. The basic postulates of accounting[M]. Los Angeles: American Institute of Certified Public Accountants, 1961.

[72] Nabil Sultan.Knowledge management in the age of cloud computing and Web 2.0: experiencing the power of disruptive innovations[J]. International Journal of Information Management. 2013,33 (1): 35-40.

[73] Natarajan R. Stewardship value of earnings components: additional evidence on the determinants of executive compensation[J]. Accounting Review, 1996,71(1): 1-22.

[74] Nelson K K. Fair value accounting for commercial banks: an empirical analysis of SFAS No. 107[J]. The Accounting Review, 1996,71(2): 161-182.

[75] NASCIO.Data governance partIII: frameworks-structure for organizing complexity[R/OL]. [2019-08-14].https://www.nascio.org/portals/0/publications/documents/NASCIO-DataGovernancePTIII.pdf.

[76] Orie E Barron, Sung Gon Chung, Kevin Ow Yong. The effect of statement of financial accounting standards No. 157 fair value measurements on analysts' information environment[J]. Journal of Accounting and Public Policy, 2016, 35(4).

[77] Ou Liu, Jun Wang, Jian Ma, et al. An intelligent decision support approach for reviewer assignment in R&D project selection[J]. Computers in Industry, 2016, 76.

[78] Paananen M, Henghsiu L. The development of accounting quality of IAS and IFRS over time: the case of germany[J]. Journal of International Accounting Research, 2009, 8(1): 31-55.

[79] Petroni K, Wahlun J. Fair values of equity and debts ecurities and share prices of property liability insurers[J]. Journal of Risk and Insurance, 1995, 62(4):719-737.

[80] Plantin G, Sapra H, Shin H S. Marking to Market: panacea or pandora's box?[J]. Journal of Accounting Research, 2008, 46(2):435-460.

[81] Prashant Gupta A S, et al.The usage and adoption of cloud computing by small and medium businesses[J]. International Journal of Information Management, 2013, 33(5): 861-874.

[82] Qu X, Zhang G. Value-relevance of earnings and book values over the institutional transition and suitability of fair value accounting in emerging markets: evidence from China stock market[J]. The International Journal of Accounting(forthcoming), 2014 (3): 168-205.

[83] Riedl E J，Serafeim G.Information risk and fair values: an examination of equity betas[J]．Journal of Accounting Research, 2011, 49(4): 1083-1122.

[84] Robb S. Market Value Accounting in Financial Institutions[J]. Accounting Enquiries, 1996, 6: 44-90.

[85] Rustom M Irani, David Oesch. Monitoring and corporate disclosure: Evidence from a natural experiment[J]. Journal of Financial Economics, 2013, 109(2): 398-418.

[86] Seinerrs. The non-invasive data governance framework-the details[EB/OL]. [2019-08-17]. http://tdan.com/the-non-invasive-data-governance-framework-the-details/25031.

[87] Shores D. The Association between interim information and security returns surrounding earnings announcements[J]. 1990, 28(1):164-181.

[88] Singh J P Fair value accounting: a practitioner's perspective [J]. Accounting Research & Audit Practices, 2015(14).

[89] Skinner Douglas J. Options markets and the information content of accounting earnings releases[J]. Journal of Accounting and Economics, 1990, 13(3): 191-211.

[90] Sledgianowski D, Gomaa M, Tan C. Toward integration of big data, technology and information systems competencies into the accounting curriculum[J]. Journal of Accounting Education, 2017: 81-93.

[91] Song C J, Thomas W B, Yi H. Value relevance of FAS No. 157 fair value hierarchy information and the impact of corporate governance mechanisms[J]. Accounting Review, 2010,

85(4): 1375-1410.

[92] Stoel D, Havelka D, Merhout J W. An analysis of attributes that impact information technology audit quality: A study of IT and financial audit practitioners[J]. International Journal of Accounting Information Systems, 2012,13(1): 60-79.

[93] Udson Caskey, John Hughes, Liu Jun. Strategic informed trades, diversification and expected returns. Working Paper, 2012.

[94] Warren J, et al.How big data will change accounting[J]. Accounting Horizons. 2015, 29 (2).

[95] Watts R L. Conservatism in accounting part I: explanations and implications[J]. Accounting Horizons, 2003,17(3): 207-221.

[96] Whitehouse, Tammy.Auditing in the era of big data[J]. Compliance Week, 2014, 11: 28-67.

[97] Wilson R. The structure of incentives for decentralization under uncertainty[M]. In La Decision,Paris: Du Centre National De La Recherche Scientifique, 1969.

[98] Wong M H F. The association between SFAS No. 119 derivatives disclosures and the foreign exchange risk exposure of manufacturing firms[J]. Journal of Accounting Research, 2000,38(2): 387-417.

[99] 威廉·H. 比弗. financial reporting: an accounting revolution（third edition）[M]. 北京：中国人民大学出版社, 2009.

[100]白默, 刘志远. 公允价值计量层次与信息的决策相关性——基于中国上市公司的经验证据[J]. 经济与管理研究, 2011(11): 101-106.

[101]薄澜, 冯阳. 债务契约与盈余管理关系的实证研究[J]. 财经问题研究, 2014(2): 102-107.

[102]薄仙慧, 吴联生. 国有控股与机构投资者的治理效应:盈余管理视角[J]. 经济研究, 2009, 44(2): 81-91, 160.

[103]鲍新中, 杨宜.基于聚类—粗糙集—神经网络的企业财务危机预警[J]. 系统管理学报, 2013,(3): 358-365.

[104]卜范玉,王鑫,张清辰.基于云计算的物联网数据挖掘模型[J]. 电脑与信息技术,2012,(6): 49-52.

[105]财政部. 企业会计准则第 39 号——公允价值计量. 财会〔2014〕6 号, 2014-01-26.

[106]蔡春, 等. 公允价值与股市过度反应[J]. 经济研究, 2011（7）：130-143.

[107]蔡贵龙, 柳建华, 马新啸. 非国有股东治理与国企高管薪酬激励[J]. 管理世界, 2018, 34(5): 137-149.

[108]蔡利, 唐嘉尉, 蔡春. 公允价值计量、盈余管理与审计师应对策略[J]. 会计研究, 2018(11): 85-91.

[109]曹崇延, 王阿静. 企业银行借款融资中的盈余管理研究——来自中国 A 股上市公司的经验证据[J].中南大学学报(社会科学版), 2013(6): 62-70.

[110]曹秀英, 梁静国. 基于粗集理论的属性权重确定方法[J]. 中国管理科学, 2002, 10（5）: 98-100.

[111]曾晖. 大数据挖掘在工程项目管理中的应用[J]. 科技进步与对策, 2014(11): 46-48.

[112]曾雪云, 徐经长. 公允价值计量、金融投资行为与公司资本结构[J]. 金融研究, 2013(3): 181-193.

[113]曾雪云. 公允价值计量盈余金融市场风险[M]. 北京:北京大学出版社,2014: 89-107.

[114]柴文光, 周宁. 网络信息安全防范与 Web 数据挖掘技术的整合研究[J]. 情报理论与实践, 2009, 3: 97-101.

[115]陈丹萍. 数据挖掘技术在现代审计中的运用研究[J]. 南京审计学院学报, 2009（2）: 57- 61.

[116]陈耿, 刘星, 辛清泉. 信贷歧视、金融发展与民营企业银行借款期限结构[J]. 会计研究, 2015(4): 40-46.

[117]陈红, 邓少华, 尹树森. "大数据"时代背景下媒体的公司治理机制研究——基于信息透明度的实证检验.[J] 财贸经济, 2014(7): 72-81.

[118]陈康, 郑纬民. 云计算：系统实例与研究现状[J]. 软件学报，2009, 20（5）: 1337-1348.

[119]陈淑芳, 李将敏. 云计算对我国注册会计师审计的影响[J]. 会计之友, 2014, 22: 75-77.

[120]陈宋生等. 云计算、会计信息化转型与 IT 治理——第十二届全国会计信息化年会综述[J]. 会计研究, 2013, 07: 93-95.

[121]陈伟, Wally. 大数据环境下的电子数据审计:机遇、挑战与方法[J].计算机科学, 2016, (1): 8-13.

[122]陈伟, Smieliauskas Wally. 云计算环境下的联网审计实现方法探析[J]. 审计研究, 2012(3): 37-44.

[123]陈文伟. 决策支持系统教程[M]. 北京: 清华大学出版社, 2017.

[124]陈潇怡, 欧阳电平. 企业内控信息化实施的规范化方法研究——基于领域分析与形式化方法[J]. 会计研究, 2013, (3): 72-78.

[125]陈晓, 陈小悦, 刘钊. A 股盈余报告的有用性研究——来自上海、深圳股市的实证证据[J]. 经济研究, 1999(6): 21-28.

[126]陈晓, 赵晶玲. 大数据处理中混合型聚类算法的研究与实现[J]. 信息网络安全,2015(4):45-49.

[127]陈信元, 靳庆鲁, 等. 行业竞争、管理层投资决策与公司增长清算期权价值[J]. 经济学季刊,2013（10）: 306-332.

[128]陈莹, 林斌, 何漪漪, 等. 内部审计、治理机制互动与公司价值——基于上市公司问卷调查数据的研究[J]. 审计研究, 2016(1): 101-107.

[129]陈永宏, 谭祖沛. 用互联网思维改进银行函证及回函工作[J]. 中国注册会计师, 2016, 9: 20-22.

[130]陈志斌. 信息化生态环境下企业内部控制框架研究[J]. 会计研究, 2007, (1): 30-37.

[131]陈志广. 高级管理人员报酬的实证研究[J]. 当代经济科学, 2002(5): 58-63.

[132]程平, 崔纳牟倩. 大数据下基于云会计的财务共享中心影像管理[J]. 会计之友, 2016, 20: 129-132.

[133]程平, 王晓江. 大数据、云会计时代的企业财务决策研究[J]. 会计之友, 2015, 2: 134-136.

[134]程昔武, 纪纲, 周严. 信息化环境下中小企业内部控制建设的思考[J]. 中国注册会计师, 2012, (10): 117-120.

[135]程学旗, 靳小龙, 王元卓, 等. 大数据系统和分析技术综述[J]. 软件学报, 2014, 9: 1889-1908.

[136]崔曼, 薛惠锋. 基于云计算的智能决策支持系统研究[J]. 管理现代化, 2014(2): 72-74.

[137]戴芦生. 智能决策支持系统(IDSS)的发展现状[J]. 电脑知识与技术, 2004(35): 92-93.

[138]党建忠, 陈军, 褚俊红. 基于Feltham-Ohlson模型的中国上市公司股票价格影响因素检验[J]. 统计研究, 2004,(3): 57-61.

[139]道格拉斯. 诺思. 制度、制度变迁与经济绩效[M]. 上海:格致出版社, 2014.

[140]邓川, 高雅琴, 杨文莺. CFO审计师经历、旋转门现象与会计稳健性[J]. 财经论丛, 2017(3): 71-80.

[141]邓传洲. 公允价值的价值相关性:B股公司的证据[J]. 会计研究, 2005,(10): 55-62, 97.

[142]邓芳, 等. 企业信息化水平对审计收费的影响研究[J]. 审计研究, 2017(1): 78-87.

[143]邓娜. 新会计准则下公允价值波动的市场反应分析——基于功能锁定理论研究假设[J]. 中国注册会计师, 2016(5): 73-77.

[144]邓晓岚, 王宗军. 非财务视角下的财务困境预警——对中国上市公司的实证研究[J]. 管理科学, 2006(6): 71-80.

[145]邓永勤, 康丽丽. 中国金融业公允价值层次信息价值相关性的经验证据[J]. 会计研究, 2015(4): 3-10, 95.

[146]邓仲华, 刘伟伟, 陆颖隽. 基于云计算的大数据挖掘内涵及解决方案研究[J]. 情报理论与实践, 2015(7): 103-108.

[147]邱强, 唐元虎, 张超. 企业知识库的构建和管理研究[J]. 情报科学, 2005,(7): 1045-1048.

[148]丁静, 杨善林, 罗贺, 等. 云计算环境下的数据挖掘服务模式[J]. 计算机科学, 2012,(S1): 217-219, 237.

[149]董南雁, 孙永权, 张俊瑞. 董事会独立性能影响公允价值计量的价值相关性吗[J]. 当代财经, 2012, (7): 108-118.

[150]杜刚, 黄震宇. 大数据环境下客户购买行为预测[J]. 管理现代化, 2015, (1): 40-42.

[151]杜兴强, 雷宇, 朱国泓. 企业会计准则(2006)的市场反应:初步的经验证据[J]. 会计研究, 2009(3): 18-24.

[152]杜兴强, 王丽华. 高层管理当局薪酬与上市公司业绩的相关性实证研究[J]. 会计研究, 2007(1): 58-65.

[153]段敏. 高质量的内部控制能增强盈余价值相关性吗?[J]. 东北财经大学学报, 2014,(5): 469.

[154]樊燕萍, 曹薇. 大数据下的云会计特征及应用[J]. 中国流通经济, 2014,6: 76-81.

[155]范广玲, 李春生, 高雅田. 数据挖掘模型选择的通用建模研究[J]. 科学技术与工程, 2011,(19): 4639-4642, 4645.

[156]方恒阳. 大数据在公允价值计量中的应用[J]. 财经界(学术版), 2016,(7): 183.

[157]方红星, 金玉娜. 高质量内部控制能抑制盈余管理吗?——基于自愿性内部控制鉴证报告的经验研究[J]. 会计研究, 2011,(8): 53-60.

[158]方军雄. 我国上市公司信息透明度与证券分析师预测[J]. 金融研究, 2009, (6): 136-148.

[159]冯静. 人工智能财务决策支持系统研究[J]. 上海会计, 1999（4）: 39-41.

[160]冯巧根. 经济新常态下的管理会计发展思路[J]. 会计之友, 2015, 19: 133-136.

[161]高雷, 张杰. 产权性质、不良贷款率与审计费用——来自上市商业银行的经验证据[J]. 审计研究, 2010,(2): 77-82.

[162]高燕. 所有权结构、终极控制人与盈余管理[J]. 审计研究, 2008(6): 59-70.

[163]高一斌. 抓住互联网发展趋势迎接大会计时代[J]. 财务与会计, 2015, 17: 6-7.

[164]葛家澍, 窦家春, 陈朝琳. 财务会计计量模式的必然选择: 双重计量[J]. 会计研究, 2010, (2): 7-12, 92.

[165]葛家澍, 窦家春. 基于公允价值的会计计量问题研究[J]. 厦门大学学报(哲学社会科学版), 2009(3): 27-33.

[166]葛家澍, 高军. 摊余成本及其与历史成本、公允价值的关系[J]. 南京审计学院学报, 2013,(1): 1-6.

[167]葛家澍, 徐跃. 会计计量属性的探讨——市场价格、历史成本、现行成本与公允价值[J]. 会计研究, 2006(9): 7-14.

[168]葛家澍. 公允价值会计研究[M].大连：大连出版社, 2011.

[169]葛家澍. 公允价值计量面临全球金融风暴的考验[J]. 上海立信会计学院学报, 2009, 23(1): 3-10.

[170]葛家澍. 关于公允价值会计的研究——面向财务会计的本质特征[J].会计研究, 2009, (5): 6-13, 96.

[171]葛家澍. 关于在财务会计中采用公允价值的探讨[J]. 会计研究, 2007(11): 3-8,95.

[172]葛家澍. 我的公允价值观[J]. 上海立信会计学院学报, 2010(2): 3-7.

[173]耿建新, 朱友干. 与公允价值确认相关的审计证据研究[J]. 审计研究, 2008,(5): 50-54.

[174]宫荔. 论会计计量属性的选择——历史成本与公允价值的比较[J]. 山西财经大学学报, 2014, 36(S1): 94-95.

[175]管考磊. 企业声誉对财务报告质量的影响研究[J]. 当代财经, 2016(9): 121-127.

[176]郭道扬. 会计制度全球性变革研究,中国社会科学, 2013（6）: 72-90.

[177]郭飞, 郭慧敏, 张桂玲. 利润波动性与衍生工具使用: 基于国有上市公司的实证研究[J]. 会计研究, 2017(3): 22-29, 94.

[178]郭金春, 孙建民, 股权投资决策与管理的专家系统"股权尽职调查与估值系统"[J]. 中国总会计师, 2010（10）: 152-153.

[179]郭路生, 刘春年. 大数据时代应急数据质量治理研究[J]. 情报理论与实践, 2016(11): 101-105.

[180]郭泽光, 敖小波, 吴秋生. 内部治理、内部控制与债务契约治理——基于A股上市公司的经验证据[J]. 南开管理评论, 2015, 18(1): 45-51.

[181]郭志勇, 陈龙春. 上市公司非标准审计意见市场反应的差异性研究[J]. 审计与经济研究, 2008(5): 150-160.

[182]韩涛, 张春海, 李华. 关系数据库中的模糊关联规则挖掘算法研究[J].计算机工程与设计, 2005, 26(7): 1842-1844.

[183]韩晓梅, 朱国泓, 徐相伟. 内控信息化的动态演进——苏州高新1994 2011年纵向案例研究[J].会计研究, 2015, (1): 76-81.

[184]郝玉贵, 贺广宜, 李昀泽. 大数据战略与公允价值分层计量的价值相关性——基于中国金融业的实证研究[J]. 审计与经济研究, 2018(1): 81-92.

[185]郝玉贵, 李思雨. 大数据环境下公允价值计量与审计定价决策[J]. 中国会计学会工科会计分会2017年学术年会论文集, 2017（11）: 86-98.

[186]郝玉贵, 孙永新, 上市公司内部控制与盈余质量相关性研究——来自2009年深市A股主板公司的经验证据.中国会计学会高等工科院校分会2010年学术年会, 中国重庆, 2010; 11.

[187]郝玉贵, 徐远洒. 大数据驱动的智能审计决策及其运行模式[J]. 生产力研究, 2017（7）: 141-146.

[188]郝玉贵, 赵宽宽, 郝铮. 公允价值计量、资产价值变动与审计收费——基于2009—2012年沪深上市公司的经验证据[J]. 南京审计学院学报, 2014(1): 97-106.

[189]郝振平, 赵小鹿. 公允价值会计涉及的三个层次基本理论问题[J]. 会计研究, 2010, 10: 12-18, 95.

[190]何贤杰, 王孝钰, 赵海龙, 陈信元. 上市公司网络新媒体信息披露研究: 基于微博的实证分析[J]. 财经研究, 2016(3): 16-27.

[191]何小杨. 盈余管理与企业债务期限结构[J]. 商业研究, 2011(5): 64-71.

[192]后青松, 袁建国, 张鹏. 企业避税行为影响其银行债务契约吗——基于A股上市公司的考察[J]. 南开管理评论, 2016, 19(4): 122-134.

[193]胡国强, 等. 低层次公允价值计量导致更高审计收费吗？[J]. 会计研究, 2020（5）: 17-29.

[194]胡庭清, 谢诗芬. 非活跃市场环境下公允价值计量相关问题研究[J]. 当代财经, 2011, (7): 10-121.

[195]胡奕明, 刘奕均. 公允价值会计与市场波动[J]. 会计研究, 2012(6): 12-18.

[196]胡玉可, 田治威, 李伟. 林业上市公司生物资产会计信息披露问题与对策[J]. 江西财经大学学报, 2014,(4): 57-65.

[197]黄冰, 夏一丹, 夏云峰. 公允价值计量影响了审计收费吗——来自金融业上市公司的经验证据[J]. 财经科学, 2017(10): 99-110.

[198]黄静如, 黄世忠. 资产负债表视角下的公允价值会计顺周期效应研究[J]. 会计研究, 2013(4): 3-11.

[199]黄静如. 应用公允价值选择权与盈余波动——基于中国上市银行面板数据的检验[J]. 现代管理科学, 2012(4): 53-55.

[200]黄霖华, 曲晓辉, 万鹏, 等. 公允价值计量、投资者情绪与会计信息决策有用性[J]. 当代财经, 2017(10): 111-121.

[201]黄霖华, 曲晓辉, 张瑞丽. 论公允价值变动信息的价值相关性——来自 A 股上市公司可供出售金融资产的经验证据[J]. 厦门大学学报(哲学社会科学版), 2015(1): 99-109.

[202]黄霖华, 曲晓辉. 证券分析师评级、投资者情绪与公允价值确认的价值相关性——来自中国 A 股上市公司可供出售金融资产的经验证据[J]. 会计研究, 2014(7): 18-26.

[203]黄世忠, 王肖健. 公允价值会计的历史沿革及其推动因素[J]. 财会月刊, 2019(2): 3-11.

[204]黄世忠. 公允价值会计: 面向 21 世纪的计量模式[J]. 会计研究, 1997(12).

[205]黄世忠. 移动互联网时代财务与会计的变革与创新[J]. 财务与会计, 2015,(21): 6-9.

[206]纪纲. 信息化对中小企业内部控制的影响研究[J]. 财贸研究, 2010,(3): 139 143.

[207]贾平, 陈关亭. 公允价值计量下审计质量的作用研究[J]. 审计研究, 2010(3): 59-66.

[208]江伟, 李斌. 制度环境、国有产权与银行差别贷款[J]. 金融研究, 2006(11): 116-126.

[209]姜国华, 张然. 稳健性与公允价值:基于股票价格反应的规范性分析[J]. 会计研究, 2007(6): 20-25.

[210]蒋燕辉. 全球金融危机凸显国际会计准则缺陷——基于公允价值会计模式[J]. 审计与经济研究, 2009,(3): 66-70.

[211]康旗, 吴钢, 等. 大数据资产化[M]. 北京: 人民邮电出版社, 2016.

[212]雷宇. 公允价值的概念性难题及其解释——兼论财务报告目标的重构[J]. 中南财经政法大学学报, 2016(1): 72-81, 131, 160.

[213]黎来芳, 张伟华, 陆琪睿.会计信息质量对民营企业债务融资方式的影响研究——基于货币政策的视角[J]. 会计研究, 2018(4): 66-72.

[214]李冰. 移动互联网在传统会计业务中的应用探讨[J]. 财务与会计, 2015, 5: 45-46.

大数据下公允价值会计数据挖掘与智能决策研究

[215]李超颖,张玥,李烜博,等. 公允价值下的盈余管理:平稳利润下的危机——以A上市公司为例[J]. 会计与经济研究, 2018, 32(4): 46-61.

[216]李晨晖,崔建明,陈超泉. 大数据知识服务平台构建关键技术研究[J]. 情报资料工作, 2013(2): 29-34.

[217]李大伟,李大志,董立岩. 决策支持系统的模型库和方法库的探索[J]. 气象水文海洋仪器, 2010,(4): 58-62.

[218]李刚,侯晓红,郭雅. 股权性质、借款契约与公允价值计量模式选择[J]. 统计与决策, 2014(3): 154-157.

[219]李广森,王筱澜. 大数据时代财务共享服务模式的审计研究[J]. 会计之友, 2016, 19: 123-126.

[220]李虹,田马飞. 内部控制、媒介功用、法律环境与会计信息价值相关性[J]. 会计研究, 2015, (6): 64-71.

[221]李环. "大数据"应用于经济领域面临的问题与对策[J]. 技术经济与管理研究, 2015(10): 79-84.

[222]李建军,周叔媛. 高管金融素养是否影响企业金融排斥?——基于缓解中小企业融资难的视角[J]. 中央财经大学学报, 2019(5): 19-32.

[223]李俊丽. 基于Linux的Python多线程爬虫程序设计[J]. 计算机与数字工程, 2015, 5: 861-863, 876.

[224]李林. 公允价值计量与债务契约的实证研究[D]. 重庆:重庆大学, 2011.

[225]李明辉. 试论公允价值会计的理论基础[J]. 首都经济贸易大学学报, 2002(2): 61-64.

[226]李姝,梁郁欣,田马飞. 内部控制质量、产权性质与盈余持续性[J]. 审计与经济研究, 2017, 32(1): 23-37.

[227]李姝. 多元化、盈余波动性及公司治理的调节效应[J]. 山西财经大学学报, 2013, 35(12): 104-112.

[228]李思雨. 大数据环境下公允价值计量与审计收费研究[D]. 杭州:杭州电子科技大学, 2018.

[229]李为波. 大数据背景下的企业财务云会计系统应用[J]. 财会月刊, 2015, 31: 13-15.

[230]李维安. 移动互联网时代的公司治理变革[J]. 南开管理评论, 2014(4): 1.

[231]李文耀,许新霞. 公允价值计量与盈余管理动机:来自沪深上市公司的经验证据[J]. 经济评论, 2015,(6): 118-131.

[232]李小荣. 审计意见与财务困境预测[J]. 财会通讯, 2009(6): 115-116.

[233]李英,邹燕,蒋舟.新会计准则下公允价值运用的动因探索——基于问卷调查与因子分析[J]. 会计研究, 2012(2): 28-36.

[234]李增福,黎惠玲,连玉君. 公允价值变动列报的市场反应——来自中国上市公司的经验证

据[J]. 会计研究, 2013(10): 13-19.

[235]李增泉, 辛显刚, 于旭辉. 金融发展、债务融资约束与金字塔结构——来自民营企业集团的证据[J]. 管理世界, 2008(1): 123-135, 188.

[236]李志军, 王善平. 货币政策、信息披露质量与公司债务融资[J]. 会计研究, 2011(10): 56-62.

[237]厉国威, 廖义刚, 韩洪灵. 持续经营不确定性审计意见的增量决策有用性研究——来自财务困境公司的经验证据[J]. 中国工业经济, 2010(2): 150-160.

[238]厉启晗, 张明之, 魏博文. 信贷政策结构性变化下的企业融资难问题——基于民营经济发达地区企业用信率的视角[J]. 南京大学学报, 2019, 56(2): 49-63, 159.

[239]梁丽瑾, 房卉. 基于 COBIT 的企业信息化内部控制绩效评价[J]. 经济问题, 2012,(2): 14119.

[240]廖秀梅. 会计信息的信贷决策有用性: 基于所有权制度制约的研究[J]. 会计研究,2007(5):31-38.

[241]林春树. 后金融危机时代公允价值计量方法的路径研究——基于资产组估值技术研究[J]. 会计之友, 2014(7): 28-31.

[242]林乔青. 公允价值会计计量的应用现状及实施对策[J]. 财会研究, 2018(5): 34-37.

[243]刘宝莹. 公允价值分层计量的经济后果研究[D]. 长春: 吉林大学, 2014.

[244]刘斌, 罗楠. 金融资产以公允价值计量会加剧市场同涨同跌吗?——论公允价值准则与市场同步性的关系[J]. 证券市场导报, 2010(9): 4-11.

[245]刘斌, 吴娅玲. 会计稳健性对盈余价值相关性的影响研究——基于公允价值计量的视角[J]. 财经理论与实践, 2010,(5): 57-62.

[246]刘斌, 徐先知, 曹玲. 公允价值会计准则变更的市场反应研究——基于亏损上市公司的经验证据[J]. 管理评论, 2011(5): 119-128.

[247]刘斌, 等.公允价值会计与市场投资异象研究[J]财经理论与实践，2013（7）: 54-58.

[248]刘澄, 胡巧红, 孙莹. 基于粗糙集——决策树的上市公司财务预警[J]. 财会月刊, 2012, (18): 26-28.

[249]刘锋. 互联网进化论［M］. 北京: 清华大学出版社, 2012.

[250]刘行健, 刘昭. 内部控制对公允价值与盈余管理的影响研究[J].审计研究, 2014(2): 59-66.

[251]刘浩, 彭一浩, 张静. 谁能获得信用贷款?——贷款性质结构与会计信息质量关系研究[J]. 财贸经济, 2010(7): 26-34.

[252]刘浩, 孙铮. 公允价值的目标论与契约研究导向——兼以上市公司首次确认辞退补偿为例[J]. 会计研究, 2008(1): 4-11.

[253]刘浩, 孙铮. 公允价值的实证理论分析与中国的研究机遇[J].财经研究, 2008(1): 83-93.

[254]刘红忠, 赵玉洁,周冬华.公允价值会计能否放大银行体系的系统性风险[J]. 金融研究, 2011(4): 82-99.

[255]刘慧凤,杨扬.公允价值会计信息对银行贷款契约有用吗——基于上市公司数据的实证检验[J].财贸经济,2012(1): 57-63.

[256]刘梅玲,等.智能财务的基本框架与建设思路研究[J].会计研究,2020（3）: 179-192.

[257]刘梅娟,温作民.林木类消耗性生物资产计量模式研究[J].审计与经济研究,2009,(6): 72-78.

[258]刘旻,罗慧.上市公司财务危机预警分析——基于数据挖掘的研究[J].数理统计与管理, 2004,(3): 51-56, 68.

[259]刘鹏,要艳静,祝晋,等.实时数据库在企业信息化中的应用[J].自动化与仪表,2012,(7): 50-53.

[260]刘勤,常叶青,刘梅玲,等.大智移云时代的会计信息化变革——第十三届全国会计信息化学术年会主要观点综述[J].会计研究,2014(12): 89-91.

[261]刘勤、杨寅.改革开放40年的中国会计信息化：回顾与展望[J].会计研究,2019（2）: 26-34.

[262]刘星,牛严防,唐志豪.关于推进大数据审计工作的几点思考[J].审计研究,2016,(9): 03-07.

[263]刘星,等.会计计量误差及其对公允价值会计研究的启示[J].审计与经济研究,2010（4）: 78-84.

[264]刘永泽,孙翯.我国上市公司公允价值信息的价值相关性——基于企业会计准则国际趋同背景的经验研究[J].会计研究,2011(2): 16-22.

[265]刘运国,易明霞.投资性房地产公允价值计量的价值相关性研究[J].税务与经济,2010(2): 51-56.

[266]刘志远,刘洁.信息技术条件下的企业内部控制[J].会计研究,2001,(12): 32-36.

[267]刘智慧,张泉灵,大数据技术研究综述[J].浙江大学学报,2014(6): 958-972.

[268]楼润平,薛声家.ERP与公司盈利绩效：来自沪深上市公司的经验证据[J].系统工程理论与实践,2011, 31(8): 1460-1469.

[269]卢闯,刘俊勇,孙健,等.控股股东掏空动机与多元化的盈余波动效应[J].南开管理评论, 2011, 14(5): 68-73.

[270]鲁清仿,魏欣媛.大数据对审计风险准则影响探究[J].财会通讯,2015（7）: 89-91.

[271]陆建桥.中国亏损上市公司盈余管理实证研究[J].会计研究,1999(9): 25-35.

[272]陆宇建,张继袖,刘国艳.基于不确定性的公允价值计量与披露问题研究[J].会计研究, 2007,(2): 18-23, 91.

[273]陆正飞,叶康涛.中国上市公司股权融资偏好解析——偏好股权融资就是缘于融资成本低吗?[J].经济研究,2004(4): 50-59.

[274]陆正飞,祝继高,孙便霞.盈余管理、会计信息与银行债务契约[J].管理世界,2008(3):

152-158.

[275] 栾志乾, 汤谷良. 大数据、云计算环境对企业管理信息系统选择的影响机制研究——基于动态能力的视角[J]. 现代管理科学, 2014, 5: 23-25.

[276] 罗贺. 云计算环境下的智能决策研究综述[J]. 软件工程学报, 2013, (1): 134-141.

[277] 罗楠, 刘斌. 公允价值计量对债务契约有用性的影响研究[J]. 证券市场导报, 2012(8): 44-48.

[278] 罗楠. 公允价值会计信息的契约有用性研究[D]. 重庆: 重庆大学, 2013.

[279] 骆良彬, 张白. 企业信息化过程中内部控制问题研究[J]. 会计研究, 2008, (5): 69-75.

[280] 马安香, 等. 基于结果模式的 Deep Web 数据抽取[J]. 计算机研究与发展, 2009, (2): 280-288.

[281] 马建威, 杨亚军, 黄文. 以公允价值计量的金融资产分类与审计收费的相关性研究——来自 2007—2010 年沪市 A 股的经验证据[J]. 中央财经大学学报, 2012(11): 85-90.

[282] 马建威, 周嘉曦, 梁超. 公允价值变动会影响审计收费吗?——基于沪市 A 股上市公司的经验研究[J]. 北京工商大学学报, 2014(6): 55-62.

[283] 毛华扬, 梁宁宁. 基于云计算模式建立会计数据中心[J]. 财会月刊, 2013, (17): 15-17.

[284] 毛新述, 戴德明. 论公允价值计量与资产减值会计计量的统一[J]. 会计研究, 2011(4): 15-22.

[285] 毛元青, 刘梅玲. "互联网+"时代的管理会计信息化探讨——第十四届全国会计信息化学术年会主要观点综述[J]. 会计研究, 2015, 11: 90-92.

[286] 毛志宏, 刘宝莹, 王婧. 公允价值分层计量与股价同步性——基于沪深A股市场的分析[J]. 税务与经济, 2014, 5: 27-34.

[287] 毛志宏, 冉丹, 刘宝莹. 公允价值分层披露与信息不对称[J]. 东北大学学报(社会科学版), 2015, 17(3): 260-267.

[288] 毛志宏, 徐畅. 金融资产的公允价值分层计量能识别盈余管理吗?——基于我国非金融类上市公司的实证研究[J]. 经济科学, 2018(4): 117-128.

[289] 梅波. 宏观经济、异质治理环境与公允价值顺周期计量实证[J]. 经济与管理, 2014(2): 53-59.

[290] 孟小峰, 慈祥. 大数据管理: 概念、技术与挑战[J]. 计算机研究与发展, 2013, 1: 146-169.

[291] 孟小峰. Web 数据管理研究综述[J]. 计算机研究与发展, 2001, (4): 385-395.

[292] 孟焰. 公允价值对我国上市银行的影响[J]. 金融会计, 2010（10）: 29-33.

[293] 彭超然. 大数据时代下会计信息化的风险因素及防范措施[J]. 财政研究, 2014(4): 73-76.

[294] 彭珏, 胡斌. 公允价值、内部控制和盈余质量——来自 A 股非金融类公司的经验证据[J]. 现代财经(天津财经大学学报), 2015(9): 77-91.

[295] 齐鹏, 李隐峰, 宋玉伟. 基于 Python 的 Web 数据采集技术[J]. 电子科技, 2012, (11):

118-120.

[296]齐萱, 谷慧丽, 刘树海. 上市公司自愿性会计信息披露区域影响因素研究——融资约束视角〔J〕. 云南财经大学学报, 2013, (2): 12-16.

[297]齐岳, 林龙, 王治皓. 大数据背景下遗传算法在投资组合优化中的效果研究[J]. 中国管理科学, 2015, (S1): 464-469.

[298]綦好东, 张孝友. 我国生物资产准则与 IAS 41 的比较与思考[J]. 会计研究, 2006, (11): 3-7,95.

[299]钱爱民, 等. 公允价值计量增加了审计收费吗？[J]. 财经论丛, 2018 (1): 59-69.

[300]钱逢胜, 邓勇. 信息观向计量观转变——财务报告发展的必然趋势. 上海财经大学学报, 2000(1): 37-42.

[301]秦荣生. 大数据、云计算技术对审计的影响研究 [J]. 审计研究, 2014(6): 23-28.

[302]秦荣生. 云计算的发展及其对会计、审计的挑战[J]. 当代财经, 2013, 1: 111-117.

[303]秦晓东, 刘凤玲. 基于市场参与者视角的公允价值计量框架研究[J].重庆社会科学，2018 (8): 56-64.

[304]曲晓辉, 毕超. 会计信息与分析师的信息解释行为[J]. 会计研究, 2016, (4): 19-26.

[305]曲晓辉, 黄霖华. 投资者情绪、资产证券化与公允价值信息含量——来自 A 股市场 PE 公司 IPO 核准公告的经验证据[J]. 会计研究, 2013(9): 14-21.

[306]曲晓辉, 肖虹. 公允价值反思与财务报表列报改进展望[J]. 会计研究, 2010(5): 90-94.

[307]饶艳超, 胡奕明. 银行信贷中会计信息的使用情况调查与分析[J]. 会计研究, 2005(4): 36-41.

[308]饶艳超. ERP 系统实施对企业成本影响的实证分析——来自沪深两市制造业上市公司的经验证据[J]. 财经研究, 2005(4): 133-144.

[309]饶艳超. 财务决策支持系统[M]. 上海：上海财经大学出版社, 2010.

[310]桑尼尔. 索雷斯. 大数据治理[M]. 北京: 清华大学出版社, 2014.

[311]邵君利, 涂建明. 会计信息化技术对公允价值应用的支持[J]. 财经理论与实践, 2008(6): 60-64, 86.

[312]邵莉, 吴俊英. 不同层次公允价值信息的决策有用性研究——基于我国 A 股金融业的经验分析[J]. 西部论坛, 2012, (3): 102-108.

[313]舍恩伯格. 大数据时代：生活、工作与思维的大变革[M]. 杭州: 浙江人民出版社, 2013.

[314]沈艺峰. 会计信息披露和我国股票市场半强式有效性的实证分析[J]. 会计研究, 1996(1): 38-46.

[315]史军. 从互动到联动：大数据时代政府治理机制的变革[J]. 中共福建省委党校学报, 2016(8): 56-63.

[316]斯科特, 等. 财务会计理论：第 6 版[M]. 北京：中国人民大学出版社, 2012.

参 考 文 献

[317] 索雷斯. 大数据治理[M]. 匡斌, 译. 北京: 清华大学出版社, 2014.

[318] 宋科. 金融体系制度性顺周期机制: 理论与实证分析[J]. 经济理论与经济管理, 2015(1): 67-78.

[319] 宋良荣. 会计专家系统研究, 四川会计, 1998（4）: 39-41.

[320] 宋献中. 论企业核心能力信息的自愿披露[J]. 会计研究, 2006, (2): 47-52.

[321] 孙佰清. 智能决策支持系统的理论及应用[M]. 北京: 中国经济出版社, 2010: 21.

[322] 孙蔚, 孙光国. 公允价值信息的"功能锁定"现象——基于我国会计准则国际趋同背景的投资者行为分析[J]. 经济管理, 2011(4): 125-130.

[323] 孙凡, 郑济孝, 基于"互联网+"上市公司会计信息质量智能评估研究[J]. 会计研究, 2018(3): 86-90.

[324] 孙铮, 李增泉, 王景斌. 所有权性质、会计信息与债务契约——来自我国上市公司的经验证据[J]. 管理世界, 2006(10): 100-107.

[325] 谭洪涛, 蔡利, 蔡春. 公允价值与股市过度反应——来自中国证券市场的经验证据[J]. 经济研究, 2011(7): 130-143.

[326] 谭洪涛, 汪洁, 黄晓芝. 迎合监管与公允价值会计运用——来自中国上市银行的经验证据[J]. 会计与经济研究, 2014, 28(1): 15-31.

[327] 汤谷良, 张守文. 大数据背景下企业财务管理的挑战与变革[J]. 财务研究, 2015, 1: 59-64.

[328] 汤云为, 陆建桥. 论证券市场中的会计研究: 发现与启示[J]. 经济研究, 1998(7): 51-60.

[329] 唐建新, 胡海燕. 实际控制人性质、控制权转移与盈余管理[J]. 武汉理工大学学报(社会科学版), 2015, 28(3): 402-408.

[330] 唐凯桃, 杨彦婷. 内部控制有效性、公允价值计量及盈余波动[J]. 财经科学, 2016(7): 121-132.

[331] 汪海锐, 李伟. 基于关联规则的决策树算法[J]. 计算机工程, 2011, (9): 104-106,109.

[332] 汪静. 金融工具中公允价值计量对企业利润的影响的实证研究——来自金融业上市公司的数据[J]. 财会通讯, 2010(24): 70-72.

[333] 汪海栗, 等. 基于因素分析的无形资产减值概率测度模型及其应用[J]. 管理世界, 2008（6）: 184-185.

[334] 王飞, 王学明, 王新一. 数据挖掘技术在房地产预警系统中的应用[J]. 计算机时代, 2012(1): 24-26.

[335] 王海英. 公允价值计量能否影响银行贷款利率——来自我国上市公司的一项经验证据[J]. 商场现代化, 2009(7): 348.

[336] 王化成, 等. 关联交易、会计信息契约有用性与公司治理, 中国软科学 2010（8）: 117-125.

[337] 王建新. 基于新会计准则的会计信息价值相关性分析[J]. 上海立信会计学院学报, 2010(3): 11-23.

大数据下公允价值会计数据挖掘与智能决策研究

[338]王景斌, 吴峰宇, 张瑞琛. 公允价值计量与内部契约相关性的理论分析[J]. 现代管理科学, 2013(1): 115-117.

[339]王俊秋. 业绩下滑、公允价值计量与高管薪酬激励[J]. 上海经济研究, 2013(7): 115-127.

[340]王乐锦, 綦好东. 生物资产增值信息披露的逻辑: 会计信息质量视角[J]. 会计研究, 2008, (3): 27-34,95.

[341]王乐锦. 公允价值计量模式下长期消耗性生物资产的会计处理——以林木为例[J]. 财务与会计, 2008, (11): 30-32.

[342]王乐锦. 我国新会计准则中公允价值的运用: 意义与特征[J]. 会计研究, 2006(5): 31-35, 95.

[343]王雷, 李冰心. 强制分层披露提高了公允价值信息的决策有用性吗?——基于中国 A 股上市公司的经验证据[J]. 审计与经济研究, 2018, 33(4): 86-95.

[344]王磊, 范超, 解明明. 数据挖掘模型在小企业主信用评分领域的应用[J]. 统计研究, 2014, (10): 89-98.

[345]王立彦, 张继东. ERP 系统实施与公司业绩增长之关系——基于中国上市公司数据的实证分析[J]. 管理世界, 2007(3): 116-121.

[346]王冉阳. 基于 Django 和 Python 的 Web 开发[J]. 电脑编程技巧与维护, 2009, 2: 56-58.

[347]王守海, 孙文刚, 李云. 非活跃市场环境下公允价值计量的国际经验与研究启示[J]. 会计研究, 2012, (12): 12-18.

[348]王守海, 孙文刚, 李云. 公允价值会计和金融稳定研究——金融危机分析视角[J]. 会计研究, 2009(10): 24-31.

[349]王守海, 吴双双, 张盼盼. 非活跃市场条件下公允价值审计研究[J]. 审计研究, 2014, (2): 95-99.

[350]王守海, 等. 公允价值、行业专长与审计费用[J]. 审计研究, 2017(2): 48-56.

[351]王曙亮, 陈少华. 公允价值应用过程的风险分析及控制——基于投资者的视角[J]. 当代财经, 2011, (6): 121-128.

[352]王雯婷, 等. 大数据对 CPA 审计的影响[J]. 中国注册会计师, 2016（7）: 100-105.

[353]王雄元. 论利益相关者责任与公司财务治理[J]. 会计研究, 2004(3): 50-54.

[354]王秀丽, 王建玲. 公允价值变动、列报位置与高管薪酬契约[J]. 西安交通大学学报(社会科学版), 2015(3): 65-72.

[355]王旭, 褚旭, 王非. 绿色技术创新与企业融资契约最优动态配置——基于高科技制造业上市公司面板数据的实证研究[J]. 研究与发展管理, 2018, 30(6): 12-22.

[356]王烨, 孙慧倩, 王宁宁. 股票期权激励、债务契约与投资性房地产计量模式选择[J]. 财经论丛, 2018(12): 74-83.

[357]王玉涛, 薛健, 陈晓. 企业会计选择与盈余管理——基于新旧会计准则变动的研究[J]. 中

国会计评论, 2009(3): 255-270.

[358]王元卓, 等. 网络大数据: 现状与展望[J]. 计算学报, 2013 (6): 112-123.

[359]王跃堂, 孙铮, 陈世敏. 会计改革与会计信息质量——来自中国证券市场的经验证据[J]. 会计研究, 2001(7): 16-26.

[360]王泽霞, 江乾坤, 叶继英. 生态文明、大数据与财务成本管理创新——中国会计学会财务成本分会 2014 学术年会综述[J]. 会计研究, 2014, 11: 93-95.

[361]王志亮. 我国深市 A 股公允价值的市场反应实证研究[J]. 北京交通大学学报(社会科学版), 2010(2): 62-67.

[362]王忠, 殷建立. 大数据环境下个人数据隐私治理机制研究——基于利益相关者视角[J]. 技术经济与管理研究, 2014(8): 71-74.

[363]维克托·迈尔-舍恩伯格. 大数据时代: 生活、工作与思维的大变革[M]. 杭州: 浙江人民出版社, 2013.

[364]魏乐. 基于数据挖掘的首批创业板上市公司财务分析[J]. 中国管理信息化, 2010(11): 39-41.

[365]魏明海, 等. 盈余质量与交易成本[J]. 会计研究, 2013(3): 36-42.

[366]温忠麟, 侯杰泰, 张雷. 调节效应与中介效应的比较和应用[J]. 心理学报, 2005(2): 268-274.

[367]邬文帅. 基于多目标决策的数据挖掘方法评估与应用[D]. 成都: 电子科技大学, 2015.

[368]吴东辉, 薛祖云. 对中国 A 股市场上证券分析师盈利预测的实证分析[J]. 中国会计与财务研究, 2005（1）: 1-27.

[369]吴可夫, 朱娜. 试论公允价值会计风险[J]. 经济问题, 2010(5): 106-110.

[370]吴可夫. 公允价值会计的内部控制研究[M]. 成都: 西南财经大学出版社, 2015.

[371]吴联生, 等. 盈余管理、信息风险与审计意见[J]. 审计研究, 2011(1): 90-97.

[372]吴秋生, 田峰. 第三层次公允价值运用与会计信息质量[J]. 山西财经大学学报, 2018, 40(6): 101-112.

[373]吴世农, 等. 资产的理性定价模型和非理性定价模型的比较研究[J]. 经济研究, 2004（6）: 105-116.

[374]吴水澎, 牟韶红. 自愿审计、公允价值对盈余管理的影响——基于 2006—2007 年上市公司中期报告的经验证据[J]. 财经研究, 2009(3): 124-133.

[375]吴玉桐, 梁静国. 股票价格的影响因素研究[J]. 现代管理科学, 2008, (7): 111-112.

[376]夏冬林. 受托责任、决策有用性与投资者保护[J]. 会计研究, 2015(1): 25-31.

[377]项后军, 陈简豪. 公允价值影响了银行杠杆的顺周期行为吗?[J]. 现代财经(天津财经大学学报), 2016(1): 80-91.

[378]肖建波, 吕沙. 财务柔性、R&D 投资与公司绩效——基于高新技术行业上市公司的经验数

据[J]. 财会月刊, 2015(36): 20-24.

[379]谢庆. 上市公司会计政策选择偏好研究——基于数据挖掘的视角[J]. 财会通讯, 2015, (16): 47-49.

[380]谢诗芬, 戴子礼, 廖雅琴. FASB 和 IASB 有关《公允价值计量》会计准则研究的最新动态述评[J]. 当代财经, 2010, (5): 107-116.

[381]谢诗芬. 论公允价值会计审计理论与实务中的若干重大问题[J]. 财经理论与实践, 2006(6): 44-50.

[382]谢岳山. 数据挖掘技术在联网审计中的应用研究[D]. 长沙: 中南大学, 2013.

[383]邢精平. 公允价值会计: 美国的经验与教训[J]. 证券市场导报, 2009(1): 15-20.

[384]熊家财, 桂荷发. 政治关联与高新技术企业融资约束——基于动态面板 GMM 模型的实证检验[J]. 当代财经, 2017(6): 48-60.

[385]徐光华, 沈弋, 邓德强. 环境嬗变下的管理会计变革与创新——中国会计学会管理会计专业委员会2015学术年会暨首届中国管理会计高层论坛综述[J]. 会计研究, 2015, 12: 87-89.

[386]徐虹. 公允价值计量具有增量信息含量吗?——来自沪深 A 股的初步证据[J]. 经济管理, 2008(Z1): 89-97.

[387]徐经长, 曾雪云. 公允价值计量与管理层薪酬契约[J]. 会计研究, 2010(3): 12-19, 96.

[388]徐经长, 曾雪云. 综合收益呈报方式与公允价值信息含量——基于可供出售金融资产的研究[J]. 会计研究, 2013(1): 20-27.

[389]徐玉德. 公允价值计量、金融稳定与风险防范——全球金融危机下的会计反思[J]. 经济研究参考, 2009, (7): 35-46.

[390]续会泓, 杨周南, 等. 基于管理活动论的智能会计系统研究[J]. 会计研究, 2021(3): 11-27.

[391]许慧. 经济周期、退市监管与盈余波动性——基于公司盈余波动原因的研究[J]. 经济与管理, 2010, 24(3): 25-28.

[392]许永斌, 林涛. 浅论智能型会计专家决策系统, 会计研究, 1998(2): 33-36.

[393]薛祖云, 王冲. 信息竞争抑或信息补充: 证券分析师的角色扮演——基于我国证券市场的实证分析[J]. 金融研究, 2011, (11): 167-182.

[394]阎达五, 耿建新, 刘文鹏. 我国上市公司配股融资行为的实证研究[J]. 会计研究, 2001(9): 21-27.

[395]杨善林. 智能决策方法与智能决策支持系统[M]. 北京: 科学出版社, 2005.

[396]杨书怀. 公允价值计量对审计费用、审计质量的影响——基于2003—2010年A股上市公司的实证分析[J]. 当代财经, 2013(2): 119-129.

[397]杨文莺. 论大数据对会计计量属性的影响[J]. 商业会计, 2016(15): 95-97.

[398]杨雄胜, 等. 资产负债观会计信息的市场效应检验[J]. 会计研究, 2009(5): 29-37.

[399]杨周南, 吴鑫. 内部控制工程学研究[J]. 会计研究, 2007, (3): 64-70.

[400] 姚立杰, 付方佳, 程小可. 企业避税、债务融资能力和债务成本[J]. 中国软科学, 2018(10): 117-135.

[401] 叶建芳, 周兰, 李丹蒙, 等. 管理层动机、会计政策选择与盈余管理——基于新会计准则下上市公司金融资产分类的实证研究[J]. 会计研究, 2009(3): 25-30.

[402] 叶康涛, 成颖利. 审计质量与公允价值计量的价值相关性[J]. 上海立信会计学院学报, 2011, (3): 3-11.

[403] 叶康涛, 孙苇杭. 会计软件采用与企业生产率——来自非上市公司的证据[J]. 会计研究, 2019(1): 45-52.

[404] 尹宗成, 马梦醒. 公允价值分层计量与股价相关性研究——来自沪深 A 股金融类上市公司金融资产的分析[J]. 经济问题, 2016(9): 107-111.

[405] 于李胜, 王艳艳. 信息风险与市场定价［J］. 管理世界, 2007, (2): 76-85.

[406] 于永生. 公允价值级次: 逻辑理念、实务应用及标准制定[J]. 审计与经济研究, 2009, 4: 44-49.

[407] 于永生. 金融危机背景下的公允价值会计问题研究[J]. 会计研究, 2009(9): 22-28.

[408] 袁飞, 李增智. 一种新的决策支持系统模型库开发方法[J]. 微电子学与计算机, 2004, (5): 111-113.

[409] 袁振兴, 张青娜, 张晓琳, 等. 大数据对会计的挑战及其应对[J]. 会计之友, 2014, 32: 89-92.

[410] 翟敏锋. 浅析公允价值计量对会计信息质量的影响[J]. 财务与会计, 2015(1): 49.

[411] 张绍华, 潘蓉, 宗宇伟. 大数据治理与服务[M]．上海：上海科学技术出版社，2015．

[412] 张金若, 胡梦云, 连竑彬. 金融危机"浪尖"上的公允价值思考[J]. 重庆大学学报(社会科学版), 2010(1): 65-71.

[413] 张金若, 王炜. 金融行业上市公司公允价值会计的价值相关性[J]. 中南财经政法大学学报, 2015(3): 79-86.

[414] 张金若, 辛清泉, 童一杏. 公允价值变动损益的性质及其后果——来自股票报酬和高管薪酬视角的重新发现[J]. 会计研究, 2013(8): 17-23.

[415] 张金若, 张飞达, 邹海峰. 两类公允价值变动对高管薪酬的差异影响研究——基于我国 A 股上市公司 2007—2008 数据检验[J]. 会计研究, 2011(10): 63-68.

[416] 张俊瑞, 赵进文, 张建. 高级管理层激励与上市公司经营绩效相关性的实证分析[J]. 会计研究, 2003(9): 29-34.

[417] 张龙平, 等. 会计信息会影响捐赠者的决策吗?[J]. 会计研究, 2015（2）: 28-35．

[418] 张敏, 简建辉, 张雯, 等. 公允价值应用: 现状·问题·前景——一项基于问卷调查的研究[J]. 会计研究, 2011, (4): 23-27.

[419] 张萍、王建忠. 一种基于大数据的有效搜索方法的改进. 计算机应用研究, 2014(8):

2331-2333.

[420]张奇峰,张鸣,戴佳君.中国审计定价实证研究述评[J].会计研究,2006,(6):87-93.

[421]张绍华,潘蓉,宗宇伟.大数据治理与服务[M].上海:上海科学技术出版社,2016.

[422]张淑惠,罗孟旎.公司特征、公允价值与审计收费——基于我国深沪两市上市公司的实证分析[J].商业研究,2016(1):108-116.

[423]张天西.网络财务报告:XBRL标准的理论基础研究,会计研究,2006(9):56-63.

[424]张婷婷,刘凯,王伟军.科研人员Web数据自动抓取模式及其开源解决方案[J].信息资源管理学报,2015,2:21-27.

[425]张文贤.21世纪100个会计学难题[M].上海:立信会计出版社,2010.

[426]张为国、王文京.从帕乔利到正在发生中的深刻会计革命——纪念乔治.H.索特的《会计理论的"事项法"》发表50周年[J].财务与会计,2019(24):1-24.

[427]张先治,季侃.公允价值计量与会计信息的可靠性及价值相关性——基于我国上市公司的实证检验[J].财经问题研究,2012(6):41-48.

[428]张新民.资产负债表:从要素到战略[J].会计研究,2014(5):19-28.

[429]张兆国,宋丽梦,陈天骥.试论我国上市公司财务的共同治理机制[J].中国软科学,2005(3):67-71.

[430]章铁生.信息技术条件下的内部控制规范:国际实践与启示[J].会计研究,2007,(7):29-35.

[431]赵婧.大数据背景下企业会计数据的新特点[J].财会月刊,2014,(21):105-108.

[432]赵泉午,黄志忠,卜祥智.上市公司ERP实施前后绩效变化的实证研究——来自沪市1993—2003年的经验数据[J].管理科学学报,2008(1):122-132,152.

[433]赵彦锋.论公允价值计量趋同——以IASB与FASB为例[J].中南财经政法大学学报,2010,(2):90-94.

[434]赵又霖,邓仲华,陆颖隽.数据挖掘云服务分析研究[J].情报理论与实践,2012(9):33-36.

[435]赵宇龙,王志台.我国证券市场"功能锁定"现象的实证研究[J].经济研究,1999(9):56-63.

[436]赵宇龙.会计盈余披露的信息含量——来自上海股市的经验证据[J].经济研究,1998(7):42-50.

[437]赵振洋,王若天.BP神经网络模型在房地产智能评估市场法中的应用,中国资产评估,2018(11):9-18.

[438]郑开焰,刘建伟.高管薪酬与公允价值计量的契约有用性研究——基于我国16家上市银行的经验数据分析[J].经济问题,2014(2):109-114.

[439]郑鸣,倪玉娟,刘林.公允价值会计制度对金融稳定的影响——兼论美国金融危机的启示[J].财经研究,2009(6):17-28.

[440] 郑晓薇, 逯文晖. 分布决策模型库目录管理系统设计与实现[J]. 计算机工程与设计, 2010, (1): 75-77,117.

[441] 郑颖华, 武根友. 智能决策支持系统中的模型库及其管理系统[J]. 科学技术与工程, 2006, (9): 1312-1315.

[442] 周华, 等. 国际会计准则的困境与财务报表的改进——马克思虚拟资本理论视角[J]. 中国社会科学, 2017(3): 4-25.

[443] 周洁. 论大数据对会计核算原则的冲击[J]. 财会月刊, 2015, 25: 16-19.

[444] 周瑾, 闫晓军. 知识管理能力, 管理决策与企业绩效关系实证研究[J]. 科学学与科学技术管理, 2010, 31 (11) : 129-135.

[445] 周林洁. 公允价值变动损益与高管薪酬敏感性[J]. 兰州大学学报(社会科学版), 2014, 42(3): 116-122.

[446] 周明春, 刘西红. 金融危机引发的对公允价值与历史成本的思考[J]. 会计研究, 2009(9): 15-21,96.

[447] 周玮, 徐玉德. 投资性房地产公允价值计量对债务融资的影响——基于沪深A股上市公司的实证分析[J]. 证券市场导报, 2014(10): 41-46.

[448] 周中胜, 窦家春. 公允价值运用与计量属性体系构建[J]. 会计研究, 2011(11): 3-9,92.

[449] 朱丹, 刘星, 李世新. 公允价值的决策有用性: 从经济分析视角的思考[J]. 会计研究, 2010(6): 84-90.

[450] 朱凯, 李琴, 潘金凤. 信息环境与公允价值的股价相关性——来自中国证券市场的经验证据[J]. 财经研究, 2008(7): 133-143.

[451] 朱凯, 赵旭颖, 孙红. 会计准则改革、信息准确度与价值相关性——基于中国会计准则改革的经验证据[J]. 管理世界, 2009(4): 47-54.

[452] 朱松, 徐浩峰, 王爽. 公允价值计量下的审计收费研究[J]. 审计与经济研究, 2010(4): 29-36.

[453] 朱炜, 綦好东. 我国生物资产计量模式的选择: 理论与现实[J]. 东岳论丛, 2011, (7): 181-185.

[454] 祝继高, 韩非池, 陆正飞. 产业政策、银行关联与企业债务融资——基于A股上市公司的实证研究[J]. 金融研究, 2015(3): 176-191.

[455] 庄学敏, 罗勇根. 公允价值可靠性、相关性与内部控制质量——基于公允价值层次理论的经验研究[J]. 现代财经(天津财经大学学报), 2014, (12): 71-80.

[456] 邹海峰, 辛清泉, 张金若. 公允价值计量与高管薪酬契约[J]. 经济科学, 2010(5): 102-110.

[457] 邹燕, 王雪, 吴小雅. 公允价值计量在投资性房地产中的运用研究——以津滨发展及同行业同地区公司为例[J]. 会计研究, 2013(9): 22-28.

反侵权盗版声明

电子工业出版社依法对本作品享有专有出版权。任何未经权利人书面许可，复制、销售或通过信息网络传播本作品的行为；歪曲、篡改、剽窃本作品的行为，均违反《中华人民共和国著作权法》，其行为人应承担相应的民事责任和行政责任，构成犯罪的，将被依法追究刑事责任。

为了维护市场秩序，保护权利人的合法权益，我社将依法查处和打击侵权盗版的单位和个人。欢迎社会各界人士积极举报侵权盗版行为，本社将奖励举报有功人员，并保证举报人的信息不被泄露。

举报电话：（010）88254396；（010）88258888
传　　真：（010）88254397
E-mail：　dbqq@phei.com.cn
通信地址：北京市海淀区万寿路 173 信箱
　　　　　电子工业出版社总编办公室
邮　　编：100036